2011年度湖北省社会科学基金一般项目“精神家园论”
（批准号：2011LZ006）研究成果

2014年国家社科基金青年项目“中国梦与构建中华民族共有
精神家园研究”（批准号：KCKS006）前期成果

社会认识与社会形态研究丛书

欧阳康◎主编

精神家园论

JINGSHEN JIAYUAN LUN

宫　丽/著

中国社会科学出版社

图书在版编目（CIP）数据

精神家园论／宫丽著．—北京：中国社会科学出版社，2015.3
ISBN 978－7－5161－5565－3

Ⅰ．①精…　Ⅱ．①宫…　Ⅲ．①社会主义精神文明建设—研究—中国　Ⅳ．①D648

中国版本图书馆 CIP 数据核字（2015）第 033752 号

出 版 人　赵剑英
责任编辑　张　林
特约编辑　金　沛
责任校对　韩海超
责任印制　戴　宽

出　　版　中国社会科学出版社
社　　址　北京鼓楼西大街甲 158 号（邮编 100720）
网　　址　http://www.csspw.cn
　　　　　中文域名：中国社科网　　010－64070619
发 行 部　010－84083685
门 市 部　010－84029450
经　　销　新华书店及其他书店

印　　刷　北京市大兴区新魏印刷厂
装　　订　廊坊市广阳区广增装订厂
版　　次　2015 年 3 月第 1 版
印　　次　2015 年 3 月第 1 次印刷

开　　本　880×1230　1/32
印　　张　9.875
插　　页　2
字　　数　238 千字
定　　价　39.00 元

总　序

在大家的共同努力下，“社会认识与社会形态研究丛书”由中国社会科学出版社出版发行了。

自笔者于1986年起在国内哲学界倡导并实际开展社会认识论研究以来，我们关于社会认识论的思考与研究已经走过了20多年的学术历程。总体上看，我们这个学术团队对于社会认识论的研究大体可以分为四个阶段。第一阶段的研究以《社会认识论导论》的出版为标志，主要围绕论题确立、学科界说、体系构建、特点探析来展开，这一阶段的研究为社会认识论研究扫清了外围，奠定了基础；第二阶段研究的主要成果是《社会认识方法论》（武汉大学出版社1998年版），主要任务是将研究由理论层面向方法论层面延展，突出社会认识方法论，使社会认识论的理论成果转化为可供实践和操作借鉴的方法论和方法论原则；第三阶段的研究将人文社会科学哲学作为主攻方向，因为人文社会科学是在理论层面上展开社会认识活动的专门化和典型化形式，社会认识论要在帮助人们更加科学地认识社会和自我方面发挥作用，就必须关注人文社会科学，这一阶段的研究成果集中体现在《人文社会科学哲学》（武汉大学出版社2001年版）这部著作中。第四阶段是在实践哲学的基础上进一步开展社会形态和认识问题的研究。

立足于一个新的学术和时代高度来看，这些年来社会认识论的发展经历了不断拓展和深化的历程。首先，研究视野不断拓展，由比较狭义的社会认识活动进入对社会认识与社会形态及其互动关系问题的广泛关注；其次，研究思路不断更新，由比较单一的认识论研究到与本体论、价值论、评价论、实践论、决策论等研究思路的综合应用；再次，研究方法不断丰富，大量借用哲学和现代科学方法论，并努力综合地运用和解答问题；最后，问题意识更加鲜明，越来越清晰地指向当代人类和中国的重大理论与实践问题，并且力求做出有理论深度和对策论意义上的解读。

社会认识论的研究得以持续发展，一个重要的因素是博士生和硕士生们不断地加盟。笔者自 1989 年开始招收硕士生，1994 年开始招收博士生，先后有 20 多位博士生和 30 多位硕士生加入了社会认识论的研究队伍，形成了一个非常和谐的社会认识论研究共同体。研究生们不仅积极参加到社会认识论的课题研究中，也以社会认识论作为学位论文的主攻方向，提出和研究了一系列新问题，推动了社会认识论的研究。据不完全统计，先后撰写的比较直接相关的硕士学位论文题目有：《社会认识的评价机制》（乔志勇）、《社会认识的预见机制》（何小玲）、《社会认识的观测机制》（种海峰）、《社会认识的进化机制》（李勇）、《社会认识的客观性》（张建华）、《简论社会时间》（李学明）、《简论社会空间》（王晓华）、《简论社会和谐》（田伟宏）、《简论社会心态》（胡红生）、《简论社会预警》（潘斌）、《简论民族精神》（吴兰丽）等。

与此同时，一批博士研究生参与到社会认识论研究，撰写了一批博士学位论文，其中不少论文已经结集出版。例如郑文先的《社会理解论》、刘远传的《社会本体论》、叶泽雄的《社会理想论》、张理海的《社会评价论》和李勇的《社会认识进化论》等已经由武汉大学出版社收入我所主编的“当代人文社会科学哲学研究丛书”出版；吴畏的《实践合理性》、张明仓的《实践意志论》和邹诗鹏的博士后出站报告《实践生存论》由广西人民出版社纳入我所主编的“实践哲学丛书”出版；夏建国的《实践规范论》由中国社会科学出版社出版；孙德忠的《社会记忆论》和董慧的《社会活力论》由湖北人民出版社出版；林世选的《国民素质论》由中央编译出版社出版，等等。

本丛书意在进一步推出社会形态与社会认识方面的研究成果，希望它能够成为一个开放的系列，将相关的优秀博士学位论文和研究成果持续纳入其中。首批出版由七部专著组成。其中，《社会认识论导论》是我的博士学位论文，于1990年由中国社会科学出版社纳入胡绳主编的“中国社会科学博士论文文库”出版，迄今已经整整20年了，市面上早已无法购得。蒙出版社领导厚爱，《社会认识论导论》此次得以修订再版。其余六部著作都是近年来我所指导的博士在各自博士论文的基础上修订完善后首次出版的，有杨国斌博士的《社会阶层论》、胡红生博士的《社会心态论》、潘斌博士的《社会风险论》、谷声然博士的《社会信仰论》、王能东博士的《技术生存论》、谢俊博士的《虚拟自我论》等。他们在社会认识与社会形态领域分别进行了细致入微的探讨。我们衷心希望本丛书的出版有助于社会认识论研究的深化和发展，当然也衷心欢迎和希望来自各方面的批评指教。

中国社会科学出版社的领导和各位编审关心学术建设，积极参与本丛书的策划与编审。赵剑英总编从一开始就介入了本丛书的策划并提出了宝贵意见和建议，为本丛书增色添彩。张林主任积极参与本丛书的设计与审校，对本丛书的最终出版付出了大量辛勤的劳动。我们对他们的学术气魄和远见卓识表示由衷的敬意和谢忱。

欧阳康

2009 年 1 月

目　　录

第一章

导　言

人的生存和发展离不开家园的呵护。家园包括物质和精神两个层面。住宅建筑作为物质层面的家园是人类生活所必需的。人通过安居置业来阻挡风雨，庇护身体，享受美好、宁静的生活。马克思曾在《德意志意识形态》中指出，“不言而喻，野蛮人的家庭都有自己的洞穴和茅舍，正如游牧人的每一个家庭都有独自的帐篷一样。这种单个分开的家庭经济由于私有制的进一步发展而成为更加必需的了”。[①] 随着生产力的发展和社会的进步，人类今天对物质家园的建筑能力已经达到了相当高超的水平，建筑物、园林景观无论外观、结构还是功能都尽善尽美。

作为精神层面的家园也同样不可或缺。从精神家园的功能来看，精神家园是人们精神的支撑、情感的寄托和心灵的归宿。对于民族共同体，精神家园是增强民族认同、凝聚民族力量、推动民族发展的内在动力所在。失落了精神的家园，人漂泊的心灵会因为无所寄托而陷入无限的空虚之中，人对自身、对社会就不会有关切和责任，而一个民族的文化会因为失去了根基而逐渐枯萎消逝，民族的凝聚力和认同感将会被逐渐削弱和淡化。因

① 《马克思恩格斯选集》第1卷，人民出版社1995年版，第116页。

此，没有精神的家园，个人和民族的发展都无从谈起，甚至生存也会饱受苦痛。从精神家园的内在构成要素来看，精神家园是一个包含文化体验、认知模式、心理状态、情感方式、价值观念等要素在内的精神文化系统。这个系统具有丰富性、稳定性、包容性和超越性等特征，才使得人的心灵能够得以寄托、净化和不断地提升。

从精神家园的内涵来看，“精神家园”是一个带有比喻和象征意蕴的词语，也是一个历久弥新的哲学话题。当我们看见、听到或者说出这个词语的时候，首先感受到的是“家园”所带给我们的温暖、舒适的感觉，它是安顿感、信任感、和谐感、希望感、幸福感、理想感、归属感等众多情感的寄托之所；它会使我们联想到母亲的慈爱、家庭的温暖、故乡的留恋、民族的感召，于是才有了“洋装虽然穿在身，我心依然是中国心”的那份对故土家园难舍难离、流连忘返、魂牵梦绕的乡愁。因此，家园对于一个人的内心世界的完善和长远发展来说，影响更为深刻、意义更为深远的是来自它的精神层面的作用。正如唐代诗人白居易那句“我生本无乡，心安是归处”[①]，道出了人无所寄托的灵魂寻觅精神家园的渴望。

除了丰富的感性色彩，精神家园更富有深刻的哲学内涵。它充满了对文化之根、宗教之源、终极之思的汲汲探求。黑格尔曾言，“一提到希腊这个名字，在有教养的欧洲人心中，尤其在德国人心中，自然会引起一种家园之感”。[②] 黑格尔在受聘于柏林大学哲学教授一职时也讲道：“世界精神太忙碌于现实，太驰骛

① 出自白居易的《初出城留别》。全诗为：“朝从紫禁归，暮出青门去。勿言城东陌，便是江南路。扬鞭簇车马，挥手辞亲故。我生本无乡，心安是归处。”

② ［德］黑格尔：《哲学史讲演录》第1卷，贺麟译，商务印书馆1983年版，第157页。

于外界，而不遑回到内心，转回自身，以徜徉自怡于自己原有的家园中。”哲学家康德的墓志铭上镌刻着这样一句名言：“世上有两件事震撼心灵，思之愈频，念之愈密，则愈觉惊叹日新，敬畏月益：头顶之天上灿烂星空，心中之崇高道德律令。”心中的道德律令在康德看来是能够与灿烂星空媲美的神圣美好之寄托，他的思索成为激发近代启蒙思想与科学精神的动力。康德还在文章《答复这个问题：“什么是启蒙运动”》中指出：“启蒙（运动）就是人类脱离自己所加之于自己的不成熟状态。……要敢于成为一个智者，要有勇气使用你自己的理智，这就是启蒙的箴言！”① 启蒙箴言的寓意在于启发人们要勇于独立思考，换言之，就是要努力开拓每个人自己的精神家园。在康德看来，人只有拥有了真正的自由，即公开利用理性的自由，才能算得上拥有了真正的幸福和快乐。

第一节　问题的提出

“精神家园”不是一个崭新的论题，可以说构建精神家园的实践是与人类文明、进步的历史同步展开的。在古希腊时期，苏格拉底的“人应该追求更美的生活，远过于生活本身”即在说明精神理想的重要意义。柏拉图的“理念世界”，尤其是被视为整个宇宙的积极起源和起导向作用的最高理念——“善”的概念，及其所倡导的理想爱情观，都是对精神家园崇高思想的阐发。《圣经》通过对上帝和天国的描述，为人们缔造了一个比人

① ［德］康德：《历史理性批判文集》，何兆武译，商务印书馆1991年版，第22页。

间“更美的家园”——彼岸世界。文艺复兴促进了人性的觉醒和诗与艺术的勃兴，由此产生了人们对此岸世界精神家园“自然之美”的无限向往，才有了布莱克的“从一粒沙子看世界，从一朵野花见天堂”的佳句。此后在人类文明的历史里，又由于斯宾诺莎、卢梭、康德、爱默生等众多先哲圣贤的继续阐发、孜孜不倦，才使得精神家园出现了繁花似锦的景象。

人类从未停止过对精神家园的垦殖与构筑，许多民族在各自的发展进程中创造出了灿烂辉煌的精神文化家园。然而近现代以来，随着现代化、全球化、信息化、市场化进程的加快，人类已有的精神家园面临着被破坏与瓦解的危机。信仰荒芜、认同危机、文化冲突、价值碰撞、伦理困惑、道德滑坡等问题给社会的和谐与健康发展带来了严重的影响。当人们的精神家园以及相应的家园感逐渐失落，曾存于人们心底那些质朴的道德准则和价值观念也开始被物质欲望以及虚无的感觉所替代。在强大的物质诱惑面前，人的主体意识丧失，难免为失去生存的意义而感到焦虑。人一旦沦为物质的奴仆，丧失理想和信念，人的心灵就没有了归宿，人的精神便难逃在物质的荒原上放逐和流浪的厄运。当个人的思想荒芜驳杂，精神无所寄托和追求，个人的幸福感、社会的凝聚力和民族的认同感也会受到影响而逐渐萎缩、消逝，更无从谈及民族的强大与振兴。精神家园的失落已经成为当今时代和社会的一个普遍的、现实的问题，由于这一问题所带来的严重后果，有远见的人们呼吁着要对精神家园在理论与实践上进行重构。回到马克思！马克思、恩格斯的经典社会批判理论，关于人和社会发展理论、价值学说，西方马克思主义对资本主义国家的意识形态、技术理性、大众文化、现代国家以及现代性等问题的激烈批判，深深地影响了19世纪以来人类的思想进程，也为今天一些面临现代化问题的民族反思与建构精神家园提供了重要的理论资源与方法指导。

我们的民族，今天正处于人类现代化不可避免的社会转型时期，35 年的改革也进入了攻坚期和深水区，机遇与挑战并存、物质的丰富与精神的危机同在。一个为当代中华民族所共有、共享和共建的精神家园成为社会主义文化建设的当务之急。

一 弘扬中华民族优秀传统文化的需要

在中华民族几千年的历史发展进程中，各族人民通过辛勤实践创造了悠远博大的中华文化。随着民族观念和文化认同的加强，各民族在对现实生活及生存意义的追寻和反思中，建构起中华民族共有的精神家园。在中华民族发展的不同历史时期，尽管民族共有的精神家园有着不同的内涵、形态和目标，但是在其中总有一以贯之的核心价值为中华民族成员所认同和遵循，而这核心价值最广泛和重要的来源就是在实践中被创造并在历史发展中逐渐积淀下来的中华民族优秀的传统文化。因此，中华民族传统文化是中华民族共有精神家园的重要内容和思想沃土。

在中华民族长达两千多年的封建社会里，以儒学为核心的中国传统文化都具有一定的稳定性，中华民族真正的文化危机是从 1840 年西方入侵开始的，是与“亡国、亡天下”的民族危机相伴而生的。从鸦片战争开始，“进行国际贸易和战争的西方”向“坚持农业和官僚政治的中国”发起全面挑战，[①] 带来的结果是使中国传统的价值观念和文化根基受到了三千年来未曾有过的巨

① ［美］费正清等编：《剑桥中国晚清史》（1800—1911 年）上卷，中国社会科学院历史研究所编译室译，中国社会科学出版社 1985 年版，第 2 页。

大冲击，中华民族传统的精神家园开始分崩离析。在此之后的历次反封建、求民主的思想解放运动中，中华传统文化又遭遇了多次瓦解和冲击，其中许多合理的、优秀的价值理念和有益成分也被视为封建主义的糟粕而被无情抛弃。当今时代，全球化的趋势不断加强，文化交往与竞争频繁，更加需要文化本身自觉意识的提升。2009 年温家宝总理在西班牙塞万提斯学院与文化界人士以及青年学生畅谈传统文化时指出："我经常在思考，一个民族要兴旺发达，就不仅要有人脚踏实地，埋头苦干，更要有人遥望星空，坚守精神家园。这样的民族才有希望，才能克服前进道路上的艰难险阻，才能有光明的未来。"① "遥望星空" 蕴含着发自内心的禀赋和气质，"坚守精神家园" 意即坚守和传承民族的精神、理想和文化。只有弘扬传统文化、发展传统文化，才能使中华传统文化得以复兴和发展、获得自知之明的自觉意识，这也是使中国人的文化认同和民族认同感得到提升、精神找到皈依的关键所在。

二 中国社会发展的内在要求

"历史和现实证明，任何民族文化的断裂，必然导致这个民族的衰退。而民族的振兴，始于文化的复兴。"② 无论是在国力强大的太平盛世，还是民族危难的紧要关头，民族文化及价值观是凝聚民族力量、增强民族认同的重要力量，它不仅能够泽被四方，更能引领人们守望精神的家园。在全球化浪潮已经席卷世界

---

① 转引自中国政府网，http：//www. gov. cn/ldhd/2009 －02/01/content_ 1218340. htm。

② 郭齐家：《弘扬中华文化 建设中华民族共有精神家园》，《北京科技大学学报》（社会科学版）2007 年第 4 期。

各个角落、覆盖人们生活方方面面的今天，文化的作用显得更为突出，作为“软实力”的文化越来越成为影响国家综合国力和国际竞争力的重要因素。布热津斯基曾在《大棋局》中提出了大国的四个标志：经济发达，军事强大，科技雄厚，文化富有吸引力。由此可见，“大国崛起，不仅是经济现象，而且是文化现象；不仅是经济增长，而且是文化繁荣”。[①] 中国共产党对文化建设的高度重视，充分彰显了实现中华民族伟大复兴中国梦的决心与战略。但是我们也应该清醒地看到，当前的精神家园建设面临着许多严峻的挑战。从中华民族精神家园自身的现状来看，当前民族传统文化和马克思主义的认同度还须进一步加强和提升。认同感不高使得归属感难以形成，精神家园的建构就遇到了问题。从外部的现实来看，也面临许多挑战：西方主导的全球化浪潮已经超越了经济领域延伸到文化等诸多领域，全球化使民族性不再那样明显，并冲击和淡化本国的传统文化和社会意识形态；市场经济下衍生出来的拜金主义、享乐主义正在消解精神家园的崇高性和形上性，使人们过多地关注现实中物质利益的获得、享用与攀比，忽视了精神层面的提升；社会转型中，难免泥沙俱下。各种社会思潮以及多元化的价值观念给社会主义核心价值体系的主导地位带来了挑战；信息化、网络化等新科技革命的最新成果如同一个万花筒，冲击着人们已有的思维方式和生活观念……总之，如果不建立起稳固而强大的精神家园，人们原有的精神家园就会在这些外部环境的影响和冲击下进一步破坏和解体，社会的健康、稳定发展就要受到阻碍。

在构建中华民族共有精神家园的理论与实践中，中国共产党

---

① 郭建宁：《弘扬中华文化 共建精神家园》，《政工研究动态》2008 年第 4 期。

已经作出许多努力。特别是十一届三中全会后，中国共产党从新时期的实际情况出发，积极推进文化建设，建构中华民族的精神家园。1992 年，党的十四大在《党章》中增加了“弘扬中华民族优良文化传统”的内容，表明了中国共产党对待传统文化的新举措和新方针。1997 年，党的十五大报告中提出了“有中国特色的社会主义文化是渊源于中华民族五千年的文明史”“有中国特色社会主义的文化，是凝聚和激励全国各族人民的重要力量，是综合国力的重要标志”等观点，这些对文化作用的新诠释表明中国即将进入文化建设的全新时期。2002 年，党的十六大报告又细致地阐明了民族传统文化在世界多元文化并存中所扮演的角色、文化在本国综合国力中的地位、文化的价值与功能等，并指出了在当今各种社会思潮激荡下，培育和弘扬民族精神的重要意义。2007 年，党的十七大报告指出：“当今时代，文化越来越成为民族凝聚力和创造力的重要源泉、越来越成为综合国力竞争的重要因素”，要“弘扬中华文化，建设中华民族共有精神家园”。[①] 从“建设中华民族共有精神家园”的角度来强调弘扬中华文化的重要意义，在党的代表大会报告中还是首次，这表明中国共产党对弘扬中华文化的自觉达到了一个新境界。十七届六中全会对新形势下繁荣发展中国特色社会主义文化作做了全面部署，开篇即提出了“文化是民族的血脉，是人民的精神家园”。十八大报告在此基础上，进一步丰富了加强社会主义核心价值体系建设的内容，提出了“倡导富强、民主、文明、和谐，倡导自由、平等、公正、法治，倡导爱国、敬业、诚信、友善”的社会主义核心价值观，明确了国家、社会、公民三个层面的价

① 胡锦涛：《高举中国特色社会主义伟大旗帜　为夺取全面建设小康社会新胜利而奋斗》，《解放军报》2007 年 10 月 25 日。

值取向。党的十八大后，习近平总书记提出并深刻阐述了中华民族伟大复兴的中国梦，国家富强、民族振兴、人民幸福这三方面的内涵既指明了中国社会的发展目标，更体现了中华民族的理想信念、体现了每一名中国人对民族未来的期盼。

三　马克思主义中国化的题中之义

马克思主义传入中国，“契合了人们要求急需重建时代精神的内在价值取向与深层文化心态，就在人们内心激起了巨大的波澜，并迅即成为中国思想界的主潮”。[①] 在近百年的实践中，马克思主义科学性、开放性、世界性的理论品格不仅指导中国革命和建设事业取得一个又一个胜利，而且还与中国具体国情紧密结合，不断与时俱进和创新发展。马克思主义与中国国情相结合，与中华传统文化相融合，使马克思主义被赋予了中国式的创造与阐释，开辟了马克思主义的新境界。文化视域中的马克思主义，是科学的世界观、人生观和价值观的总概括，它来源于人类优秀的文化成果，又引领和推动着人类文化的发展方向。马克思的哲学理论，为人们的生存和发展提供了目标、方向和精神的支柱；马克思的批判精神，启迪和解放了人们的思想，使人类文明的道路更加开阔与明朗。同时，作为外来的文化样态，马克思主义理论与中国传统文化二者之间在“价值取向”“哲学思想方法”以及“社会价值理想”等许多方面存在着能够契合融通的因子。中国文化强大的韧性与张力，海纳百川、兼容并蓄的博大胸怀与精神气度，不仅在表层上接纳了马克思主义，而且在深层中找到

① 胡军良：《朝向马克思主义中国化事实本身》，《思想理论教育》2008 年第 1 期。

二者得以“双向互动”“视域交融”与“耦合再造”的根基与支点。[①] 中国革命和建设的历史经验证明，马克思主义与中国实践的结合具有可能性和必然性。马克思主义需要在融入中华民族共有精神家园的过程中实现自我提升与发展，而中华民族共有精神家园也需要以马克思主义的科学思想为指导以确保正确的方向。

综上所述，建构中华民族共有精神家园已迫在眉睫。精神家园是个人、民族、国家发展之必需，中国的发展，中华民族的复兴，中华文化的传承以及马克思主义的创新都离不开精神家园的建构。因此，从学理上对精神家园尤其是民族共有的精神家园进行系统、全面的分析，并对各民族精神家园进行比较和学习是十分必要的。当前，建构精神家园的问题已经引起了学界的广泛关注，对此问题的探讨和研究愈加深入和丰富。作为哲学社会科学的研究者，我们需要结合时代的背景去认真总结，深刻反思，为建造一个温馨、美好的中华民族共有的精神家园而努力。精神家园是一个由不同层次的精神要素彼此联结、相互作用而成的精神的有机结构系统。正如“它的超越性和内隐性，表现为一种价值信仰系统；它的趋动性和指引性，表现为一种精神动力系统；它的支持性和关怀性，表现为一种人生安抚系统；它的动态性和发展性，表现为一种创新开放系统”。[②] 细致地研究精神家园的系统结构，分析构成要素以及各要素之间相互作用的机制对于建构精神家园尤为必要。从生成来看，精神家园的形成是一个历史的进程，是在历史与文化的双重影响下、思想运动与社会运动共

---

① 胡军良：《朝向马克思主义中国化事实本身》，《思想理论教育》2008 年第 1 期。

② 陈杰：《论精神家园的建构》，《湖湘论坛》2007 年第 3 期。

同作用下的结果，同时它将随着时代的变迁和社会的发展不断发生变化。因此，精神家园的构建既要继承传统，又要善于借鉴；既要立足于当下的研究，又要敢于进行新的创造。

本书从精神家园的建构这一当代热点问题出发，在前人研究的基础上，试图从哲学的视角出发，对精神家园的理论问题进行系统的论证和阐释。在论证的过程中，不仅有逻辑的分析，还有历史经验的总结。笔者期望通过精神家园问题的理论研究，为中华民族共有精神家园的建构研究打下基础，同时提供一些思想和方法上的启示，这即是本书的目的所在。

第二节 国内外研究现状述评

一 国内研究现状

从20世纪八九十年代起，精神空虚、信仰危机、道德滑坡等精神家园荒芜的社会现象就已经引起了学界尤其是哲学社会科学工作者的广泛关注。学界对“什么是精神家园”“我们需要什么样的精神家园”以及“如何建构个体精神家园”等问题进行了深入的探讨，推动了精神文明建设的开展。但当时的讨论主要是围绕着个体精神家园的失落以及如何使人们在市场经济的条件下树立正确的价值观和人生信仰而展开的。改革开放30年，面对新的时代背景和发展主题，党的十七大从全民族的利益出发，适时提出了“弘扬中华文化，建设中华民族共有精神家园”的重要决策，此后又经过十七届六中全会和十八大报告的进一步深化发展，使精神家园的问题越来越引起了人们的关注。围绕着这一主题，学界对精神家园和中华民族共有精神家园的内涵，中华

民族共有精神家园的建构原则、指导思想、主要思路以及建构途径等重要问题均展开了探讨，现综述如下：①

（一）精神家园、民族共有精神家园的内涵

1. 精神家园的内涵

从现有的研究来看，人们对精神家园内涵的认识基本上已经达成共识，即认为精神家园是一种与物质家园相对应的，建立在文化认同基础上的精神文化和价值系统，是人们建构起来的一种意义世界和理想境界。但是由于侧重点不同，人们对精神家园的内涵也有多种理解。

从范畴上来看，精神家园属于个人或特定时代某一群体共有的精神信仰与价值理想的意义世界，表现为与信仰密切相关的一种理想境界、精神心理模式或时代精神。从人的精神内核来看，精神家园是人类自我创造的意义世界和理想境界。建构精神家园实际就是建构人生的信仰和信念。② 如陈杰认为“精神家园是主体坚信不移的、被认作是自己生存的根本、生命意义之所在的终极价值和目标体系，是以符号、形象等象征物存在的文化世界、价值世界、意义世界”。③ 詹七一等指出，精神家园是一种精神实在，它以比较完整的价值形态表达人与世界的总体关系，向人们展示具有完整价值和意义的世界图景，它因价值自足而使人们为之向往，成为人类精神的安身立命之所，是合意愿安排的稳定成型的精神心理模式。④ 胡海波认为精神家园是人类生命特有的

---

① 此部分内容已发表在《理论与现代化》2010 年第 3 期《“精神家园”国内研究现状述评》一文中。

② 陈胜婷：《构建精神家园——对新时期大学生理想教育的几点思考》，《西南民族学院学报》（哲学社会科学版）2002 年第 9 期。

③ 陈杰：《论精神家园的建构》，《湖湘论坛》2007 年第 3 期。

④ 詹七一、张立新：《重构、守护与拓展精神家园》，《人大复印资料·教育学》2001 年第 6 期。

精神性存在，是内化人类生命最为精致、最为丰富和复杂的意义性存在，这种精神性、意义性的特殊存在充满了生命的意蕴。[①]还有人把精神家园视为一种时代精神，张魁兴认为精神家园是建立在理性基础之上的精神文明范畴。精神家园这个词可以指一个人，也可以用来指一个时代的精神世界，也就是指形成了一定群体意识的时代精神。[②]

从功能上来看，“精神家园”是指一个人的精神支柱、情感寄托和心灵归宿。[③] 如纪宝成指出精神家园乃是一个比喻，一个象征，它指的是人们的精神信仰和精神世界，是个人或民族共同体的精神支柱、情感寄托和心灵归宿，是生命的价值追求和终极关怀。[④]

从构成要素上看，“精神家园”是由不同层次的精神要素彼此联结、相互作用而成的精神的有机结构系统。苏荣才认为精神家园系统“既包括情绪、风俗习惯、传统等低层次的要素，又包括政治、法律、道德、宗教、艺术、哲学等属于上层建筑的高层次的精神意识”。[⑤]

“精神家园”的内涵与文化的认同息息相关，文化认同感是家园感产生的基础。侯小丰将精神家园视为对生活意义和生命归宿的一种文化认同。他指出，家园是由文化认同所引发的精神上

① 胡海波：《中华民族精神家园的生命精神》，《东北师范大学学报》（哲学社会科学版）2008 年第 3 期。

② 张魁兴：《一个民族的精神家园》，《百姓》2008 年第 6 期。

③ 李萍、宫艳玮：《对建设中华民族共有精神家园的几点认识》，《理论学习》2008 年第 2 期。

④ 纪宝成：《弘扬中华优秀传统文化 建设民族共有精神家园》，《教学与研究》2008 年第 4 期。

⑤ 苏荣才：《共产主义：当代中国青年精神家园的核心内容》，《马克思主义与现实》1991 年第 2 期。

的归属感、思想上的一致性和思维上的一贯性；在文化认知上表现为对作为民族文化之根的思想传统、精神理念、文化习俗乃至生活方式的认同、尊崇和追随。哲学对“精神家园”垦殖与构筑的目的，就在于能使现实中的我们随时能找到“回家”的感觉。①

2. 中华民族（共有）精神家园的内涵

从对民族共有精神家园的理解来看，虽然目前并没有形成一个统一的说法，但是民族精神、民族文化、核心价值观念，尤其是民族的共同理想确已成为公认的几个要素。对民族共有精神家园的形成和功能也有了一定的认识。

一种是“形成说”。认为精神家园有个体和群体之分，民族共有精神家园是建立在个体精神家园基础之上，集腋成裘，聚沙成塔，最终形成的作为民族独特精神气质和共同价值取向起作用的精神家园。② 每个人都是生活在一定的民族之中，个体的精神总是由民族共有的精神来维系和滋养。因此，个体的精神家园被民族精神家园所包含，形成民族共有的精神家园。③

一种是“功能说”。认为民族共有的精神家园是中华民族认同和尊崇的心灵寄托、灵魂安顿和精神皈依的安身立命之所；是民族生命力的精神之母、创造力的精神之源、凝聚力的精神纽

① 侯小丰：《精神家园、情感依恋与马克思主义哲学中国化》，《学术研究》2007 年第 9 期。

② 纪宝成：《弘扬中华优秀传统文化 建设民族共有精神家园》，《教学与研究》2008 年第 4 期。

③ 李萍、宫艳玮：《对建设中华民族共有精神家园的几点认识》，《理论学习》2008 年第 2 期。

带、团结奋进的精神动力[①]；是民族不畏艰险、团结奋进、科学创新的精神力量；是民族唯变所适、生生不息的发展动力；“是一个国家文化软实力的存在基础”[②]。

一种是“等同说”。将民族的文化视为该民族共有的精神家园。认为民族的文化凝聚着该民族对世界和自身的历史认知和现实感受，积淀着这个民族最深层的精神追求和行为准则。[③] 文化作为民族的精神家园，为一个民族的存在和发展提供精神凝聚、心理认同、价值取向、生存理念和创造动力。[④] 民族精神家园是一个民族在文化认同基础上产生的文化依托和归宿，反映了一个民族经过漫长的历史积淀所传承下来的特有的传统、习惯精神、心理情感等。[⑤]

一种是“交集说”。认为共有的实质就是各民族文化的“交集”与融合。“中华民族共有精神家园”是包括中华民族56个民族在内的“共有”精神家园，也即是中华民族多元一体的大家庭共有的精神财富。它不仅仅指从56个民族精神中抽象出来的都具有的精神财富，也应包括所有民族和地区多元文化中优良的精神财富，共同建构而成为中华民族共有精神家园。[⑥] “中华民族共有精神家园”不是某个阶级、阶层或者地区的精神家园，而是海峡

---

① 韩振峰：《中华民族共有精神家园及其构建途径》，《中州学刊》2009年第7期。

② 段刚：《文化精神寻觅与教养主义回归——文化软实力与精神家园构建》，《社会科学研究》2008年第5期。

③ 李萍、宫艳玮：《对建设中华民族共有精神家园的几点认识》，《理论学习》2008年第2期。

④ 叶舟：《文化是民族的精神家园》，《理论参考》2007年第11期。

⑤ 肖力、刑洪儒：《中华民族共有精神家园建设的理论意蕴与实践要求》，《河北学刊》2008年第3期。

⑥ 周伟洲：《中华文化与中华民族共有精神家园的建设》，《民族研究》2008年第4期。

两岸以及海外华人华侨，即整个中华民族都可以使心灵安顿的精神家园。“共有”即不分阶层、不分类别、不分地域都有，共有精神家园有一个文化价值底线，这就是对中华文化的基本价值、基本理念的认同，对做一个中国人的基本价值要求和操守的认同。①

还有一种是“要素说”。有的突出强调民族文化和民族精神，认为传统文化的核心价值观是民族精神的主要组成部分，而民族精神则是安顿民族生命的精神家园。② 有的认为民族精神及其文化传统就是一个民族栖息本质自我的精神家园，是一个民族安身立命、获得精神支柱和不竭发展动力的终极所在。③ 民族文化及民族精神是一个民族精神家园存在的基础，核心价值体系是一定社会系统得以运转、一定社会秩序得以维护的基本精神依托。④ 有突出理想信仰的，如王燕京认为共产主义的理想信念和精神境界就是中华民族精神家园的核心内容所在。⑤ 李文阁认为建设共有精神家园，其实就是要为人民寻找一个共同的精神依托和精神的安身立命之所，使人民有一个共同的理想信仰和精神追求，从而能够摆脱精神的漂泊、空虚和粗鄙，真正懂得生存的根本和生命的意义之所在，获得心灵的愉悦和精神的充实。⑥ 胡鸣铎、邢洪儒指出建设共有精神家园的本质在于营造一个能被社会

---

① 李宗桂：《国学与中华民族共有精神家园》，《中山大学学报》（哲学社会科学版）2009 年第 3 期。

② 卞敏：《民族精神——安顿民族生命的精神家园》，《江南社会学院学报》2008 年第 9 期。

③ 葛晨虹：《守望中华民族精神家园》，《思想政治工作研究》2004 年第 11 期。

④ 高永久、陈纪：《论中华民族共有精神家园的内涵与价值核心》，《科学社会主义》2008 年第 2 期。

⑤ 王燕京：《中华民族共有精神家园的理论蕴含与建设路径》，《江西社会科学》2009 年第 3 期。

⑥ 李文阁：《精神家园：马克思哲学的当代意义》，《哲学动态》2005 年第 10 期。

普遍认同和接受的意义世界和信仰系统，即确立共同信仰。[①] 有的则综合了以上要素，认为中华民族共有的精神家园是整个中华民族共同依托、愿意共同传承、乐于共同发扬的文化精神、价值观念和情感态度的总和。[②] 这样的说法打破了“等同说”的局限，拓展了民族共有精神家园的内容，在肯定中华文化的基础上更突出了民族精神、价值观念和信仰理想的重要性。

（二）中华民族共有精神家园的建构

解释民族精神家园的内涵，最终是为了在明确民族共有精神家园内涵的基础上去建构精神家园。目前，学界对于中华民族共有精神家园建构问题主要是围绕着建构原则、指导思想、思想资源、方法途径等方面展开的。

1. 中华民族共有精神家园的建构原则

民族性。建构民族共有的精神家园，落脚点在精神家园，重点却在于民族共有，即体现民族性。保持民族性是维系民族认同感和归宿感、建设共有精神家园的基本保障。[③] 中华民族文化博大精深，中华民族精神源远流长，具有鲜明的民族特性。我们应该自觉地坚持以中华优秀文化传统为根基，大力繁荣发展中国特色、中国风格、中国气派的优秀文化，不断增强中华文化的魅力和生命力。[④] 建构精神家园，应处理好经济全球化与文化多样性的关系，在全球化进程中保持文化个性并增强话语权。处理好全

---

① 胡鸣铎、邢洪儒：《在弘扬中华文化中建设中华民族共有精神家园》，《湖北行政学院学报》2008 年第 5 期。

② 向玉乔：《中华民族共有精神家园的构成》，《光明日报》（理论版）2008 年 4 月 1 日。

③ 李萍、宫艳玮：《对建设中华民族共有精神家园的几点认识》，《理论学习》2008 年第 2 期。

④ 魏长领：《建设中华民族共有精神家园应自觉体现四个统一》，《郑州大学学报》（哲学社会科学版）2008 年第 2 期。

球价值趋同与民族身份自我认同的关系，千万不能丢掉文化主体性，失去自己的“文化基因”和“文化密码”。①

普遍性。随着经济全球化、政治多极化、文化多元化时代的到来，全球化问题（如环境污染、生态平衡被破坏、失业、贫穷、饥饿、核威胁等）迫切要求人们按照“和而不同”的原则寻求价值观念、道德标准的基本共识。中华民族共有精神家园的构建在保持民族性的同时，还要具有普遍性，要自觉体现民族性和普遍性的有机统一。中华民族共有精神家园不是封闭的而应该是开放的，在解决人类所面临的共同问题上具有共同的价值诉求和美好愿望。②

时代性。体现现代性，是任何民族文化在当代社会延续传承、繁荣发展的必然要求。中华文化只有在继承传统、保持民族性的基础上，不断拓展其时代内涵，形成富有时代气息的现代中华文化，才能使我们的精神家园始终魅力常在。当前，建设体现时代性的现代中华文化，最重要的就是要立足中国特色社会主义的伟大事业，从改革开放和现代化建设实践中吸取新鲜养分，不断丰富自身内涵。③ 中华民族共有精神家园的建设要深深植根于改革开放和现代化建设实践，符合当今世界和当代中国的发展趋势。应体现当今的时代特征和反映当今时代的主题，体现当今时代中华民族的最高价值追求，善于从时代伟大实践中汲取新鲜养分。④ 离开了当代中国的实践，就不知道用什么东西去充实我们

---

① 郭建宁：《弘扬中华文化　共建精神家园》，《政工研究动态》2008 年第 4 期。

② 魏长领：《建设中华民族共有精神家园应自觉体现四个统一》，《郑州大学学报》（哲学社会科学版）2008 年第 2 期。

③ 李萍、宫艳玮：《对建设中华民族共有精神家园的几点认识》，《理论学习》2008 年第 2 期。

④ 魏长领：《建设中华民族共有精神家园应自觉体现四个统一》，《郑州大学学报》（哲学社会科学版）2008 年第 2 期。

的精神家园，也不知道什么东西应当逐出我们的精神家园，精神家园的建构就变成空中楼阁、纸上谈兵。[①] 文化建设要以与时俱进为追求，大胆进行文化创新。

兼容性。弘扬民族优良传统文化，并不意味着在文化建设上闭关自守、排斥外来文化，而应在与外来文化的交流中吸收各种健康有益因素，促进民族文化体系更加丰富和完善，使民族精神家园更加充实。[②] 要采取“洋为中用”的原则，积极吸收各国的优秀文明成果。[③]

主体性。即坚持发扬集体主义与尊重个人利益的辩证统一。一方面提倡国家至上、社会为本，进一步完善党的领导，走社会主义道路；另一方面给个人以充分的发展空间，保护个人合法权益，鼓励个人提高创新能力，不断自我完善。[④]

2. 建构中华民族共有精神家园的指导思想

学界一致认为，马克思主义能够并且理应融入中华民族共有精神家园之中，为之提供科学指导、思想基础、价值导向和理想支撑。马克思主义与中华民族共有精神家园之间存在着互动关系。

马克思主义是社会主义核心价值体系的灵魂，它具有科学性、实践性，因而在建设中华民族共有精神家园中处于意识形态的科学的指导地位[⑤]；马克思主义是科学的世界观与方法论，它

---

① 陈路芳：《论转型期精神家园的重构——兼谈青年大学生的人文教育》，《广西民族学院学报》（哲学社会科学版）1998 年第 9 期。

② 李萍、宫艳玮：《对建设中华民族共有精神家园的几点认识》，《理论学习》2008 年第 2 期。

③ 胡维革：《努力建设中华民族共有精神家园》，《领导之友》2008 年第 1 期。

④ 史湘洲：《振奋民族精神绘就崭新画卷建设新世纪中国人的精神家园——全国政协九届四次会议侧记》，《瞭望新闻周刊》2001 年第 12 期。

⑤ 赖恭谦：《马克思主义与当代中国文化建设》，《理论学刊》2000 年第 3 期。

能够帮助我们在观察问题和分析问题时形成正确的理论视野和科学的思维方法，能够为建设中华民族共有精神家园奠定坚实的思维基础，比如能够帮助重塑民族共有精神家园建设中的文化思维模式，实现文化的优化与创新，帮助建立良好的文化互动关系[①]；马克思主义的价值取向是以全人类利益为最高价值尺度，以促进生产力的发展和最大限度增进全体人民的利益为标准，其作为最高理想的共产主义和作为信念的社会主义制度，能够为中华民族提供道德理想和道德准则，为中华民族的行为起到导向作用，能够保证社会主义核心价值体系的方向；马克思主义表现为一种科学性的、政治性的、社会性的理想信念，它既是中国社会主义现代化的奋斗目标，也是人们的精神支柱，同时又作为精神动力因素激发、激励人们为之奋斗和努力。当代中国精神家园的建构，需要以马克思主义的中国化为思想内核，实现对西方资本主义现代性及其物化困境的扬弃，超越传统有神论与现代虚无主义之间的二元对立，推动中华文化传统的现代性转化，凝练与提升马克思主义与中华文化相融共通的核心价值理念。[②] 充分展现哲学的终极关怀功能是现时代发展马克思主义哲学的一个新思路。作为理性主义与理想主义的统一，马克思主义哲学应当从终极关怀层面，以人文精神关注人的生存与发展，在塑造崇高的理想信念与道德理想教化方面形成价值导向；根据人们的实践需要，在科学与信仰的统一中发掘人的慰藉力量与生存意义；在工具理性与价值理性统一的基础上，寻求社会发展与人的发展的协调性，保证人在这种统一中提升精神境界；在真、善、美统一的

---

① 王来金：《论马克思主义在中国文化现代化建设中的地位和作用》，《商丘师范学院学报》2001 年第 1 期。

② 庞立生、王艳华：《精神生活的物化与精神家园的当代建构》，《现代哲学》2009 年第 3 期。

前提下，为人类指出走向自由全面发展的理性通道。[①]

中华民族共有精神家园则是对马克思主义在当代中国发展的支撑与提升。中华民族共有精神家园针对价值多元化、冲突等问题，针对民族认同缺失、信仰迷茫等问题展开，目的在于增强民族的文化凝聚力，增强民族的文化自信心；能够增进中华文化的认同，能够提升社会主义核心价值理念；而社会主义核心价值体系奠基于马克思主义思想基础之上，从而能够深化对人类社会发展规律的价值认同[②]。中华民族共有精神家园的建设针对人的精神生活空虚、没有归属、缺乏责任意识等问题，体现人文关怀，与马克思主义关切人类命运及解放、马克思主义的人文关怀维度具有内在的统一性，是对马克思主义符合人的本性和人的全面解放发展科学态度的创造性发挥与提升，由此体现时代发展马克思主义的新思路——充分展现中华民族共有精神家园的终极人文关怀功能。[③] 中华民族共有精神家园的建设能够巩固与传承民族精神，是将马克思主义的时代精神中国化的最完善、最现实的表现。中华民族共有精神家园能够将价值传统和文化精神长期积淀，并且将之熔铸在民族生命力、创造力和凝聚力之中，成为中华民族繁荣发展的灵魂和生生不息的动力，体现了以爱国主义为核心的民族精神和以改革创新为核心的时代精神、开放精神、理性精神，是对马克思主义的与时俱进理论品质、开放实践的优秀特性的创造性发展[④]，是将马克思主义精神中国化的表现，也是

---

① 卞敏：《论马克思主义哲学的终极关怀功能》，《江苏社会科学》2006 年第 5 期。

② 单桦：《马克思主义与当代中国文化建设》，《山东社会科学》2008 年第 1 期。

③ 卞敏：《论马克思主义哲学的终极关怀功能》，《江苏社会科学》2006 年第 5 期。

④ 侯小丰：《精神家园、情感依恋与马克思主义哲学中国化》，《学术研究》2007 年第 9 期。

当今发展马克思主义的中国特色的理论与实践方式。

3. 中华民族共有精神家园的思想资源

一种观点认为中华民族共有精神家园的思想资源或文化根基是中国传统文化。传统文化是共有精神家园建设所依托的丰厚的土壤，它是中华民族五千年发展历程中所创造的精神财富，深深沉淀在人们思想意识之中，影响着人们的思维方式、行为方式、习惯心理及价值取向。[①] 传统文化是民族共有精神的重要载体，国学是中华文明和其他民族优秀文明展开对话与交流的重要平台。中华文化是统摄中华民族共有精神家园的文化根基，建设中华民族共有精神家园则内化与外显了中华文化本质精髓的实践要求。

另一种观点则认为这种思想资源应是包含传统文化、新文化和外来先进文化在内的中华优秀文化。建设中华民族共有精神家园所要弘扬的是整个中华民族从古到今的优秀文化，是中华版图之内的包括各种地域文化和各民族文化在内的多元一体的文化，是其中在今天仍然有合理性、能够经过创造性诠释和时代性转换而发生积极作用的文化，也就是我们常说的中华优秀文化。李宗桂先生还进一步阐发了弘扬中华文化与建设中华民族共有精神家园之间内在的逻辑关系。弘扬中华文化，能够光大中华文化的独特魅力和价值，能够增强民族文化认同感，增强中华民族凝聚力，增强海内外中华儿女的精神联系，从而为共有精神家园的建立提供思想文化基础和价值认同的纽带。建设中华民族共有精神家园，能够充分发挥、调动中华文化的各种有利因素，促进中华文化的弘扬和培育，增强中华民族的文化机体，为海内外中华儿

---

① 薛艳丽：《二重维度勾连与互动中的共有精神家园建设——兼论传统文化与社会主义核心价值体系的关系》，《理论月刊》2008 年第 2 期。

女提供安身立命之道，提供精神安顿的芳草园。从价值取向上看，中华民族共有精神家园的建设，必须而且只能以中华文化为基础、为纽带；中华文化的发展及其在当代的价值，应当落实为全民族的精神沟通和价值认同，通过共有精神家园的建设，进一步发扬和光大。[①]

也有观点认为，中华民族共有精神家园的思想资源是时代精神和民族传统精神。中华民族精神，是中华民族在长期的发展过程中逐步积累和沉淀而成的精神总和。就其主要内容来说，既包括中华民族传统文化中所蕴含的优秀的民族精神和中国共产党人在长期的革命和建设实践中形成的革命精神，更应该包括现代化建设过程中所需要的时代精神。[②] 民族精神包括了优秀传统文化的部分，也包含了时代性的时代精神部分，它成为精神家园的重要阵地。当前最为关键的就是大力建设社会主义核心价值体系，积极推进中华民族共有精神家园的缔造与建设。

4. 民族共有精神家园建构途径

在对马克思主义与中华民族共有精神家园多重交叉关系、动态互动复杂关系理解的基础之上，提出立足于现实，以马克思主义为指导，以中华优秀传统文化为根基，以社会主义核心价值体系为价值指引，多渠道、多手段地建设中华民族共有精神家园。

建设中华民族共有精神家园，应该充分强调马克思主义的指导地位和作用。马克思主义必须占据统治地位，成为指导思想，确保中华民族共有精神家园建设的方向。[③] 马克思主义哲学以其

① 李宗桂：《国学与中华民族共有精神家园》，《中山大学学报》（哲学社会科学版）2009 年第 3 期。

② 侯小丰：《精神家园、情感依恋与马克思主义哲学中国化》，《学术研究》2007 年第 9 期。

③ 陈杰：《论精神家园的建构》，《湖湘论坛》2007 年第 3 期。

先进的思想成果和科学精神，充分体现了时代进步的要求，它是人类社会发展至今最具科学性的哲学。因此，在建设有中国特色社会主义伟大事业的过程中，在不断迈向现代化的征途上，马克思主义哲学应该成为我们中华民族精神的基本取向，成为我们民族精神的主旋律，成为中国人建造精神家园的主要内容和指导思想。①

弘扬、创新和保护传统文化。重振国学、弘扬传统是构建民族共有精神家园的重要途径。一是要认真挖掘和提炼祖国传统文化中的有益思想价值。挖掘符合时代发展要求的内容，汲取合理的思想内核、赋予新的时代内涵，使之与当代社会相适应，与现代文明相协调。二是要加强对文化遗产的保护和利用。保护民族物质文化与非物质文化是中华民族共有精神家园建设的首要条件。运用现代科技手段开发利用民族文化资源，建立民族文化资源数据库；加强对各民族文化的挖掘和保护，重视搞好规划、加大投入，有效保护文物和非物质文化遗产，做好文化典籍整理工作。三是要通过出版读物、媒体宣传、网络教育等多种方式开展中华文化宣传教育，丰富传播方式和载体。② 四是要实现传统文化的生活化和社会化。要使中华文化走入社区和社会，让优秀传统成为日常生活的规范，改造和发展具有浓郁民族特色的民间风俗礼仪，开展丰富多样、健康有益的民间民俗文化活动，保持中华民族共有的精神记忆和文化传承。③

---

① 霍秀媚：《重建精神家园——国人的现实选择》，《大连干部学刊》2000 年第 5 期。

② 李萍、宫艳玮：《对建设中华民族共有精神家园的几点认识》，《理论学习》2008 年第 2 期。

③ 陈路芳：《论转型期精神家园的重构——兼谈青年大学生的人文教育》，《广西民族学院学报》（哲学社会科学版）1998 年第 9 期。

积极吸纳外来优秀文化。在经济全球化、文化多样化的时代背景下，我们要以更加开放的心态和博大的胸怀，勇于和善于吸收世界各国优秀的文化成果，在世界文化多样性发展的进程中不断增强中华文化的生命力、创造力。要更加自觉、积极有效地开展对外文化交流，努力探索、创新对外文化交流的新途径。整合各种文化资源和力量，形成中华文化走向世界的合力。①

弘扬民族精神。弘扬民族精神之所以成为中华民族共有精神家园建设的重要任务，是因为民族精神本身就是民族文化的精髓，是因为民族精神就是民族文化的一种主体意识。弘扬民族精神是增强我国各族人民自尊心、自信心和自豪感的重要途径，是激发我国各族人民爱国热情的重要手段。弘扬民族精神能促进中华民族共有精神家园真正地被各族人民所认同；能促进中华民族共有精神家园真正地被各族人民所接纳；能促进中华民族共有精神家园真正地被各族人民所践行。②

重视和加强人民群众的主体精神世界建设。一方面要加强现代文明修身，“文明修身通过实践性的思维模式，以主体精神为对象认识人的本质，探求人的内心世界，使人形成良好的心理素质、文明的行为举止、深厚的道德涵养和崇高的理想信念。人们社会公德和个体美德水平的提高，使个体自觉的道德行为和社会约束的伦理法则在社会生活中有机统一，有利于人的精神家园建构和和谐社会建设”。③ 还要树立正确的社会价值理念。共有精

---

① 肖力、刑洪儒：《中华民族共有精神家园建设的理论意蕴与实践要求》，《河北学刊》2008 年第 3 期。

② 卞敏：《论马克思主义哲学的终极关怀功能》，《江苏社会科学》2006 年第 5 期。

③ 张立文：《论历史的和合精神家园》，《杭州师范学院学报》（社会科学版）2002 年第 6 期。

神家园包括人们所依存的自然家园、社会家园和文化家园。建设共有精神家园必须树立正确的社会价值理念，超越人与自然、人与社会、人与传统文化之间的疏离，才能走向和谐。[①]

在坚持先进文化方向的前提下，兼顾家园建设的针对性与普及性、特殊性与大众性。创建民族共有的精神家园，就要涵盖不同地域、行业与阶层的广大人民群众，并唤起他们自觉参与精神家园建设的积极性、主动性和创造性。如要关注农民的精神家园建设。加强农民精神家园建设，不仅仅是广大农民提高自身素质、提升幸福感的重要途径，更是考验农村经济发展、社会和谐和地方政府执政效能的重要指标。应切实把握好以下几个问题：道德素质问题、法律意识问题、科普教育问题、文化娱乐问题、村风村容问题、村级民主问题和经济支撑问题。[②] 要重视少数民族文化建设和发展。一是要坚持社会主义核心价值观的指引，二是注重吸收少数民族优良的文化传统，三是注重对少数民族文化遗产的保护、开发和创新，四是注重中华民族意识的培养，把弘扬少数民族文化与提高中华民族整体民族意识结合起来。[③] 要坚守共产党人的精神家园。通过马克思主义理论学习，夯实精神家园的根基。强化理想信念教育，巩固精神家园的支柱。建立筑牢共产党人精神家园的长效机制。加强党性修养，充实共产党人精神家园的内容。[④]

（三）小结

当前的研究已经延伸到内涵界定、思想资源、中华传统文

---

① 薛艳丽：《超越疏离走向和谐——共有精神家园建设的基本路径》，《井冈山干部学院学报》2009 年第 7 期。

② 裘国宏：《关注农民精神家园建设》，《今日浙江》2008 年第 3 期。

③ 郝亚明：《少数民族文化与中华民族共有精神家园建设》，《广西民族研究》2009 年第 1 期。

④ 李小三：《坚守共产党人的精神家园》，《江西社会科学》2009 年第 3 期。

化、社会主义核心价值体系等领域，体现了中华民族高度的文化自觉。但仍然存在一些问题：首先，需要进一步加强精神家园的抽象性、学理性的分析。现有的理论研究，虽然都是围绕“建构精神家园”这一主题展开的，但遗憾的是尚未形成一个比较全面和富有逻辑关联的论证体系，对精神家园和民族共有精神家园概念的阐释、对精神家园的系统构成和生成机制上的分析需要进一步提升理论高度。其次，缺乏对精神家园的发展历程及其在民族发展道路中的功能的分析。精神家园是在历史与文化的双重影响下、思想运动与社会运动共同作用下的结果，有其产生的原因和发展的历程。因此，对精神家园的研究离不开对其历史发展样式的梳理，只有这样，才能在历史与现实的统一中去建构当代中华民族共有的精神家园。再次，现有的研究也缺乏比较视野。尽管有一些研究提到要吸收各国文化的优秀成果来丰富中华传统文化，但没有把比较作为一种方法去专门研究。全球化视域下中华民族共有精神家园的研究，必须具备开放的国际视野和全球观念，通过对不同民族的文化传统及其精神家园的特点进行比较研究，才能够得出有益经验和有效的方法论启示。最后，从实践层面来看，对于如何建构民族共有精神家园提出了一些原则，但缺乏严格的实证调查和量化的研究，一些建构的对策也仅仅停留在表面，需要在今后的研究中进一步深化，使其更具前瞻性、建设性和科学性。

二 国外研究现状

受历史文化的影响，西方人十分重视精神世界的建构，以获得内心的醒悟和指导生活实践。无论是远古时期的神话启示还是轴心时代的哲学思考，无论是中世纪的宗教神学还是步入工业社会后的科学理性，都体现了西方人对精神家园的汲汲探索与追求，这些研究的成果汇集在西方精神文化的思想宝库里，也影响了西方社会的发展进程。在这一过程中，神学与科学、价值与理性的对抗成为争论的重点。20 世纪以来，伴随着科学技术与工业文明的巨大进步，西方世界人民原有的充满宗教意识的精神家园也遭遇了前所未有的危机，建构精神家园的命题成为哲学研究的热点，正如德国文人诺瓦利斯所言，“哲学原就是怀着一种乡愁的冲动到处去寻找家园”。

20 世纪国外精神家园的研究以文化批判为主。针对工具理性的膨胀对人们精神家园的破坏和影响，西方学者展开了广泛的研究。最早提出工具理性的是马克斯·韦伯。他将合理性分为价值理性和工具理性两种。价值理性强调做事情要坚持纯正的动机和采用正确合理的方法；工具理性则重在追求效率的最大化，只关注结果而忽视做事的动机和过程。在资本主义发展早期，工具理性是伴随着启蒙精神和科学技术的进步而发展起来的。按照韦伯的观点，新教伦理对资本主义早期的工具理性起到了一定的规范和制约的作用。但是随着科学理性的兴起，宗教的作用逐渐减少，理性走向了负面。特别是资本主义市场经济所追求的效率至上和利润最大化的目标与工具理性的本质相契合，在市场经济的条件下，工具理性获得了充足发展甚至膨胀的空间，逐渐变成压迫人和统治人的工具。以法兰克福学派为代表的西方马克思主义学者从马克思的劳动异化理论出发，针对工具理性所带来的人的异化现象，展开了更为深入的文化批判研究。卢卡奇剖析了商品拜物教的本质，提出了理性时代的物化理论，包括人的数字化、原子化以及主体的客体化，并指出无产阶级只有形成自觉的阶级意识才能与资产阶级的物化思想相抗衡、实现扬弃异化的历史使命。霍克海默和阿多诺通过“启蒙的辩证法”揭示了以理性和技术为核心、以人对自然的权威统治为宗旨的启蒙精神在工业社会下走向反动，造成了启蒙精神的毁灭和人沦为技术奴隶的命运。他们还通过“肯定的文化”和“文化工业”来揭示技术占统治地位的资本主义世界里大众文化的异化和愚民本质。马尔库塞通过“单向度的人”描述了由于工具理性膨胀和技术异化所导致的人的性格变化和单向度的生存方式。机械化、自动化的生产模式改善了工人的物质生活，并积极促成了大众文化思想的传播，虚假的文化氛围和表象的“幸福感”掩盖了剥削和压迫的本质，消解了工人的自由意识和斗争精神。

一直以来，宗教都是作为西方人精神家园的核心内容而存在的，因此对宗教的研究是西方精神家园研究的重要内容。目前宗教精神家园研究的重点已不在于论证宗教作为精神家园的合理性，而在于阐发宗教在当今的时代背景下所具有的作用，特别是宗教与科学、与人文、与文化全球化的关系。例如宗教人文主义认为宗教是一个包含信仰、态度和行为在内的并且能够协助我们试图成为最完善的自我的系统；对人的个性的完美认识是人生的终极目标，并且人通过宗教一刻不停地在促进人生的发展和完善。有一些论文探讨了宗教冥想，认为宗教冥想是引领人们远离物质世界、进入精神世界的一种宗教仪式或禅修方法。还有一些论文积极探讨宗教与科学之间的联系。在对宗教与科学关系的探讨中，跳出历史上宗教与科学的对立，通过论述神经系统科学和宗教实践的关系，以及哲学宇宙学的研究成果，最后提出并证明了“宗教与科学并不是天生的敌人，而是相互协作的同盟”的观点。再有就是探讨后现代背景下的宗教信仰。认为随着西方世界文化的转变，人的世界观也相应地发生了变化，西方的后现代主义与现代主义在外表、衣着和言谈等价值观上并没有很大的差别，但是在世界观上却相差很远。新世界观的产生成为宗教转型的困境之一。

国外精神家园在教育领域的研究主要涉及灵性（心灵）教育和道德教育问题。André Comte-Sponville 在《无神论的灵魂——没有上帝的精神灵性》(The Soul of Atheism——Spirituality without God）中解释了灵性。他认为灵性就是人与无限的有限联系，关于永恒的短暂体验，和人由相对到达绝对的路径。José Luís de Almeida Goncalves 在《灵性的人：为实现超越教育的挑战》(The Spiritual Man：Challenges for an Education Towards Transcendence）中指出当今社会人缺乏超越性的现实困境的两个表现：第一是由于人没有时间独处静思而缺乏内在化；第二是由于物化的人际关系而使自己缺乏外在化。人总是依据自己的目的和自我的利益为做事的出发点。在教育目标上，宗教与古典人类学存在一些差异。柏拉图将“理性的人”作为教育的目的，而宗教则将“灵性的人”作为培养的目标。人类学对人的研究是从大脑到心理，而人是一个充满了善与恶，贫乏与希望的复杂的结构，需要上帝来拯救灵魂。此外也有关于宗教和精神信仰问题的实证研究，比如 Jenny J. Lee 等人通过随机抽取的纽约州立大学 988 份调查样本（共调查 2000 份)，着重调查了学生的宗教或精神信仰是什么、有哪些不同的宗教或精神信仰的背景以及纽约大学是怎样影响这些变化的几个问题。调查结果显示学生的宗教信仰背景十分广泛，至少有 29 种不同的信仰方式。超过一半的学生认为自己拥有强大的精神灵性，超过 1/3 的学生认为自己拥有强大的宗教认同。在诸多信仰团体中，犹太教和基督教是最为广泛的，这些学生表示纽约州立大学为他们实践宗教信仰提供了很多场所和条件。总的说来，该调查的结果显示，纽约州立大学对促进学生宗教、精神信仰的发展有着显著的影响。下一步工作的要点是可以增加多样性的宗教设施和资源，未来的工作应特别考虑新教和东方宗教群体的需要。作者由此论证了将宗教、灵性与大学教育结合起来的必要性和可行性，指出在美国的许多高校，教育管理者和教师正在考虑在学校教育中的精神角色，特别是这一角色与教学、学习教育学、发展价值观、伦理道德以及全球性学习群体和负责任的全球公民的培养的关系。

对精神家园的研究还与文化的交往和认同联系起来。一种普遍的出发点就是对文化全球化背景下文化认同问题的担忧。Bohdan Dziemidok 在《民族文化认同的艺术表现》（Artistic Expression of National Cultural Identity）中探讨了“身份”“集体身份”“民族和民族主义”等几个前提性的问题。他以民族主义作为出发点，认为任何关于民族主义的定义都是描述性的。人们对认同、集体认同的概念也充满了偏见，比如 F. Barth and Z. Bokoszynski 甚至认为民族的认同并不是指民族坚韧的传统或文化，也不是集体记忆或者是群体对共同命运的感觉，而是区别“我们”与“他们”的界限。因此，从文化艺术来表达和解释国家认同是很重要的。民族认同和集体认同根植于文化。民族文化的持久性，赋予民族以延续感，这是任何身份认同突出的标志。共同的民族文化成为比普通的债券政府更为坚韧、有效的社会决定因素。集体认同也是对民族过去、未来的共同责任。但作者也提出了关于加强民族文化和普及国家价值观在文化全球化和市场经济的背景下遇到的问题，如文化的民族化与国际化是否可以同路、对于所有的文化艺术而言能不能适用等。

与国内的理论研究相比，国外偏重于应用研究，研究的领域和研究的方法比较灵活多样，这些都是值得我们借鉴并在今后的研究中尽量深入的。国外精神家园的研究主要集中在宗教领域，此外，在文化、教育、哲学、政治、文学、艺术、历史、人类学、心理学等众多领域也均有所涉及。在研究方法上主要采用了具体的实证调查研究和案例分析研究等方法深入到各个学科的内部。研究的对象也比较广泛，学生、病人、宗教信徒、社区群体、民族群体等均有涉及。实证研究为中华民族共有精神家园的建构研究提供了经验层面的素材和可借鉴的依据。但是另一方面，也要理性地对待和反思国外研究存在的问题。比如过于注重经验层面的研究和偏重文化的批判，就会导致对精神家园以及相关问题的学理研究相对不足。同时值得注意的是，在外文文献中，与精神家园建构正相关的文献比较缺乏，但是我们可以通过对国外其他民族精神理想、价值体系、民族文化认同等问题的研究来弥补这一不足，这也是当前研究应着力去解决的一个问题。

第三节 研究的意义

精神文化是人类生存与发展的最高境界，它充满着渴求，汲汲于探求宇宙和人类社会的奥秘。然而，它又十分脆弱，需要有居所皈依，需要有家园栖息。于是，就合乎逻辑地对人们提出了营造“精神家园”的命题。[①] 人心灵的幸福与安宁需要精神家园的关怀，民族的生存和发展同样需要社会共同理想和信仰的支撑。系统化、规范化地阐释精神家园既是理论研究纵深发展的需要，还是现实层面探索和践行的指南，因此，从哲学的视角对精神家园进行理论研究具有重要意义。

① 纪宝成：《弘扬中华优秀传统文化 建设民族共有精神家园》，《教学与研究》2008 年第 4 期。

一　现实意义

建构精神家园是解决工业化、现代化背景下精神家园失落与人的自觉性增强之间矛盾的需要，是全球化背景下开展文明的多元对话与增强文化软实力的需要。

首先，建构精神家园对于解决当前精神荒芜、信仰危机等社会问题具有重要意义。人的发展在物质满足之外还需要精神信仰的支撑，社会的发展在法律准则之外还需要道德的规约。20 世纪以来，工业文明和现代科技取得了巨大的发展，但由此带来的精神荒芜、认同危机、信仰迷失等社会问题愈演愈烈，价值观的冲击以及东西方文化的碰撞导致了对传统文化的淡忘和利己主义意识的抬头。人们精神家园的建设依然面临着十分严峻的形势。当精神的家园逐渐迷失而低俗的铜臭味散发在社会的各个角落，原本高尚的精神理想也变得令人不屑一顾。人性逐渐由高尚走入低迷，由高贵走向自贱，由自我走向非我，由社会性走向生物性，随之而来的是不稳定的因素开始滋生，并引发各种社会问题，使社会的和谐与发展受到阻碍。于是，建构精神家园、帮助人们走出精神危机的困境，成为摆在哲学社会科学工作者面前的一项迫切需要解决的重任，这样的理论研究也就具有了时代的使命感和重要的现实意义。

其次，建构精神家园对于帮助人们摆脱人生固有的生存性焦虑具有重要意义。人生无论怎样辉煌，总要面对死亡和非存在、空虚和无意义、内疚和罪恶等焦虑。这种生存性焦虑在物质生产力高度发达的当下社会不但没有减轻，反而更加严重。正如马尔库塞所言，工业社会使人类遭受着“物质丰富，精神痛苦”的折磨。心若没有栖息的地方，到哪里都是在流浪！人总是试图要超越这些精神上的痛苦和折磨，事实证明物质的丰富无法实现真正的幸福和充实，生命的意义最终只能从精神领域里获得。因此，虚无的摆脱和意义的追寻最终要回到精神家园的建构上。萨特曾指出，人生本无意义，但怎样摆脱虚无却是有意义的。精神家园的建构也就是对人生意义的探寻。

最后，建构精神家园对于民族的繁荣发展具有重要的意义。精神家园的有无，以及境界的高低，直接影响着整个民族精神、民族理想、民族心理和民族凝聚力的状况，是判断一个民族、一个国家综合实力强弱的标志，是衡量一个时代精神文化自觉的尺度。世界近现代历史证明，凡是在现代化进程中位居世界前列的国家，其民族文化是非常先进的，其民族精神是非常强大的，其社会理想也是极其稳固的。中华民族共有精神家园的建设有助于团结和凝聚多方力量，激发民众热情与活力，推进和提升民众生命的价值与意义，使其在精神超越中步调一致地朝着共同目标迈进。同时，民族共有精神家园作为维系民族共同之根的根本力量，是民族文化自觉的体现，这样一种自觉，在全球化的今天，显得尤为必要。全球化时代，世界文化交流、交融、交锋更加频繁，全球化引起世界各种思想文化展开了激烈的竞争，有排斥对立、也有吸纳和融合。文化的发展繁荣离不开同世界各文明的对话，民族的，也是世界的，一种文化只有“走出去”，才能更好地保存和发展自己。因此，精神家园的建设，对于开展文明多元对话、提升文化软实力意义重大。

二　理论意义

开展精神家园研究是提升主体自我认识、推进中华民族共有精神家园建设研究、创新和发展马克思主义人生哲学理论的需要。

精神家园研究是提升主体自我认识的需要。精神家园与每个人的生活息息相关。人需要精神的家园，因此有了建构精神家园的自觉的实践活动。冯友兰先生将人生境界划分为四个等级，由低到高分别是：自然境界、功利境界、道德境界和天地境界。精神家园的建构过程，是价值理想确立生成的过程，也是人的自我认识不断深化的过程。在这一过程中，人生的感悟和觉解得以提升，人逐渐走向完善。

精神家园研究是建设中华民族共有精神家园研究的理论前提。弘扬民族优秀文化历来为中国共产党所重视，但是从“建设中华民族共有精神家园”的角度来强调，还是由党的十七大报告首次提出。建构民族共有的精神家园，核心在培育精神家园，重点在于如何去合理建构。要想使民族共有精神家园的建构发挥实效而不仅仅流于形式，需要对精神家园以及中华民族共有精神家园本身有一个正确的把握，因而对民族精神家园的系统构成、生成机制、影响要素以及实现方式这一系列的理论研究就显得十分必要。同时，全球化视域下的民族共有精神家园研究，需要具备国际视野和全球观念。世界上每一个民族都有属于自己的精神家园，也都按照本民族的发展目标去积极建构精神家园。虽然每一个民族都已经为精神家园的建构进行了自觉的实践，通过对不同文化传统的精神家园的比较研究，有益于把握民族共有精神家园的共性和个性、建构的规律、经验和教训。精神家园研究的最终落脚点在于为中华民族精神家园的建构提供理论和实践层面上的借鉴，是对建构民族共有精神家园的理论深化与探索。

精神家园研究凸显了马克思主义哲学对人的精神世界的关注。马克思主义认为，真正的人应该既是理性的，又是非理性的；既是生物性的，又是社会性的；既是实体的，又是精神的，并把个性自由、自我完善和自我生成作为人的最终价值。人不只是生物学意义上的有机体或者是实体主义方面的物理性躯壳，人最重要的特征即人区别于其他动物的属性就在于人的精神性方面。人的主观能动性使人具备创造力，不仅能够创造丰富的物质生活，还能够创造出美好的精神家园。因此，寻找和构建精神家园是人的内在需求，是人的本质属性，是高境界人生的永恒目标。人无法离开精神家园，对人的研究也不能忽视对人的精神家园的研究。从人的精神内核来看，建构精神家园实际上就是建构人生的信仰和信念，使人们摆脱精神的漂泊、空虚和粗鄙，真正懂得生存的根本和生命的意义之所在，获得心灵的愉悦和精神的充实。理想、信仰以精神家园的方式存在着，指引着人不断朝向自由、全面发展的最终目标努力。早在 19 世纪，马克思就已经对人的异化、人的需求、人的本质、人的价值等问题进行了鞭辟入里的分析，时至今日，马克思所思考的这些关于人的问题不但没有过时，而且显得越来越重要。对精神家园问题的探讨，将有助于拓展和丰富马克思主义的人学研究。

第四节 研究的思路与方法

一 发生学的历史—逻辑研究方法

恩格斯曾经说过，“历史从哪里开始，思想进程也应当从哪里开始，而思想进程的进一步发展不过是历史过程在抽象的、理论上前后一贯的反映”。[①] 本书运用发生学的研究方法对精神理想的起源、生成和演变样式进行了纵向的、连贯的考察。同时，将历史的考察与逻辑的分析结合起来，通过对历史演变进程的研究，初步揭示精神家园内在的发展逻辑、基本类型和本质特征。对精神家园形成和发展的历史考察，不仅包含对历史渊源、社会文化背景的考察，还包括对其变化更迭的深层原因及作用影响的分析。

二 历史与现实相结合的方法

精神家园作为一种社会文化现象是在历史中形成的，因此，通过利用历史与逻辑相结合的方法可以将它产生的历史背景、演进过程和现实影响等进行纵向的考察和分析。然而研究历史更是为了寻求现实的历史根源，更需要在历史的总结中去思考现实的问题，研究精神家园的历史样式和典型形态最终是为了更好地建构中华民族共有的精神家园。特别是要将中华民族共有精神家园的建构放在当今世界经济全球化、价值多元化的时代大背景中进行研究，对新时期中华民族共有精神家园的内涵、结构、层次、类别等进行共时性的研究。

三 系统分析的研究方法

从构成上来看，精神家园是由不同层次的精神要素彼此联结、相互作用而成的精神的有机结构系统。分析精神家园的构成要素以及各要素之间相互作用的机理对于建构精神家园尤为必

① 《马克思恩格斯选集》第2卷，人民出版社1995年版，第122页。

要。总体说来，精神家园既包括情绪、风俗习惯、传统等低层次的要素，又包括政治、法律、道德、宗教、艺术、哲学等属于上层建筑的高层次的精神意识。精神家园复杂的系统结构决定了应采用系统分析的方法，从构成要素入手，分析各要素之间的联系、相互作用原理。在了解系统结构的前提和基础上才能更好地去建构。

当然，除了以上三种主要的研究方法，还将适当运用范畴分析的方法、分析与综合的材料分析方法等。为使研究对象更加清晰和明确，采用范畴分析的方法，对精神家园以及与精神家园相关的一些概念，如民族文化、民族精神进行梳理，并比较这些概念之间的联系与区别。同时，精神理想与文化和民族精神密切相关，关于文化思想史和民族精神的历史材料浩繁，在对这些材料收集和整理的过程中需要注重分析其中最能体现精神家园的成分，对阅读的结果进行综合分析，以更好地服务于论证。

第二章

精神家园的概念界说

概念是逻辑思维最基本的单元和形式，也是人们全面、科学地认识事物的起点。因此，对精神家园的研究首先也要从对这一词语的考察与界定开始。这样一种基础性的工作，对于科学地认识精神家园，突破主观感受，深化理性分析，进而去合理地建构精神家园都具有重要意义。恩格斯曾在《反杜林论》的准备材料中指出，“定义对于科学来说是没有价值的，因为它们总是不充分的。唯一真实的定义是事物本身的发展……”① 这为我们认识和把握精神家园的内涵提供了方法指导。精神家园作为一种普遍存在且十分重要的文化现象，也是不断地变化和发展着的。只有通过对发展着的各种样态进行分析和抽象概括，才能更好地把握精神家园的本质和内涵。从这一主旨出发，本章试图从一个发展的和动态的视角来对精神家园的各个方面进行考察，期望能够勾勒出一个整体的精神家园。研究的内容主要体现在以下三个方面：对精神家园概念的考察与辨析，对精神家园基本特征的概括以及对精神家园本质的一般性解读。

① 《马克思恩格斯全集》第20卷，人民出版社1973年版，第667页。

第一节 概念考察与辨析

一 家园、精神家园释义

关于“家园”，在《辞海》中主要有两方面的解释。其一，是指私人的田园、自家的园林。如晋代潘岳在《橘赋》中写道：“故成都美其家园，江陵重其千树。”其二，特指家乡，即家庭生活和居住的地方。如金代元好问在《九日读书山》中有“山腰抱佛刹，十里望家园”的诗句。此外，“家园”一词还泛指家业、家庭，但与前两个含义相比，并不常用。

在英文中“家园”对应的词语有“home”“hometown”“homeland”“family”等。比较这几个词语的含义，“home”一词与“精神家园”中“家园”所对应的内涵更为贴切，而且要比汉语“家园”一词的内涵更为丰富和形象。根据《牛津当代百科大辞典》的解释，“home”不仅具有家、住宅、固定居所、故乡、祖国等基本含义，而且还指代“思想的发祥地和中心地”“收容所、疗养院”等形象的处所。这就使“home”一词不仅有物质层面的意义，还被赋予了精神方面的内涵。

英文词典对“home”一词的解释或许可以为我们理解“家园”一词提供启发。汉语词典突出的是对“家园”物质性或有形性的解释，并没有谈及本书所要论述的作为精神的家园。但精神的家园却又确确实实地存在着，而且是作为人安身立命的支柱而存在着，因此，有必要对家园各个组成部分及其相互之间的关系进行研究，还原一个完整的家园定义。

作为载体而存在的“家园”，按照不同的分类标准，可以被划分成很多类型。比如，按照存在形式，有现实与虚拟、有形与无形、具体与抽象之分；按照家园的特征，又可以将其分为物质的家园和精神的家园。鉴于汉语词典中已经对物质的家园进行了界定和描述，这里还是以物质家园和精神家园为例，从二者之间的相互关系中来论述“家园”的构成。

（一）物质家园

提及物质家园，总是会不由得与客观、有形、具体等词语联系起来。可为感官感知的客观实在性是物质之为物质的最重要的、也是唯一的特性。中国古代的《庄子·天地》中就有“物成生理谓之形”的说法，在《礼记·乐记》中也有“在天成象，在地成形”的论述，都是说明物质家园的这一特性。20世纪初，列宁从物质与意识的关系上科学把握了物质的范畴并定义：“物质是标志客观实在的哲学范畴，这种客观实在是人通过感觉感知的，它不依赖于我们的感觉而存在，为我们的感觉所复写、摄影、反映。”[①] 从物质家园的这一特性出发，目前人类可以生存、占有、建构的物质家园至少有以下三种：人工建造的家园、原生态的自然家园以及网络家园。

1. 人工建造的家园

人工建造的家园是人在自然环境中通过劳动实践建造起来的家园，是人化了的自然。由于建造的规模空间、风格以及家园的主体有别，因此尽管都是人工的家园，却因文化的影响而各具特色。私人居住的房屋建筑及花园庭院，是较小单位的人造家园。早期的房屋建筑多是宅院的格局，有了屋宅，再配以院落，才算是一个完整的家园。实际上，庭院更能营造出家园的意境。从亭台院落的设计到花草的精心培育都无不倾注了主人的情思和辛

---

① 《列宁选集》第2卷，人民出版社1995年版，第89页。

劳，体现着主人的品位和追求，也表达了主人的生活态度与旨趣。花园院落以其特有的情感方式使人实现了诗意的栖居，也孕育和生成了人们的家园记忆，使人们今后无论走到哪里，只要一回想起这情景就能唤起浓厚的家园感和亲切之情。今天，随着工业化和城市化进程的加快，对于大多数的城市居民来说，已经无法再像从前的人那样“奢侈”地拥有带院落的家园了。但无论是古时的深宅，还是今天的大厦，也不管是何等样式结构，都保留着家园最基本的功能，那就是为人挡风遮雨、抵御严寒、休养生息提供一个安全的屏障和隐私的居所。

社区、村落、城市、国家是为一定群体所共同享有和共同建造的家园。无论是小范围的社区、村庄还是大范围的城市、民族、国家，都作为一定群体共有的家园而存在。它们不仅能够使人们安居下来，而且还能够为人们营造和谐、美好、温馨的生活环境。古希腊亚里士多德曾言：“人们为了活着，聚集于城市；为了活得更好，居留于城市。”① 同时，作为家园的社区、村落、城市和国家，是充满人情的又富有活力的聚集，它所展现的是在共同的文化认同基础上的群体的和谐之美。对于这种群体共有的家园来说，建立在共同利益基础上的，拥有情感和文化的广泛认同是至关重要的。假若没有文化认同感，没有亲情、乡情、民族情、同胞情作为维系彼此的纽带，社区、村落、城市乃至国家就难以成为真正意义上的“家园”。

2. 原生态的自然家园

原生态的自然家园，是狭义的自然界，即自然界在自我不断的

① L. Mumford. The City in History：its Origins，its Transformations and its Prospects [M] . Se London：Cker & Warburg，1963：111. 原文为“Men come together in the city to live；they remain there in order to live the good life”。

运动中造化而成的物质世界。与人工建造的家园相比，原生态的自然家园在空间范围上要大得多。天然的自然家园是一切生命体赖以生存的物理空间，人类赖以生存的地球生态环境，甚至整个宇宙物理空间，都属于它的范围。如果没有整体的自然家园作为最基本的生存保障，人类的其他家园便无从谈起。人在各自的自然家园区域中通过生产、生活实践活动，开采、利用和改造着自然的家园，人工的家园正是人的实践活动的结果，包含在广阔无垠的自然家园之中。在这一过程中，人无时无刻不与自然发生联系；人的活动作用于自然，影响着自然，也接受自然的反作用。

另一方面，自然家园并非为人类独有，而是为人类、动植物等一切生命体所共有和共享。以地球这个人类定居已久的家园为例，由于地壳永不停歇地变化、运动和发展而形成了江河湖海、山川平原、森林绿洲、戈壁大漠等不同的地理元素。又由于太阳直射点的不同而形成了分布规律的纬度和气候带，进而形成了各具特色的气候特征。自然家园的多样性和丰富性为生命的传承与发展提供了先决的条件，也使得地球上的一切生物共有和共享这一家园成为可能。

3. 网络家园

从 20 世纪五六十年代开始，信息科学技术在第三次科技革命的浪潮中凸显出来，并在近二十年时间里获得了突飞猛进的发展。起初，网络技术只是美、苏两国进行军备竞赛的产物，主要在军事指挥领域中被研发和应用。但随着美、苏争霸的结束，网络在全球范围内普及开来，以其更加广泛的应用范围获得了大众的认可。网络的出现，使人们获得与传播信息的途径发生了根本的改变，使沟通变得简易和快捷。纵观人类信息传播的历史，不得不感慨从最原始的言传身教、龟壳石刻等高成本记载以及飞鸽传书、快马骑乘、古道驿站发展到空运快递资料信件再到今天的互联网传播是何等的进步！从此，信息的传播不再局限于传统的实物形式，而是以数字的形式存储在光、磁等介质上，通过计算机网络高速传播，分秒钟的时间便可在联网的终端上进行阅读、下载和上传。网络传播的快速和便捷，实现了“神同步”，极大地方便了人与人之间的沟通和交流。

如今，随着信息科学技术的发展，“网络”这一种新的生存空间已经在很大范围和很多层面上影响和改变了人们的生活方式。借助于相关软件和技术，一个涵盖网络教育、网络媒体、电子商务、电子邮件、电子汇兑、网络娱乐、网络博客等各个方面在内的网络家园载体已经建立起来。即使是“远隔天涯”的彼此，在网络空间里也可以实现“近在咫尺”的沟通。网络空间的出现，也使得物质家园的范畴被重构和丰富起来，而不再局限于原有的有形家园。人们生活在现实家园中，但同时也生活在网络家园中。人在现实家园中拥有现实的角色，在网络家园中可以扮演“虚拟”的自我。网络家园为人们了解时事动态、表达意愿观点、抒发生活感悟提供了一个非常便捷的场域和载体。根据国家统计局2014年2月24日发布的《2013年国民经济和社会发展统计公报》，2013年中国互联网上网人数达6.18亿人，其中手机上网人数5.0亿人。互联网普及率达到45.8%。[①] 手机超越台式电脑成为第一大上网终端，中国互联网已进入移动互联网时代。国务院新闻办公室曾于2010年6月8日发表《中国互联网状况》白皮书，预测在未来五年，中国互联网的普及率将达到45%。[②] 这一预测在2013年就已经提前实现了。这些数据表明，互联网技

① 数据资料源自中国政府网，http：//www.gov.cn/gzdt/2014－02/24/content_2619733.htm。

② 数据资料源自新华网，http：//news.xinhuanet.com/politics/2010－06/08/c_12195474.htm。

术以及在这一技术下建构起来的网络生活空间（网络家园）已经融入了人们的日常生活中，而且这种影响在中国人的未来生活中还将继续深入。

（二）精神家园

从词语的构成上来看，精神家园是一个合成词。在一些专业辞典中并未查到对该词语的直接定义，但人们对这一词语的理解和使用却由来已久。一般认为，该词语最早是在160年前为美国自然主义作家亨利·戴维·梭罗（Henry David Thoreau）所使用。其在1854年所著散文集《瓦尔登湖》中，曾发出这样的疑问："一个人如果失去精神家园，就算得到整个世界又有何用?"① 梭罗离群索居，独自到瓦尔登湖边去写作和生活，意在体验一种宁静而自然的生活，并认为这种简单、质朴的生存方式是人感悟生活的真谛、获得精神家园的有效途径。梭罗认为，物质文明把人类包裹在层层伪装里，使人们无法与精神世界沟通，久而久之，精神世界将变得污浊，变得麻木不仁。要想维护精神世界的纯洁，必须摆脱物质的束缚。梭罗从此终身为人类寻找精神家园而努力。在梭罗之后，这一词语在一些文学作品、历史学以及哲学论著中屡屡被直接使用。近些年来，随着精神家园问题的突出，这一词语出现的频率越来越高。

从目前对精神家园的研究来看，存在的问题是对其内涵的认

---

① H. D. 梭罗（Henry David Thoreau 1817—1862），19世纪美国最具有世界影响力的作家、哲学家。梭罗在生前只出版过两本书：一本是1849年出版的《康科德河和梅里麦克河上的一星期》，第二本即是1854年出版的《瓦尔登湖》。该书出版了多个版本，受到了广泛欢迎。书中的字里行间都在强调亲近自然、学习自然、热爱自然的生存方式，追寻"简单些，再简单些"的质朴生活，提倡短暂人生因思想丰盈而臻于完美。在数十载的自然生活经历中，梭罗对野生果实、野草及森林演化更替进行了细致的观察与研究，写出了《种子的信念》一书，但直到其逝世一百五十多年后，此书才得以出版问世。

识要么过于抽象，要么过于具体。过于抽象的结果是把这样一个抽象且形象的词语变得愈加抽象而难以琢磨；过于具体又显得片面，只是从自己研究的问题出发来使用和界定精神家园内涵的做法是不够严谨的。精神家园作为一个形象的比喻，很容易被人理解和引发共鸣，但这也是导致其没有被定义出来的原因。如果从精神家园的形象性意义和功能出发来界定精神家园，就容易停留在对精神家园的主观感受和认识上，成为对比喻的描述。如果从自己的研究对象出发来理解精神家园，就会将精神家园的概念泛化，大到一个民族的文化、核心价值，小到一本书、一部电影，都可以称为“精神家园”，泛化的结果仍然是难以把握。频繁被使用，却缺少学理上的分析是当下对精神家园问题研究中一个尚待解决的重要问题，这说明了将精神家园形象意义的主观感受提升至一个抽象科学概念的复杂性和艰巨性。

对精神家园内涵的理解和界定若只是从字面意义出发，就会一叶障目，很难走出前人的研究而有所突破。若是只从感觉出发，就会限于简单的意会而难以言说其抽象的内涵。唯有多视角、全方位地对精神家园进行审视和分析，才能获得系统而全面的理解。根据这样的原则，下面从词义、构成、形态、层次、功能和实现六个方面来探讨精神家园的内涵。

1. 从字面词义上看

精神家园作为合成词由精神和家园两个词语组成。“精神”一词的内涵十分丰富，根据《现代汉语词典》和《辞海》中的解释，“精神”一词至少有以下五层含意。①作为哲学名词，与物质相对，为物质运动的最高产物。常与“意识”等同，指人的内心世界现象，包括思维、意志、情感等有意识的方面，也包括其他心理活动和无意识的方面。②相对于人的肉体形骸而言，指人的精气、元神。引申为精力和体气。③“精神”一词还多用以表示人或物的神志状态、心神面貌和风采神韵。延伸为精明、机警之意。④意志、品行。如牺牲精神，不屈不挠的革命精神等。⑤实质、要旨，事物的精髓和关键所在。在英文中，与“精神”相关的一些词语如“spirit”“mind”“consciousness”“essence of”和“vitality”等，也都表达了与汉语中“精神”类似的解释。与“精神家园”中的“精神”贴切的是“spirit”。

根据《牛津当代百科大辞典》的解释，“spirit”具有如下十种意义①：①（人类的）精力，生命的根源。②（与肉体相对的）精神，心，魂魄。③（脱离躯体的）灵魂、幽灵；超自然的存在，精灵，仙子。④（从智力、气质等角度看的）人，人物。⑤…精神，…魂。⑥心境，心情；性情，气质。⑦活力；勇气；气概，气魄。⑧思潮，时势。⑨（文件等的）精神实质，真实意义。⑩忠心。

若从哲学的视角来探讨精神一词的含义，那么“精神”专指深受文化影响的人的意识、思维活动和一般的心理状态。一般说来，人的精神世界主要是由知识、情感和意志三个部分构成的，包含着人们对生活、对生命的感悟、认知与体验，同时也是情感和意志的寄托与表达。

精神家园是精神层面的意义性存在与思想的寄托。精神家园与物质家园相对存在，但分工不同。物质家园旨在安顿人的身体，而精神家园则是安抚人的心灵。在精神家园这一概念里，家园并不一定都有具体的对应物（当然人也会自觉地使某些物质家园被赋予精神家园的内涵），家园在此重在表示一种寄托，一种象征物，确切地说仅是一种类似家园的感觉而已。因此，精神家园更应该被视为是对生活意义和生命归宿的一种文化认同。

---

① 《牛津当代百科大辞典》，中国人民大学出版社 2004 年版，第 1780 页。

“家园是由文化认同所引发的精神上的归属感、思想上的一致性和思维上的一贯性；在文化认知上表现为对作为民族文化之根的思想传统、精神理念、文化习俗乃至生活方式的认同、尊崇和追随。”① 精神家园正是通过在思想深处构筑意义世界来安顿人的灵魂，寄托人的情感，增强人内心的归属感和依靠感，让现实生活中的人们只要一想起它，就能找到回家的感觉。

2. 从系统构成上来看

精神家园是一个包含人们在生活中所形成的文化体验、心理状态、情感方式、认知模式、价值观念等诸多要素在内的一个复杂的精神文化系统。这些要素之间并不是并列和平行的关系，而是层层包含，相互联系着的。如果用一个图示将精神家园的系统结构标识出来，可以初步表现为同心圆的结构样式：

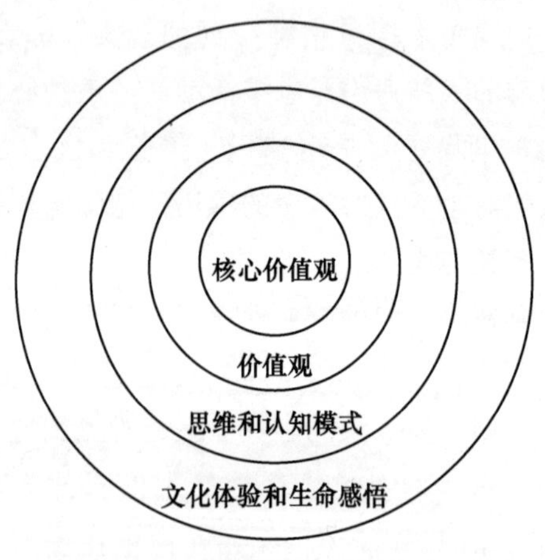

精神家园的系统构成

① 侯小丰：《精神家园、情感依恋与马克思主义哲学中国化》，《学术研究》2007 年第 9 期。

精神家园作为一种精神现象，高于和超越着现实生活但并不游离于现实生活之外，一定是来源于人们真实的文化体验和生命感悟。不论是什么类型、什么样式的精神家园，无不深受历史和文化的影响，因而无不打上了时代和民族的烙印。人在生活和生产实践活动中获得的文化体验和生活感悟尽管都是以一个一个的认识片段或零散的图式储存在人的意识里，但都是最终形成精神家园系统的重要资源和前提条件，是精神家园同心圆系统中的最基础构成。

随着人认识的不断深化，会将已经获得的文化体验和生活感悟等“原材料”加以分类、提炼、抽象，慢慢地积淀成经验，进而形成人的思维方式和认知模式，也逐渐形成了人特有的心理状态以及情感的表达方式。对于一个民族群体来说也是如此，每一个民族的共同心理体现了民族共同体中人们的共同认知，是一个民族在特定地理环境中逐渐形成的政治、经济、历史、文化传统、生活方式在民族精神面貌上的反映。

比一般的文化心理更深层次的精神意识是作为生活导向的价值观。价值观是“人们以往价值生活实践经验和感受的凝结、升华，表现为关于一系列基本价值的信念、信仰、理想等等”。[①]当人们有了价值观的时候，也就有了评判事物是非曲直的标准，有了行为的导向。

精神家园最核心的价值，表现为人的信念、信仰，它们居于价值观的中心。信仰是人类精神生活的重要特征，人在信仰中汲取精神的动力，获得生命的慰藉。恩格斯在评论中世纪的宗教信仰时指出：“中世纪的强烈信仰无疑地赋予了这整个时代以巨大的力量，虽然这种力量出于不自觉的萌芽状态，……信仰逐渐削

① 李德顺：《新价值论》，云南人民出版社 2004 年版，第 273 页。

弱了，宗教随着文化的日益发展而破产了，……人处在这种不自觉而没有信仰的状态，精神上会感到空虚，他对真理、理性和大自然必然会感到失望。”[①] 随着社会生产的发展与人类认识水平的提高，信仰也越发理性与自觉，成为人精神世界的价值核心。“信仰总是包含着对知识所未达到的某些范围的信念。这种信念的意义，在于形成人对未知或未来世界的价值取向，成为人们进行价值判断和选择的精神支柱、起点。”[②]

3. 从表现形态看

精神家园寄托于一定的文化系统之中，通过一定的文化形态得以存在。认同一定的精神家园，就是接受一定的文化传统，尤其是文化价值观。文化是一个很大的概念，从文化人类学的奠基人泰勒对它的定义来看，文化是“包括知识、信仰、艺术、道德、法律、习俗以及作为社会成员的人获得的能力和习惯的复合体”。[③] 无论是哪一种精神家园，都是蕴含于文化这一大的系统中的子系统，是文化的价值核心。如果说“文化，就是人刻在自然之物上的‘纹花’”[④]，那么，精神家园就是这些为人们所喜爱和认同的“纹花”在人的自我意识中的映射。

4. 从层次上看

按照不同的主体，精神家园可以分为个体的和群体的精神家园，比如社区共同体的精神家园、民族共有的精神家园都是群体精神家园的一种。群体精神家园是建立在群体成员共同利益的基

---

① 《马克思恩格斯全集》第1卷，人民出版社1957年版，第647—648页。

② 李德顺：《新价值论》，云南人民出版社2004年版，第188页。

③ ［英］爱德华·泰勒：《原始文化》，连树声译，上海文艺出版社1992年版，第1页。

④ 邴正：《当代人与文化——人类自我意识与文化批判》，吉林教育出版社1998年版，第20页。

础之上并为群体普遍认同的精神文化系统。按照不同的表现形态（主要是在不同历史时期由于人们认识水平的高低而形成的不同形态），精神家园表现出由愚昧到科学、由简单到复杂的不同境界和层次。

5. 从功能上看

精神家园是生命的价值追求和终极关怀，因而具有价值导向和精神激励的作用。精神家园作为文化价值观系统，无论是对个人还是特定的群体，都具有重要的价值导向作用。能够融入人们精神家园的价值观必定是被人所认同的准则。人们的言谈举止无不受到精神家园中那些具有指导性意义的价值观的影响。同时，精神家园还具有精神激励这一重要的功能。它是人的精神支撑、情感寄托和心灵归宿，是主体安身立命的根本，是指引主体勇往直前的动力。对个人来说，尤其在遇到困难和挫折的时候，精神家园是支撑人继续前行的动力，是抚慰心灵伤口的一剂良药。对于一个民族来说，精神家园更是增强民族团结、推动民族发展的精神动力。无论是挽救民族危亡的特殊时期，还是在振兴民族发展的和平年代；无论是生活在本土，还是身处异国，只要一想起民族共有的精神家园，无不会为之振奋和感动。可见，精神家园作为人的精神思想的宝库和寄居所，虽然只是一种比喻和象征性的存在，对于主体的生存和发展却发挥着重大的作用。

6. 从实现上看

精神家园通过人们心中的诸多情感得以寄托，并在人们的生活、行动和规范中得以实现。一方面，作为一种比喻和象征的精神家园看不见也摸不着，但是却可以在人的内心中产生深深的共鸣。它通过人的存在感、安全感、信任感、归属感、和谐感、希望感、幸福感、理想感等很多情感的释放与寄托得以表现出来。当人拥有了这些情感，人的精神就在精神家园中找到了归宿，人就能够感知到精神家园的存在。另一方面，精神家园在寄托情感、慰藉心灵的同时，还是人行动的指南和向导，体现在人们日常生活的言谈举止之中。无论是那些深藏在人们思想深处的价值观念还是体现这些精神的物质实体，每当被人们看到或忆起，就能激发人们的家园情思，按照内心认同的价值律令去规约自己的言行。

（三）物质家园与精神家园的内在联系

以物质或精神来划分家园，并不是严格地从内容构成上来区分的，而更多地是为了突出家园的物质性和精神性这两方面的特征。人工建造的物质家园是人类文化的一部分，体现着人类精神文化的状态，因此表现和渗透着精神家园的内容。自然的家园不仅是物质的存在基础，同时也是孕育精神文化的土壤。因此，物质家园与精神家园是相互联系着的，是你中有我、我中有你的关系。如果从内容构成上来进行划分显然是不合理的，它们不是由物质或者精神构成的家园，而是具有物质性和精神性的家园。

首先，无论是物质家园还是精神家园，都如食物、水、阳光、空气等物质一样，成为人生存与发展的必需品，只是各自发挥的作用不同。家园的存在意义也正是通过作为满足人生存和发展需要的载体而体现出来。失去了任何一个家园，人都将难逃漂泊和流浪的苦难。人无论如何是需要一点精神的，没有精神追求，仅有物质欲望满足的人格是不完整和不健全的。一旦失却了精神的家园，人的思想就会肆意放逐，原本的理想追求和高尚的情操就会被庸俗的物欲所吞噬殆尽；一旦失却了精神的家园，物质的家园也会因为失去了境界而黯然失色，甚至道德的陨落和理想的遗失还会带来人们对自然家园生态环境的盲目破坏与滥用。

其次，物质家园与精神家园相辅相成、互相联系。它们之间的关系正体现了物质与意识的辩证原理。这两种家园之间的关系并不是相互孤立、相隔甚远的，反而是相互关照，彼此之间存在着意义的交集。正如人的身体是人思维存在的基础一样，物质的家园有利于人精神家园的建构。精神家园虽然独立于人的五行之外，相对于物质家园而生，但却与有形的物质家园有着千丝万缕的联系。有了物质的家园，人的身体才能获得安顿与保障，人在生活生产的实践中获得一定生活体验与感悟，进而产生心理上的认同感、归属感和幸福感，而这些成为人精神家园形成的重要构成元素。这样看来，物质家园与精神家园之间存在着内在的一致性，并无严格的界限。

另外，物质家园与精神家园之间的关系还表现在人们会自觉或不自觉地按照其精神家园去建构物质的家园，使物质的家园在外在形态和功能上体现精神家园的主旨和要求，赋予其更多精神文化的内涵。正因此，物质家园总是蕴含和体现着文化精神。比如，寺院、教堂等宗教场所对于宗教徒来说，一方水土对于生长和生活在那里的居民来说，凝聚民族精神的历史文化古迹对于该民族的成员来说，既是其物质的家园，同时也是人们精神家园的寄托物。

综上，家园只有被赋予物质和精神的双重内涵才拥有了完整的意义。物质家园是精神家园的存在前提和基础，精神家园在这一前提下进一步完善和彰显家园的核心意蕴，即家园对人的身体和精神的庇护功能，以及其给人们内心带来的安顿、舒适之感。让在家乡、民族、祖国的生存体验升华成亲情、友情、爱情、同胞情、故乡情、民族情、爱国情等诸多人类生存所必需的情感，深深地刻在个人或民族的历史记忆中。这些家园的情思蕴藏在主体的思想和情感深处，为人们的内心所认同和眷念。

二 相关概念辨析

根据上文从多个方面对精神家园内涵的分析，不妨暂且这样界定精神家园：精神家园可以被视为一个包含认知体系、价值体系、情感表达体系在内的复杂的精神文化系统，是主体坚信不移的、被认作是自己生存的根本、生命意义之所在的终极价值和目标体系，是以符号、形象等象征物存在的文化世界、价值世界和意义世界。因此它与价值观、民族精神和民族传统文化之间有着密切的联系，但又存在一定的差别，不能完全等同。然而由于这些范畴之间通过对相关概念的辨析，厘清这些词语之间的关系能够进一步加深对精神家园的理解。

（一）价值观

价值观是指一个人对周围的客观事物（包括人、事、物）的意义、重要性的基本评价和看法，是世界观的核心。对于一个社会来说，价值观是集价值信念、目标、理想、标准于一身的观念体系，是社会中的人们对社会存在的反映，是为大多数人共同认可的普遍的价值标准。价值观一方面表现为价值取向、价值追求，凝结为一定的价值目标；另一方面表现为价值尺度和准则，是决定、支配和调节人们社会行为的内部动力和心理基础，成为人们判断事物是否有价值及价值大小、评判善恶廉耻的标准。作为支撑人类生活的精神支柱，价值观影响着人们的行为，也决定着人们以什么样的心态和目标去开创自己的新生活，因而它对于人类的生活具有根本性的引导意义。健康向上的价值观，正确的信仰、理想和信念有利于人克服精神空虚，也有利于改善社会道德滑坡和行为失范的现象。

价值观体现着人们对人生信仰、信念和理想境界的理解与感悟，而这一点恰是精神家园的价值意蕴所在，因此价值观是精神家园系统中一个重要的构成要素。在价值观中，信仰和理想显得尤为重要。“信仰体现了人的一种整体性的精神姿态和一种综合性的精神活动……不论人们以什么为信仰对象，信仰这种精神形式都成为人生价值意识的中枢。信仰是人生的‘主心骨’，是人的全部价值意识的定向形式。”① 理想是价值观的最高形态，表现为一定的价值目标体系，理想描绘了信仰在未来的实现状态，是信仰的具体指向。对于中国人来说，马克思主义的科学信仰、实现中华民族伟大复兴中国梦和社会主义核心价值观构成了民族共有精神家园的重要内容。

法国社会学家杜尔凯姆曾经指出：“使社会得以维系的是每个个人对社会的共同的情感和信仰，社会团结的核心和基础是社会成员的共有价值观和共同的道德规范。”② 在价值多元化的当今中国社会，更需要形成主流的核心价值体系和价值观，来凝魂聚气、统领人们的思想。社会主义核心价值体系分别从马克思主义指导思想、中国特色社会主义共同理想、民族精神和时代精神、社会主义荣辱观这四个方面构建了一个系统和宏观的框架，集中体现了当今中国社会发展所需的价值取向和要求，体现了中华民族共同的理想、需要和利益。社会的核心价值体系特别是社会共同理想的确立有利于凝聚民众力量，形成奋发向上的社会风气，从而有利于社会的和谐发展与稳定。而社会主义核心价值观是在价值体系的基础上进一步从国家、社会、个人三个层面揭示了社会主义核心价值体系的内核，确立了当代中国人应遵循的最

---

① 李德顺：《人生价值与理想信念》（笔谈四篇），《湖湘论坛》2001 年第 1 期。

② ［法］埃米尔·杜尔凯姆：《社会分工论》，渠东译，生活·读书·新知三联书店 2000 年版，第 203—204 页。

基本的价值观念。刘云山在“培育和践行社会主义核心价值观座谈会”上强调：“培育和践行社会主义核心价值观，有利于更好地弘扬共同理想、凝聚精神力量、建设道德风尚，使我们国家、民族、人民在思想和精神上强起来。”① 对于培育和践行社会主义核心价值观的具体措施，习近平总书记在中共中央政治局第十三次集体学习时强调了两点，一是要立足于中华民族优秀的传统文化；二是要融入社会生活，形成有利于培育和弘扬社会主义核心价值观的生活情景和社会氛围，使核心价值观的影响像空气一样无所不在、无时不有。

（二）民族精神

马克思主义指出，民族是在特定的自然条件和历史活动中，经由共同的语言、文字、信仰和规范的形成而确立起来的独特文化共同体。之所以独特，是因为世界上任何一个民族都不是其他民族的复制，正如世界上没有两片完全相同的叶子，本民族与其他民族区别开来的特征和标志，就是民族的历史文化及在其基础上生成的内在精神，它是民族的真正生命。一个民族想要自立于世界民族之林，既要有强大的物质基础和稳固的政治制度作为自身的生存保障，更要有博大精深的历史文化和民族精神作为维系、凝聚民族团结的纽带，作为支撑并推动民族发展的内在动力。纵观世界各民族发展的历史进程，凡是屹立于世界先进民族之林、取得辉煌发展成就的，无不是十分看重民族文化的作用，无不是重视培育和弘扬民族精神的民族。

“在一个民族的精神发展中，总有一些思想观念，受到人们的尊崇，成为生活行动的最高指导原则。这种最高指导原则是多

---

① 2014 年 1 月 4 日，刘云山在“培育和践行社会主义核心价值观座谈会”上的讲话。

数人民所信奉的，能够激励人心，在民族的精神发展中起着主导的作用。这可以称为民族文化的主导思想，亦可简称为民族精神。"① 民族精神源于民族意识，它是直接寓于民族意识中的具有最高的自觉性、整体性、普遍性和超越性的认识和信念，是民族意识的真理与核心所在。民族群体在长期的共同生产生活中，会不自觉地形成某种"生理—心理"倾向，即某种接近的生命活动取向，这种取向凭借民族成员的意识萌芽和在互动中产生的语言符号进一步形成对外部世界和群体自身的相近的看法或观念，经过人们的整理、提炼、教化，使之被广泛接受，成为整个群体的共同意识和理想。当民族意识超越了心理意欲和文化本能阶段而上升到精神自觉的阶段时，民族精神得以形成。

（三）民族文化

文化是一个历史悠久但至今仍存争议的、最复杂的词语之一。人们对文化内涵的解释和表述也纷繁多样。在西方的研究中，文化 cultura（拉丁）、culture（英语）一词的本义是栽培和种植，与物质生产活动紧密相关，后引申为对人的性情的陶冶、品德的教养，可以指代一切人造之物。在汉语中，"文"的本义是各色交错的纹理，"化"的本义为改易、生成、造化。《周易》的"贲"卦是这样阐释的："刚柔交错，天文也；文明以止，人文也。观乎天文，以察时变；关乎人文，以化成天下。"可见在汉语中，文化指代的是各种象征符号。文化正是依靠包括语言文字在内的象征符号进行传播和传承，最终实现人的心智能力的"物化""对象化"或"外化"。虽然东西方对文化解释的视角不同，但是都在表述着同一个道理：文化并非天然形成的，文化一定与人的劳动实践密切相关。无论是作为象征符号，还是作为

① 张岱年：《文化与哲学》，教育科学出版社 1988 年版，第 73 页。

人造之物，文化都是人在后天运用自己所获得的心智、语言和劳动能力通过自由自觉的实践活动所创造出来的劳动成果。人类从“茹毛饮血，茫然于人道”的“直立之兽”演化成与“天道”既相联系又相区别的“人道”，这便是文化的创造过程。①

按照张岱年先生对文化的分类和解释，文化具有广义和狭义之分，广义的文化包括物质文化、精神文化、制度规范、心理状态等。狭义的文化则专指人类社会生活中的精神创造活动及其结果。这种精神性文化是从物质性文化中提升出来而形成的民族文化的精神向度，它蕴含着民族的哲学思想、宗教精神、意识形态、艺术心理、道德情感、价值观念和理想追求。这种精神性文化自然是个人或民族精神家园的主要构成，但是精神家园还不止体现在这种精神文化上，文化的广义概念的各个方面都与精神家园之间存在着相关的联系。人作为创造精神文化的主体，人同时也在创造精神文化的过程中获取精神文化的养料与智慧。这些优秀的精神文化因此而能转化成人发展的精神动力，促进主体自身人格的完善和自我价值的实现。

（四）概念之间的关联与区别

第一，民族价值观、民族精神、民族文化、民族共有的精神家园这四个概念之间存在着包含与被包含的关系。民族价值观是民族精神的核心，民族精神是民族共有精神家园的核心，民族共有精神家园又是民族文化的核心。价值观植根于人们的思想深处，是形成民族文化规范、沉淀民族文化精神的基础。民族精神赋予民族文化以发展的动力和正确的方向。如果失却了民族精神这一内核，民族文化发展就容易偏离正确的轨道，民族文化的发

① 张岱年、方克立：《中国文化概论》，北京师范大学出版社2004年版，第3页。

展就会缺少活力和生机。

精神家园是对生活意义和生命归宿的一种文化认同。所谓家园，其实就是由文化认同所引发的精神上的归属感、思想上的一致性和思维上的一贯性；在文化认知上表现为对作为民族文化之根的思想传统、精神理念、文化习俗乃至生活方式的认同、尊崇和追随。精神家园是以文化亲和力和人文关怀为主要内容的一种状态，具有整体性、全民族性、层级性、引导性、人文性，有了精神家园，民族就有理想，事业才有方向，个人才有志向。从精神家园的建构来看，精神家园应以经济文化发展为基础，整理民族的传统文化，使之具有民族性和体现时代性。

第二，无论是民族价值观、民族精神、民族文化还是民族共有的精神家园，都不是自然界固有的东西，都是在社会生产生活中逐渐积累形成且不断发展变化的。从价值观的形成过程来看，价值观不是与生俱来的东西，是通过后天的教化培养起来的，是随着知识的增长和生活经验的积累而逐步明确和丰富的。价值观与个人成长的社会环境、教育背景以及生活阅历、人生感悟密不可分。价值观一旦确立便具有相对的稳定性，但社会和群体的价值观念随着环境的改变也会发生变化，原有的一些传统价值观念会不断受到新观念的挑战甚至被取代。价值观作为精神家园中的价值核心，它决定了精神家园的价值取向；价值观的形成和发展变化必然对精神家园产生重要的影响。价值观建设过程具有累积性和长期性特点，文化价值观体现了一个民族独特的精神气质、心理特征和思维方式，随着社会的发展和进步，这些内在的特性也会逐渐融入时代的因素，发生改变。

民族精神同样也不是僵化不变的。张岱年曾指出："作为观念形态的东西，民族凝聚力具有相对稳定性，而作为一个民族的文化传统，则是历史地发展着的，因此不同时代民族凝聚力的内容会有所变化，或增强、或减弱、或者更新自己的形态。”① 根据文化发展的规律，民族精神的发展变化是一个不断超越原有传统的过程。这种超越，包含着新的时代精神，与民族发展的客观实际相结合，具有开放的理论视野，是充满活力的创造。融入了时代精神的民族精神将会对传统文化中那些消极落后和腐朽的价值观产生强烈的冲击，迫使人们的某些价值观念与传统文化价值系统中不合理的部分发生断裂，并获得新的价值资源。因此，“传统并不仅仅是一个管家婆，只是把它所接受过来的忠实地保存着，然后毫不改变地保持着并传给后代。它也不像自然的过程那样，在它的形态和形式的无限变化与活动里，永远保持其原始的规律，没有进步”。②

第三，无论是民族价值观、民族精神、民族文化还是民族共有的精神家园，都具有民族凝聚、精神激励和整合创新的重要功能。民族精神是民族凝聚力、向心力形成并发挥作用的思想基础，是一种能够激发民族成员为实现集体的共同目标而共同奋斗的精神力量。张岱年指出：“没有民族文化基本精神的存在，没有它的感召力量，就没有真正的民族凝聚力。”③ 民族精神是民族文化的核心，有助于形成民族成员在文化、价值信仰、心理习惯、思维方式等方面的共同性，形成民族归属感和对民族发展目标、理想信念的认同感。民族文化认同对民族的发展意义重大，

---

① 张岱年、方克立：《中国文化概论》，北京师范大学出版社 2004 年版，第 300 页。

② ［德］黑格尔：《哲学史讲演录》第 1 卷，贺麟译，商务印书馆 1983 年版，第 8 页。

③ 张岱年、方克立：《中国文化概论》，北京师范大学出版社 2004 年版，第 300 页。

当人们认识到自己是所在民族群体中必不可少的一员，对民族有义不容辞的责任与义务，在民族利益面前就能够统一意志，显示出民族强大的向心力和凝聚力。在民族危机的时刻，这种认同所铸就出来的共同的意志品质，可以把无数个民族成员个体凝聚在一起，在共同的价值理想和追求的指导下，宁愿牺牲个人利益，为本民族的生存和发展贡献力量。民族文化同样具有民族凝聚的重要功能。文化的基本精神中有无形又巨大的思想统摄性，它可以超越地域、种族、阶级和时代的界限，将民族凝聚为一个牢固的整体。

当然，这四个概念都有各自不同的内涵与外延，民族价值观专指理想信仰层面，民族精神包括民族价值观但是在理想和信仰层面之外还包括其他更广泛的自觉的民族意识，包括那些反映了人民群众利益和社会发展方向的精粹思想、进步观念和优秀文化。因此，民族精神更多的是代表着民族文化中的精华和最进步的内容。民族文化概念的外延要更加广阔，美国文化人类学家本尼迪克特在其《文化模式》一书中论述道："一种文化就像是一个人，是思想和行为的一个或多或少贯一的模式。每一种文化中都会形成一种并不必然是其他社会形态都有的独特的意图。"①循着这一思路出发的学者把文化的结构大致划分为物质文化、行为与制度文化和观念文化三种类型。同时，又将观念文化划分为表层的、自在的观念文化和深层的、自觉的观念文化两种形态，而民族精神就属于文化结构中的观念文化的深层次部分。民族的文化在民族发展的历史进程中不断发展和演变，其中有优秀的精华也有不适应时代发展的过时内容甚至糟粕。能

---

① ［美］露丝·本尼迪克特：《文化模式》，王炜等译，生活·读书·新知三联书店1988年版，第48页。

够成为民族精神家园，提供心灵寄托、引领民族未来发展的一定是民族文化中的优秀成分和被广为认同的内容。因此，民族文化与民族精神家园也并非等同，而且除了民族文化之外，民族精神家园还包括哲学观、宗教观、意识形态指导思想等其他内容。

第二节 精神家园的基本特征

一 个体性与群体性

人既是独立的个体，同时人的社会性存在又决定了人是群体中的个体。精神家园不仅为个人所拥有而且还能为群体所共有，具有个体性与群体性的特征。无论是个人还是民族，必须生活在自然的和精神的双重家园之中，生活在具有无限想象力的内在世界和充满物欲与限制因素的外部世界之间。

每个人的发展不仅要有物质基础来保障，还需要精神家园来支撑。精神家园是人的精神支柱、情感寄托和心灵归宿。随着社会的发展和生活质量的提高，人们对精神生活的需要和要求也在逐渐提高，人更加注重生存的意义和人生的价值。只有物质满足而没有精神追求，人也可以生存，但是这样的生存毫无意义可言。有了精神家园的支撑，人就有了安顿感、幸福感，人的生活才有意义。失去精神家园，人就会感到茫然而不知所措，还会发生心灵扭曲。虽然精神家园为每一个人生活和发展所必需，但是精神家园又是因人而异的。精神家园的个体性决定了它的多样性。由于人与人之间在性别、年龄、职业、教育背景、人生阅历、风俗习惯、宗教信仰、历史文化等方面存在着一定的差异性，这些差异成为影响人们思维方式以及价值观的多重因素。

精神家园还具有群体性，一定的民族共同体、社区共同体成员在文化认同的基础上能够形成群体共有的精神家园。共有精神家园是群体发展所必需。以民族为例，精神家园的有无，以及境界的高低，是衡量一个时代精神文化自觉的尺度，是体现一个民族、一个国家综合实力强弱的标志，直接影响着整个民族精神、民族理想、民族心理和民族凝聚力的状况。世界上所有的民族都自觉不自觉地拥有和建构着属于自己民族的共有精神家园，世界近现代的历史证明，凡是在现代化进程中位居世界前列的国家，其民族文化是非常先进的，其民族精神是非常强大的，其社会理想也是极其稳固的。缺乏自然地域的民族，终将在世界上四处漂泊而在历史进程中消亡。失落精神理想的民族，民族的灵魂会居无定所、漂泊遗落，民族文化会因为没有个性特质而萎缩直至销声匿迹。

个体精神家园与群体精神家园并非孤立存在，而是相互联系、相互影响、互动生成的。在个体精神家园中，那些为人们所广泛认同的部分，那些集中体现了民族文化中精神信仰追求的内容汇集在一起，积少成多、集腋成裘构成了民族共有的精神家园。同时，人是社会中的人，每个人都生活在一定的社会群体之中，依靠群体而存在。个体的精神追求、心理状态、文化素养的形成深受民族文化和民族精神的影响，个体的精神家园被民族精神家园所包含，需要民族共有的精神家园来维系和滋养。

二　普遍性与特殊性

精神家园的普遍性是指一个民族精神家园所代表的反映民族

精神文化，特别是价值取向的内容体现了人类共同坚持和信守的“普世”价值。精神家园中一些积极和进步的因素也是为其他民族所共有的，如真、善、美的价值理念以及自由、平等、民主等发展理念是属于整个人类文明的。这些宝贵的精神能量因广受认同才得以源远流传，并滋润着不同时代的人们的心灵，在人类历史发展进程中发挥着重要的作用。而那些背离了人类利益和正确的价值取向的内容也终将被历史无情地遗弃和消除。人类正是通过不断地激浊扬清、去粗取精的历史选择，才确立了这些广受认同的价值观念和道德标准。因而，“每一个民族的文化里面都有人类性的成分。人类性寓于民族性之中，永恒性寓于时代性之中，普遍性寓于特殊性之中”。①

精神家园又具有特殊性。人的思想和精神在本质上是自由的和主体性的，精神世界的多元化从来就是一个基本的现实。首先，精神家园因人而异，不同的人或不同的社会群体的精神家园各不相同。每个人心中的精神家园会因个人的文化背景、成长阅历而各不相同。一般说来，接受过良好的人文教育、有深刻的人生感悟和正确的价值观的人，其精神家园也相对完善一些。每个民族共有的精神家园会因自然历史条件、民族文化价值观的差异而有所不同。孟德斯鸠在《论法的精神》中指出了因地理环境不同所带来的民族性格上的差异。南北方人在不同生活环境中形成了不同的性格、情感和生活方式，因此对外界的反应是不一样的。“在南方的国家，人们体格纤细，但是感受性敏锐……在北方的国家，人们的体格健康魁梧，但是迟笨，他们对一切可以精神焕发的东西都感到快乐。北方的气候使这里的人民邪恶少，品德多，诚恳而坦白；当走进南方的时候，便感觉已完全离开了道

① 庞朴：《文化的民族性与时代性》，中国和平出版社1988年版，第49页。

德的边界。”①

其次，即使是同一个体、同一社会群体的精神家园在不同时期也会有不同的表现形式和内容。个体精神家园受群体精神家园的影响，而一个民族共同体精神家园又是与该时期社会生产力的发展水平相适应，以该时期精神文化的发展状态为基础的。世界各民族文化是多样的，而且同一种文化随着社会历史的发展也在悄然地发生着改变，因此，不同民族或同一个民族在不同时期的精神家园都各具特色。

另外，同一社会群体中的个体其精神家园也不一样。群体精神家园的建立和维持具有一定的社会认同和情感基础，精神家园中所蕴含的核心思想一定是能够得到群体成员广泛认同，并能够产生思想共鸣和价值认同的部分。然而，人的思想世界是极其丰富和动态发展着的，个人除了生活在群体共有的精神家园之外还有自己的思想和人生追求，个体的精神追求遵循和从属于群体的共同理想，但个体的精神理想在形式和内容上却根据个人不同的实际情况而呈现出多样化的特征。

三　现实性与超越性

精神家园是人类精神生产的重要成果，体现了人们对主、客观世界的认识、理解和感悟。因此，它建立在一定的物质基础上并与该时代的政治、经济、文化紧密相连，具有明显的现实性。在古代社会，生产力水平极其低下，生存的首要问题在于生命的安全和食物的获取。在自然面前，人的能力也显得极其弱小，人

---

① ［法］孟德斯鸠：《论法的精神》上册，张雁深译，人民出版社 1961 年版，第 308 页。

们把自然神化，对自然加以顶礼膜拜，并产生了宗教信仰。因此，当时人们的精神家园里所蕴含的多是与顺应自然、信守宗教有关的神话主题。随着生产力的发展和进步，特别是近代以来科学技术和工业革命的发展，使人类改造自然的能力和水平不断提高，人们对客观世界的认识能力和驾驭能力也随之增强。科技理性代替自然神话占据了人们的精神世界。今天，当人们意识到人的发展应该是均衡而和谐时，人们的精神家园变得更加开阔与明朗。另一方面，精神家园又不仅仅是对现实的直接反映，从人的精神内核来看，精神家园是人类自我创造的意义世界和理想境界，因而精神家园源于现实但又高于现实，具有一定的超越性。在精神家园系统中，核心的价值观念，如理想、信念等是最重要的精神内核，规范和引导着人们的言行。

四 时代性与传承性

人类的精神文化和理论思维具有典型的流动性特征，表现为随时代的发展而不断地更新和变化。文化的研究者们早已注意到了文化的这一特性，并把它形象地称之为“亦如画水，随画随合”，也就是说文化现象就好比在水中作画一样，随着时间的变迁，就会自然褪去和消失，留下的是人们的文化记忆。因此，“文化正是在时间流中，在人的活动和动作的连续不断的过程中呈现、扩大、淡漠、消失，每一瞬间，有明明白白的‘文化’在，但转眼之间，已成过去”。[①] 恩格斯也曾经说过：“每一个时代的理论思维，从而我们时代的理论思维都是一种历史的产物，

① 顾晓鸣：《多维视野中的文化概念》，《社会科学战线》1987 年第 4 期。

它在不同的时代具有完全不同的形式，同时具有完全不同的内容。”① 一切历史评论和认识，都不经意地打上了当时历史时期的烙印，精神家园也不例外。它作为一个复杂的精神文化系统，作为时代思想精华的集成，也一定会随着时代的变迁和社会的进步而不断被人们赋予鲜活的内容，并随着时代的变迁而动态地发展变化着。

在人类历史不同的发展阶段上，精神家园也具有不同的表现样式。人类从农耕文明逐渐进入工业文明，在现代化的探索过程中，科学理性和人的主体性得到了极大的弘扬。但随着现代化的深入发展，理性和主体性的过度张扬却又极大地危害到了人自身的发展。于是人们又进行深刻地反思，人类精神家园的最高理想以及人最终的发展目标应是人的解放和自由、全面的发展。精神家园的发展和完善不仅是时代进步的结果，也是精神家园自身不断批判、吐故纳新的结果。马克思曾言：“历史是认真的，经过很多阶段才把陈旧的形态送进坟墓。”② 随着时代的发展，精神家园中那些已经不再适应社会发展需要，陈旧的、不合时宜的部分就被新的、更具活力的精神产品所取代。本民族的精神家园也在与其他民族文化交流的过程中不断吸收和借鉴其他民族的思想精华而丰富和完善。如此，共享人类文明优秀成果并融合了时代精神的精神家园才得以繁茂、生机勃勃。

精神家园随时代发展而进行的自我更新和转换并不是意味着与既往历史、文化的断裂。相反，民族精神家园作为民族精神文化积淀的结果，只有在时代和历史的衔接中，在现代与传统的传承中才能得以形成并得到认同。传统文化中的精华部分是一个民

---

① 《马克思恩格斯选集》第 4 卷，人民出版社 1995 年版，第 284 页。

② 《马克思恩格斯选集》第 1 卷，人民出版社 1995 年版，第 5 页。

族最基本的思维方式和价值追求的凝结，融入民族最深层的、内在的品格之中，因而可以经受时代发展的考验而历久弥新。而且，真、善、美的核心理念以及关注人的生存和发展的核心问题贯穿各个历史阶段的始终，普遍存在于各个民族的发展历程中。人们在思考新的时代所面临的精神家园问题的时候，也很难摆脱传统文化中固有的思维方式和最基本的价值取向的影响；在建构新的精神家园去解决新的价值观问题时，人们也会不自觉地回到传统中去寻找答案、汲取养分。精神家园固然需要创新，但是也需要与历史的衔接和朝向新的时代主题。

第三节　精神家园的本质规定

一　精神家园是主体普遍认同的意义世界和信仰系统

李德顺先生把人的生命分为三重，分别是自然生命、社会生命和精神生命。精神生命就是人的思想和精神的存在。人的精神生命区别于自然生命和社会生命之处在于它的超越性，人的精神和思想可以“超乎天地外，不在五行中”。虽然无形，但精神生命可以说是人最有自主权的一条生命。精神生命与自然生命、社会生命的相同之处是它们都需要“家园”这样的载体来休养生息、获得能量。精神家园就是人的精神生命得以产生和延续的载体，是人安身立命的精神支撑。而能够使人安身立命，能够使人的心灵有归属感和依靠感的是人认同的意义世界，进一步说是人认同的信仰系统。

一方面，精神家园能够给主体带来归属感、幸福感、安全感等感受，能够成为主体笃信不移的信念，那么它一定要为人们所认同和接受。这种认同对个人来说就是符合其现有的价值标准，与其文化的认知相一致。对于一个民族来说，共有的精神家园源自民族群体共同的价值认同和文化体验。主体对精神家园具有选择性，只有为主体所接受和认同的内容才能够被纳入主体精神家园的系统之中。民族认同是民族共同心理素质的外在体现，是民族共有精神家园的建立基础。当人们对民族的文化产生认同时，会形成一种强烈的归属感、向心力，产生一致的精神诉求，最终以民族共同理想和价值观的形式确立民族共有的精神家园。

另一方面，精神家园是由许多因素共同作用构成的复杂的文化系统，但最重要的能够体现其本质的是作为人的意义世界和信仰系统而存在。人总是要有点精神和理想的，信仰是人生命的灵魂，理想是人生追求的目标和典范。精神家园汲汲于对人的生存意义和价值的探求，因而能成为人们精神的支撑、情感的寄托和心灵的归宿，指引着个人的行为取向。人们对自身的本质力量和生存方向的把握有自觉与不自觉、科学与不科学、进步与落后的区分，比如人们可以以鬼神、自然物、科学知识、金钱、权力和权威、道德和人情、命运或未来的美好社会等作为自己的精神家园。这就需要民族共有的精神家园来引领个体精神家园。民族共有的精神家园更是以确立民族的共同理想和民族价值观的形式来统一人们的思想，规范人们的行为，并增强民族的凝聚力与向心力。

二　精神家园是主体精神文化高度自觉的产物

精神家园不是自然界的自在之物，是由主体通过自由、自觉的实践建构起来的意义世界。每个人都需要精神家园，但并不意味着某一历史阶段的人们都具有成熟、正确的精神家园。因为精神家园的形成和发展是有条件的，除了以一定的生理和心理条件作为基础，还深受社会历史文化环境的影响，并与个体认知发展的程度与水平密切相关。也就是说，一个成熟、稳定和正确的精神家园的建构，是主体精神文化的高度自觉的产物。

首先，精神家园为人这一主体所特有，并以一定的生理和心理条件作为基础。列宁曾经说过："心理的东西，意识等等是物质的最高产物，是叫做人脑的这样一块特别复杂的物质的机能。"① 大脑作为人体的指挥中心，是思维和意识活动得以开展的重要器官。人通过大脑而具有认知和思维的能力，并能够进一步对事件作出判断、推理和辨析。随着生活阅历和生活经验的积累，人的心理体验逐渐增多，人的认知能力也不断深化。人的意识是超越了一般感觉的高级的认知行为和结果，是由心而生的自由、自主的心理活动。"从现代哲学和心理学来看，正常个体的意识，应该包括一切具有自觉体验的感觉、知觉、注意、记忆、意志、思维、情感等等心理活动。社会群体的意识，则应包括一切具有自觉形式或载体的道德、宗教、艺术、科学、哲学及其相关的心理活动。"②

其次，建构精神家园，体现着主体的自觉能动性。这种自觉的能动性不同于人意识的自发性。意识的自发性存在于一种无意识或者感性认识的状态之中，而自觉性则是在有意识和显意识的状态下形成，是理性认识的结果。同时，精神家园的建构也是一种人生境界的建构，因此也是一种文化的自觉。境界指的是人对

① 《列宁全集》第 14 卷，人民出版社 1957 年版，第 238 页。

② 刘文英：《精神太极图——精神系统的一个新模型》，《文史哲》1999 年第 1 期。

自我精神生命觉解的程度。由于人的觉解是不断变化发展的，人的境界也是不断变化发展的，并且有高低之分。冯友兰先生在《新原人》一文中指出了人生的四种境界，“就大同方面看，人所可能有的境界，可以分为四种：自然境界，功利境界，道德境界，天地境界。”[①] 其中，在自然境界下，人按照人的生理的自然要求或者社会的风俗习惯做事；功利境界，本质为己，求名求利，或求增加自己的财产，或求发展自己的事业，或求增进自己的荣誉；道德境界的人对人生已有觉解，以他人和社会为中心展示了人，展示了人社会性的人格和道德意义；天地境界的人认识到宇宙整体，不仅能尽人伦尽人职，而且能尽天伦尽天职，即能事天、乐天、同天。在这四种境界中，觉解最高的当属天地境界。天地境界，深悟人之所以为人之理，尽人之性，成就一个理想的人格。达到天地合一，物我一体，德性成为人自觉自为的一种追求，自然而然践履德性行为，表现得乐观、坚毅、果敢、坦然。当然由于人们所处环境不同、受教育程度不同、经历不同、社会地位不同，对宇宙人生的“觉解”肯定不同，所达到的精神境界必然有异，行为也就必然不同，体现的人生意义和价值当然也不会相同。但是，人的境界是可以通过自觉性的增强而不断提升的，如冯先生所言，“人的境界，即在人的行动中”。[②] 因此，体现主体的自觉能动性是精神家园的重要特质。精神家园是理性的价值判断、果敢的选择能力、坚忍的意志行动和圣洁的内心体验的整合，它追寻的就是理性认识带给个体的从容镇定、舒缓优雅、不以物喜、不以己悲的生存状态。

再次，社会历史文化的影响以及相关人文知识的积淀也是精

① 《冯友兰自选集》，首都师范大学出版社 2008 年版，第 220 页。

② 同上书，第 234 页。

神家园得以确立并趋于完善的重要的文化基础。不同人的精神家园之所以会千差万别，与每个人不同的文化体验有关。不同的国家或民族有不同的文化，同一个国家不同地区的传统习俗也不一样。在不同的历史时期，精神家园因深受社会生产力发展水平和人的认识水平的影响而不同。即使是同一民族、同一地区的不同个体也会因自身的理解和认识程度不同而形成不同的精神家园。人的生理和心理是最基本的前提，而人的文化体验以及在文化体验基础上的文化自觉才是精神家园得以建立的关键条件。精神家园这种因时代、因地域、因民族、因个体所致的差异性说明了精神家园的本质即在于它是主体精神文化高度自觉的产物。与传统社会经验、习俗、约法式的精神家园不同，现代社会的精神家园“往往体现为自觉的文化追求和精神建构，是一个共同体或一个社会自觉地倡导的共同价值追求，普遍的文化认同”①。

三 精神家园是对民族独特的精神气质和价值取向的反映

露丝·本尼迪克特在《文化模式》开篇引用了迪格尔印第安人的一句箴言：“开始，上帝就给了每个民族一只陶杯，从这杯中，人们饮入了他们的生活。”② 在这里“饮入了他们的生活”，根本意义上即是饮入了每个民族各自的精神文化。每个民族都有区别于其他民族的、历史积淀下来的民族特性，它是长期共同生活所形成的共同需要与利益、共同命运与理想、共同思维与性格、文化认知与价值观念、精神气质与心理特征的集中反

---

① 衣俊卿：《家园好像永远征途漫漫》，《光明日报》2011 年 4 月 18 日，第 15 版。

② ［美］露丝·本尼迪克特：《文化模式》，王炜等译，社会科学文献出版社 2009 年版，扉页。

映，它凝聚成民族的共有的精神家园。民族精神及其文化传统是民族精神家园的基础，是民族安身立命、获得精神支柱和发展动力的根本。其中，民族精神是一个民族赖以生存、发展的灵魂和精神支柱，构成了一个民族整体意识全部内容的价值核心和精神理念。

民族的精神家园蕴含在民族的文化传统之中，凝集了民族文化和思想的精华。民族的传统文化是一个民族在长期的生产和生活中创造和发展起来的物质和精神成果，真实地记载了民族的生产、生活状况以及在实践中所形成的社会意识、价值取向和心理性格，形成了一个民族独有的认知体验，也铸就了民族的基本精神性格和心理特征。每个民族都有构成本民族精神动力和价值理念的文化传统，文化犹如一个民族独特的标签，是一个民族存在与发展的根本标志。正是由于文化传统的存在，民族才得以区别于其他民族，而不至于被同化。“任何人、任何民族都没办法把自己的血液换一遍，摆脱不了传统，它已深深地侵入血液里。……没有办法铲除传统。若铲除一个民族的传统，唯一的方法就是铲除这个民族。”① 因此，在民族文化中孕育、升华而成的精神家园一旦形成，便具有一定的稳定性，成为民族文化中根深蒂固和有特殊标记性的东西。

在精神家园的内涵中更突出的是民族的共同价值取向和共同理想。理想和信仰具有超越性，通过对未来生活目标的确立，使人们的现实生活充满希望和动力，使人的主观能动性和创造力容易得到充分发挥。民族的共同理想和价值取向是从本民族的现实情况出发，对民族未来的发展状态和发展模式的展望与确定，因而代表了民族独特的发展路径选择，融入了民族独特的价值观念

---

①　庞朴：《文化的民族性与时代性》，中国和平出版社 1988 年版，第 51 页。

与精神气质。明朝万历年间，传教士利玛窦来到中国传播西方文化，他所带来的钟表和天文知识很容易被中国人接受，但是，他所竭力推行的天主教却未能受到多少中国人的欢迎和接受。可见在一个民族已有的文化中，特别是精神家园中加入原本不属于该民族文化的其他要素，企图改变原有的文化和价值结构是很困难的。

第三章

精神家园的哲学意蕴

精神家园是人的精神存在方式，是人精神生命的寄托物，是主体精神文化自觉建构的结果，是人的本质得以充分展现和实现自由、全面发展的前提。虽然哲学研究的问题很广泛，“但哲学理论围绕的轴心、生发的基点却是明确的，这就是人、人的生存、人的本性以及人的生存世界和生活意义，总之离不开人的生存活动、生活价值问题”。[①] 对精神家园的反思根本上是对人性的反思，对精神家园状况的关注就是对人的生存与价值的关注。

哲学是时代的精华，而人历来是哲学探究的真实主体和核心内容所在。恩斯特·卡西尔在《人论》开篇指出：

> 认识自我乃是哲学探究的最高目标——这看来是公认的。在各种不同的哲学流派之间的一切争论中，这个目标始终未被改变和动摇过：它已经被证实是阿基米德点，是一切思潮的牢固而不可动摇的中心。即使连最极端的怀疑论思想家也不否认认识自我的可能性和必要性。[②]

---

① 高清海：《“人”的哲学悟觉》，黑龙江教育出版社2004年版，第257页。

② ［德］恩斯特·卡西尔：《人论》，甘阳译，上海译文出版社2003年版，第3页。

纵观人类思想史，当“拥有自我意识”的人出现以后，从苏格拉底开始，哲学就不再停留于仅仅是对外部自然世界的玄思冥想，而是转向了对社会与人自身的关注和认识。其中不乏对人的精神世界，对人生的意义、人的存在价值、人的幸福等问题进行颇具启发性的探索。

在中国古代，诸子百家的思想中无论是讨论天地自然，还是国家的治理，无不与人的生存和发展联系起来。儒家学派主张以“礼治”和“王道”来管理国家，“修身、齐家、治国、平天下”的主张中渗透着这样的道理。修身，即提升个人的品德修养，它是齐家、治国、平天下的根本前提。连个人的“修身”都没有具备，又何以能实现社会和国家的“礼治”？道家的老庄学派主张清静无为、返璞归真和顺应自然。《庄子·山木》中有“物物而不物于物”，就是要人发挥主体的能动性去支配物，而不至于被物所支配。这种“无为”思想中包含着“少欲”的要求。只有减少了物欲，人才能回复到自然本真的状态，才能形神兼养，进而达到道家所推崇的“无”的境界。

古代西方哲学注重对形而上学本体论的研究。柏拉图最早用形而上学的方式构建了他的“理念世界”。“通过设置一个终极层面的形而上的本体来探寻人生存的依据和意义，从而为人的现实生活设置一个安身立命之所。……这固然可视为人对自己生存自由的最高期许，但它却因此否定了人的肉身存在的价值和现世幸福。”[①] 虽然传统哲学对人的存在、本质、价值和发展的研究表现出浓烈的“本体论”或“形而上学”的特征，但其对于人的生存意义的关怀又表现出价值论的特征，因而是一种价值论的

---

① 张曙光：《“生存与发展”问题和生存论哲学》，《哲学研究》2001 年第 12 期。

形而上学。

近代西方哲学实现了从“本体论”向“认识论”的转向。这一时期的认识论哲学一方面依然继承了古代形而上学致力于寻找现象世界背后的本质的传统，以及形而上学的同一性思想和确定性思想；另一方面摆脱了古代哲学的直观的、专断的本体论的思维方式而着重考察人的认识能力，却放弃了它对人的生存、人生意义关怀的价值论主旨，使哲学成为一种知识论的形而上学。比如在笛卡尔等哲学家那里，理性的主体代替了形而上学的神性实体，“我思故我在”，知识和理性已然成为人类社会生活的“第一推动者”。

黑格尔哲学是本体论和认识论的集大成者，它是近代认识论向现代西方哲学过渡的前奏。黑格尔哲学继续以人的理性为准绳，并将人的理性的能力无限扩展，最终在纯粹的思辨哲学中将真实的人、本真的人沦为理性自我意识的工具。在黑格尔哲学宏大的体系中，本真的人沦为绝对理念的工具和产物，该体系认为不是人具有思维、理性的能力而是思维和理性创造了人。本体论哲学将人的问题逻辑化、抽象化、概念化，以逻辑思辨为基础来构造人的学说，以人的理性去洞悉世界的普遍规律，却忽视了人真正的本质，即人是现实生活中的有血有肉的人，人还是在某一个历史阶段中具有一定社会关系的人。因此，形而上学的本体论哲学最终未能为人提供一个安身立命的精神家园，却助长了人的自我中心主义和工具理性的膨胀，加深了人的异化。“理性毕竟不是信仰或信仰的对象，失掉了信仰的人们于是一方面为所欲为，一方面又陷入对虚无的恐惧和精神的迷茫中。”①

从社会现实出发，对人的生存给出更深刻的分析并突破传统

① 张曙光：《“生存与发展”问题和生存论哲学》，《哲学研究》2001 年第 12 期。

理论的，还是马克思的哲学思想。马克思反对从抽象的人出发，公开声明他的考察方法是从现实的、具体的人出发。在马克思看来，现实的、具体的人“不是处在某种虚幻的离群索居和固定不变状态中的人，而是处在现实的、可以通过经验观察到的、在一定条件下进行的发展过程中的人”。[①] 他还指出：“在思辨终止的地方，在现实生活面前正是描述人们实践活动和实际发展过程的真正的实证科学开始的地方。”[②] 马克思主义哲学在批判地继承黑格尔和费尔巴哈哲学的基础上，确立了现实的人在人类历史中的主体地位，明确了人的自我解放的使命与人的全面、自由发展的价值取向。马克思说的现实的、具体的人是肉体与精神相统一的人，是有着各种具体需要并由此而从事各种实践活动的人。正是由于这些个人的生产劳动和交往活动，构成了家庭、阶级和国家，构成了社会的经济、政治、文化的实际内容。马克思主义哲学从现实生活出发阐释人的生命和生存活动，从实践、社会和个性发展三个向度具体论证了人的本质。其哲学体系中的实践生存论和价值论思想和精神旨趣，对于我们今天反思人的生存方式、发展模式以及人生意义都具有积极的意义，是建构人的精神家园的哲学基础。

第一节　精神家园的生存论基础

提到生存论，不免就会想到海德格尔的“生存本体论”含义的生存论。海德格尔试图用人的存在或人的生存来解释人的世

① 《马克思恩格斯选集》第1卷，人民出版社1995年版，第73页。
② 同上。

界，解释语言、真理基础的世界观。马克思主义哲学不同于海德格尔的生存本体论，更不是如一些人认为的“人学的空场”，而是关于现实的人的生存或以人的生存为对象的哲学理论。马克思以实践为基础的新唯物主义的确立开辟了哲学研究的新境遇，为建构人的精神家园提供了基础。

一　实践——人的根本存在方式

马克思主义哲学实质上是一种“实践人学”。人是社会运动的主体，只有从现实的人出发才能理解社会和历史，理解各种社会问题。在马克思看来，人存在的根据既不是黑格尔所说的精神，也不是费尔巴哈所说的肉体感性，而是人的感性活动即社会实践。实践是人特有的生存方式，是人的最根本的存在方式，人类全部社会生活在本质上都是实践的。恩格斯晚年在《费尔巴哈与德国古典哲学的终结》中，明确地将马克思主义世界观称为“关于现实的人及其历史发展的科学”[①]。

第一，实践的主体是具体的、现实的人而非抽象的人。“现实的人”的社会历史性生存是马克思哲学生存论的逻辑起点和归宿，以“感性的活动”或“对象性的活动”作为构成其生存论基础的枢纽，去关照人的生存与发展。他曾指出：“我们的出发点是从事实际活动的人……现实的个人是从事活动的，进行物质生产的，……意识在任何时候都只能是被意识到了的存在，而人们的存在就是他们的现实生活过程。”[②] 人的现实生活即人的实践活动证实了人的现实存在，假若没有现实的人的活动，人类

---

① 《马克思恩格斯选集》第4卷，人民出版社1995年版，第237页。

② 《马克思恩格斯选集》第1卷，人民出版社1995年版，第72页。

社会经济、政治、文化以及人与人的关系、人与自然的关系、人与社会的关系都将无法生成和变得无意义。马克思正是从“现实的、有生命的个人”出发，去理解和阐释人们的社会历史性生存。精神家园是人的精神家园，精神家园的主体不是神，更不是抽象的人，而是现实生活中的历史的、社会的人。即使是群体的精神家园也一定是建立在个体精神家园的基础上，是为每一个个体所认同的精神家园。人在参与物质生产实践的基础上，人的认识得以深入发展，人不断去思索、感悟生存的意义与价值，进而创造出精神的成果。经过选择，那些能够引导人的发展、慰藉人的心灵的部分成为人的精神家园。因此，精神家园绝不是虚构抑或空想出来的空中楼阁，它虽然指向未来，但却实实在在来源于现实，是现实的人的精神构造之物、生存指引之物和心灵寄托之物。

第二，实践是人的存在方式，规定了人的本质，人通过自由自觉的生命活动区别于动物。马克思曾在《1844 年经济学哲学手稿》中强调：“一个种的全部特性、种的类特性就在于生命活动的性质，而人的类特性恰恰就是自由的、有意识的活动。”① 动物的活动出自满足生存需要的本能需求，但“只是按照它所属的那个种的尺度和需要来建造，而人懂得按照任何一个种的尺度来进行生产，并且懂得处处都把内在的尺度运用于对象；因此，人也按照美的规律来构造”。② 人会按照自己的需要，使自己的生命活动本身变成自己意志的和自己意识的对象。这种能够按照美的规律来构造正体现了人的自由自觉的主体性特质。其中，“自由”是指人能够不断摆脱外在先验尺度的限制而运用自

① 《马克思恩格斯选集》第 1 卷，人民出版社 1995 年版，第 46 页。
② 同上书，第 47 页。

己的尺度去创造自己的生活，是指人的不断自我超越、自我确证、自我生成和发展，从而不断面向新的可能性。人的自觉性是相对于自发性而言的，“自觉”是人的自我意识发展、自主寻求发展和理性把握发展的一种观念与状态以及在精神、思想或认识的支配下的实践活动。因此，人的自觉性经历了一个从外界到自身的横向扩展和从感性自觉到理性自觉、从认识到实践的纵深发展的过程。首先，自觉性是源自自发性的，在自发性阶段，人的活动与动物并无太大的区别，是出于生命的本能在无意识或潜意识的状态下而为。当人进入有意识状态时，人顿然觉悟，自觉意识得以形成。当对象意识发展到自我意识，人的自我意识得以展开，开始审视自我与客体之间的关系。这是自觉的横向发展进程。其次，自觉性最初仅仅是感性的自觉，只有从直观的感性上升到理性的思维，人才能把握住事物的本质和事物发展的规律，并能遵循规律趋利避害，理性思维的形成是人认识深化的表征，也是主体性和自觉性得以形成和确立的标志。自觉性不会仅仅留滞在认识阶段，人的自觉性越高，人的认识能力也就越强，最终会进入实践阶段，成为理性实践的自觉。

人通过自由自觉的实践活动与客体之间通过一定的中介相互作用，精神家园的建构是人自由自觉的理性实践的产物，体现了人的自主性和能动性。一方面，这种自主性和能动性突出了人的主观意识、思想和精神是人脑对客观实践的能动反映；另一方面，自主性和能动性又强调了人的主观意识、思想和精神在引导和推进社会实践活动中的作用。人为实现生命的自我价值、规定和主宰自己的生活、寻求自身的发展而建构精神家园，人能够理性地把握精神家园的建构方向、内容和实现途径，在不断汲取和扬弃中实现自我超越和自我确证。

第三，物质生产实践与精神生产实践相互影响和促进。马克思曾指出物质生产实践与精神生产实践的关系，“思想、观念、意识的生产最初是直接与人们的物质活动，与人们的物质交往，与现实生活的语言交织在一起的。人们的想象、思维、精神交往在这里还是人们物质行动的直接产物。表现在某一民族的政治、法律、道德、宗教、形而上学等的语言中的精神生产也是这样”。[①] 物质家园与精神家园的关系就如同物质生产与精神生产之间的关系。精神家园是人精神生产的产物，但从根本上说，仍然是在人们物质生产活动中生成的。没有物质生产活动为人们提供衣食住行的生活必需品，人就不会有充足的条件去进行精神生产。一个人在物质上极度匮乏、生活得不到基本保障的情况下，物质生活现状与精神理想追求产生了巨大的反差，其精神家园也失去了物质基础而不再那么强大。因此，只有当精神家园与物质家园均衡起来，才能互相促进、和谐发展。

二 民族共同体——人的社会性存在

（一）人的社会性

一般而言，人的属性有自然属性和社会属性两种。人的自然性即生物性是人类在生物进化中形成的特性，主要由人的物质组织结构、生理结构和千万年来与自然界交往的过程中形成的基本特性，如食欲、性欲和自我保存能力等。人的这种生物性与自然界其他动物存在一定的相似之处，但还是有很大的差异，比如人的思维能力、语言能力、学习能力和创造能力等都远远超过了其他动物。但人与动物相区别的最大特征在于人的社会性。

人的社会性存在是相对于人的自然性而言的。早在《关于

---

① 《马克思恩格斯选集》第1卷，人民出版社1995年版，第72页。

费尔巴哈的提纲》中马克思就表明了这样的观点，“人的本质不是单个人所固有的抽象物，在其现实性上，它是一切社会关系的总和”。[①] 在费尔巴哈那里，“本质只能被理解为类，理解为一种内在的、无声的、把许多个人自然地联系起来的普遍性”。[②] 马克思批判了费尔巴哈对人的本质分析，指出人的本质在于人的社会性。人作为社会的人，其本质是一切社会关系的总和，因而只有从社会总体的角度，从社会经济发展、政治发展和文化发展所到达的具体阶段才能得到合理的解释。在马克思所处的阶级社会里，人的社会性主要表现为一定的阶级属性。实际上在整体社会中，无论处于什么社会阶层的人都具有一些共同的特性。

人的社会属性包括了社会性和反社会性两个方面的特性。社会性是具有自然属性的人作为集体活动的个体，或作为社会的一员而活动时所表现出来的特性，是人的社会属性中符合人类整体运行发展要求的基本特性。人的社会性主要包括这样一些特性，如利他性、服从性、依赖性以及更加高级的自觉性等。人的社会属性中也有一些是阻碍人类整体发展特性的，反社会性的属性一般是把人的自然属性发挥到对社会发展不利的地步时表现出的特性，如利己发挥到损人、损害公众、损害社会；自我保护发挥到残害其他生物、甚至其他的人等。人是自然界最复杂、最高级的生物，所以具体到某个社会属性往往不能简单地归于社会性或反社会性，而可能需要根据具体的历史环境、表现情况等多个因素来划分。如民族性对一个民族或一个国家是社会性的特性，但是狭隘的民族性却是反社会性的。历代以来，任何一个社会和国家

---

① 《马克思恩格斯选集》第 1 卷，人民出版社 1995 年版，第 56 页。

② 同上。

都会对其社会成员的社会性提出很具体的要求，如中国古代封建社会信奉“君君臣臣，父父子子”的次序；西方资本主义信奉“自由、平等、博爱”的规则；现在我们国家实施的《公民道德建设实施纲要》、以“八荣八耻”为主要内容的“社会主义荣辱观”以及正在着力培育和践行的“社会主义核心价值观”等，这些都对人的社会性提出了具体的规则和要求。所以人的社会性是社会正常运行与继续发展的需要，无论是奴隶社会、封建社会、资本主义社会还是社会主义社会都一样，不同的社会中具体的社会性标准不同而已。无论是哪种社会都会采取一系列措施用以培养社会成员的社会性。随着社会的发展，社会性的内容如合作、服从、互助等积极的要素在逐渐增加并逐渐为人们所认同。

人的社会属性与自然属性之间存在着密切的关系：人的自然属性是人得以存在和人的社会属性生成的基础。社会属性是人区别于其他动物的标志之一，因而社会属性是人的更高级的属性，是更能够表现人的本质的特性。从总体上来看，人的社会性往往与人的自然属性互相矛盾，但自然属性与社会属性也是相互促进的。社会越是发展，对人的社会性要求就越高，对人的自然属性就越尊重，对人的生命关怀就越重视。

（二）民族共同体

人不是自然的实体，而是在社会联系的总体化结构和社会历史发展的总体性进程中生成和发展起来的。人作为社会关系的总和是一个由多种关系联结而成的多样统一体。马克思、恩格斯深刻地指出：“凡是有某种关系存在的地方，这种关系都是为我而存在的；动物不对什么东西发生‘关系’，而且根本没有‘关系’；对于动物来说，‘它对他物的关系不是作为关系存在的'。"① 人的社会关系包括生产关系、政治关系和人伦关系等，在一个民族或国家里，人的社会性存在以及复杂的社会关系总会以民族共同体的形式展现出来。

个人作为人类生命的个体，从自然意义上说是可以独立生存的，但是人又是社会的动物，从原始社会抵御自然灾害和野兽侵袭开始，人就过着群居的生活。群居不是人类独有的特征，动物出于繁衍后代的需要也过着群居的生活，然而人的群居除了繁衍后代的需要还有进行物质生产的需要、保障群体安全的需要以及教育和信仰的需要等。正因此，人以家庭为单位组成群体，进而组成民族或国家等社会共同体。随着生产力和社会分工的发展，在一定的历史发展阶段中，逐渐形成了具有共同语言、共同地域、共同经济生活、共同民族文化以及共同心理素质的稳定共同体。本尼迪克特·安德森将民族视为一种"想象的政治共同体"，民族之所以称为是想象的，是由于在民族所据有的疆域内，众多成员之间没有时间、空间、血缘上的必然联系，成员之间甚至互不相识，而将他们维系在一起的只是一种想象中的意象。在此种意象中，民族中的各成员分享和信仰着某一种想象中的联结，并以此为基础共享此共同体的主权。因此，民族更多的是一个政治和历史文化的称谓。既如此，民族关系的维系需要有政治理想和文化价值观的确立并得到认同。民族共有层面的精神家园就是建立在一定的文化认同基础上的文化价值观、共同的理想与信仰。它包含着群体公认的价值标准、伦理道德、行为规范、理想信念、审美原则等尺度和行为依据，并具体到社会的宗教、哲学、艺术等文化和价值体系之中。

① 《马克思恩格斯选集》第1卷，人民出版社1995年版，第81页。

三 精神理想——人的超越性存在

在存在论的意义上，精神理想是人在精神层面上创造、表征、确证并享受自身存在本质与价值的生命活动。精神理想能够独立存在于物质生活之外并具有内在的超越性，即理想源于现实又不断地否定和超越着现实。无论是个人的理想还是社会的共同理想都不是凭空想象，而是对现实的反映，它的产生具有深厚的社会现实基础。但是理想又不是对现实的完全再现，它的引导性和前瞻性要求理想必须能够超越现实。理想一定是尚未实现并有待实现和可以实现的“应然之物”。在不同的历史时期和社会发展阶段里，人们的精神理想具有不同的内容和表现形式，但任何一种精神理想都是人们对未来状态和实现途径的前瞻性或超前性的认识或目标。精神理想的超越性一方面超越了时间，是人类认识的顺时针方向的运动；另一方面，这种超越性也超越了空间，把握个人或社会可能的发展进程，并预先构想社会在未来的可能状态。

精神理想更确证了人的超越性存在。世界自然而然地存在着，人生也是自然。人自然而然地生，自然而然地死。然而，从自然当中生成的人，却无法忍受这种自然而然的平庸，无法忍受存在的空虚，于是会设定理想和目标为之努力奋斗，把自然而然的世界改造成一个真、善、美相统一的世界，在这个意义上，人超越了这个自然。因此，人的存在是一种二重化的存在，即人不仅是一种感性的物质存在，而且是一种超感性的精神存在。人不甘寂寞而怀有理想，人树立理想才勇于创造。人的超越性源于人的创造性，而人的创造性又是源于人的理想性。精神理想确证了人的超越性存在。马克思曾说过：“在太阳的辉映下，每一颗露水珠都会闪现出五颜六色的颜色。”人为了使自己的存在不仅仅是单一的色彩而不断完善自身，理想的设定和超越就是人完善自身的途径。在理想指引下的人的实践活动总是具有超越性，因为“它总要扬弃被改造对象的原有的规定性，赋予它以新的规定性……它既要从现状出发，又要否定现状，即指向未来……”① 人就是通过不断去否定这个现实的世界，扬弃这个现实的世界，才得以接近和实现更加理想的世界。然而由于人们的认识程度不同，因此，对理想的把握深度也会有所差别，由最肤浅直观的预感式到现实经验的预料式再到对现实科学的预见式，呈现了由浅到深的递进式发展。同时，精神理想的确立是为了指导实践，仅有理想而不付诸实践，理想也只能是一种美好的愿望。因此，人只有在理想的指引下通过实践才能实现理想，更好地把握自我和人生，人的生存才充满意义和价值。

精神理想超越现实又引领现实，为人的生活不断提供希望、动力和发展的愿景，是人精神生命的支柱，因而成为人精神家园的核心价值。确定理想并时常进行哲学反思是人生富于意义的重要体现，也是人构建自身精神家园的重要实践。

“人为寻求意义而生活，为失落意义而焦虑。人的精神家园就是创造意义的家园。‘时间’创造了人的‘文化世界’和‘意义世界’，从而构成了‘自己超越自己’的人的精神家园。”② 具体说来，意义的家园“就是创造‘生活’的理想、信念和智慧，就是塑造‘生活’的世界观、人生观和价值观”。③

人的精神家园需要不断地超越和确定自我，在确定中实现超越，在超越中更加确定。

---

① 朱德生：《关于人的几点思考》，《马克思主义与现实》1995 年第 1 期。

② 孙正聿：《辩证法与精神家园》，《天津社会科学》2008 年第 3 期。

③ 同上。

第二节　精神家园的价值论考察

文德尔班曾经说过："哲学有自己的领域，有自己关于永恒的、本身有效的那些价值问题，那些价值是一切文化职能和一切特殊生活价值的组织原则。"① 在哲学发展的历史上，价值哲学不断被人们自觉推进和发展壮大，并经历了三次重要的转型。

在哲学研究中涉及价值问题，始于古希腊的人类学时期。在这一时期，哲学走进了人们的实践生活，特别对政治生活情有独钟。苏格拉底是推进这一转向的第一人。他使哲学立足于城邦，关照人们的生活、伦理、善恶。他的演讲及与人的对话、辩论就是围绕着伦理道德、法律政治以及传统宗教等问题展开的，他们以人和社会为对象，开始了一种关于人的价值选择的探讨，甚至在雅典准备接受死刑之前，苏格拉底还不忘向人们发出这样的告诫："有一个真理我没有时间给你们阐述。但是我必须告诉你们，没有经过反省和检查的人生是没有价值的。"苏格拉底的贡献在于使早期自然哲学的讨论重点转移到人这个主体上来，确立了价值问题作为哲学研究主题的地位。他为中世纪哲学中所蕴含的价值论主题，以及文艺复兴、宗教改革时期对人和人性的研究提供了重要的理论资源。

价值真正成为哲学研究的对象是19世纪中叶以来的事情。当时经验科学的发展改变了人们原来的生活方式和思维方式，这使哲学面临着困境。文德尔班对此评论道，"19世纪绝不是一个

① ［德］文德尔班：《哲学史教程》，商务印书馆1993年版，第927页。

哲学的世纪”[①]，一些关注价值哲学研究的思想家如文德尔班、李凯尔特、舍勒、杜威、刘易斯等积极建构价值学理论，与主张实证研究的科学主义展开了争论，使思维范式发生了转变。科学主义关注的重点在于语言、逻辑和实证研究，而不在于对作为主体的人以及人的生存意义的研究。马克思从辩证唯物主义和历史唯物主义出发，密切关注了人的发展和解放这一价值问题。无论是专门的作为价值论研究还是作为哲学立场的价值观研究，都旨在使人们重新认识到哲学所具有的超越性意义，把人的活动的现实性和超越性从科学实证主义的物化状态中解救出来，使哲学再次走进人们丰富多彩的生活世界中。

20世纪中后期以来，随着现代化和工业化进程的加快，技术理性、工具理性对价值理性的冲击和侵蚀有增无减、愈演愈烈。人们正在承受着由技术理性过度扩张后引发的精神空虚。人越来越陷入物化的状态之中难以自拔，成为单向度的人。技术正如雅斯贝尔斯所说：“人们本想把一件东西培养成与它原来不同的另一种样子，结果他们的关心却似乎把这东西毁掉了，作为技术统治的牺牲品，它呈现出一种灰暗或粗杂的色调，在这种色彩的笼罩下，人之为人的个性被剥夺了，他不再能自我认识。”[②]人们遭遇了人与自然、人与社会、人与自身的危机。这一时期价值仍然是哲学思考的核心问题，涉及生态伦理、生命伦理、可持续发展以及生存意义等许多关于价值的问题。在经济利益高速运转的当今社会，人们不得不停下脚步重新思考人生的意义，去重拾正义、友善、诚信、快乐等价值理念和美德。在这里洋溢着被

---

① ［德］文德尔班：《哲学史教程》，罗达仁译，商务印书馆1993年版，第858页。

② ［德］雅斯贝尔斯：《现时代的人》，周晓亮、宋祖良译，社会科学文献出版社1992年版，第9页。

科学主义冷却了的人文关怀的热情。在哲学舞台上，西方马克思主义对工具理性、现代性、大众文化展开了批判，使人的生存与发展、人类命运、人生意义和价值等问题重新走进了人们关注的视野。

哲学肩负着“为天地立心，为生民立命，为往圣继绝学，为万世开太平”的价值使命。哲学因汲汲于对人生价值的探求而充满活力，因富有充满哲理的价值观念而成为人的精神家园的重要根基。没有哲学，没有哲学的价值观，人的精神家园恐怕只能是一个简朴的院落而很难成为繁花似锦的花园。“哲学是引导生活的。它不是要描述人性、解释人性，而是要提升人性；它不是描述生活、解释生活，而是要引导生活。它力求揭示的是人类应该追求的未来。哲学对于人类生活最独特的作用，在于以理性的方式建构引导人类未来活动的价值理念。”① 马克思主义的价值观是在一个总体的视角下，根据人类社会历史发展的客观规律，以人民的利益为出发点，以人的自由全面发展为价值取向，突出地表现出科学性、人民性、革命性和前瞻性。

一 人的精神需求——主体性尺度

需求与价值之间的关系可以通过对价值本质的阐释与规定这一哲学价值论探讨的根本问题来说明。目前国内比较普遍认同的一种观点，是李德顺先生提出的价值的“主客统一”论。他指出价值是“客体是否满足主体的需要，是否同主体相一致、为主体服务”②。价值是主体需要与客体属性的统一，既是主体需

① 冯平：《哲学的价值论转向》，《哲学动态》2002 年第 10 期。

② 李德顺：《价值新论》，中国青年出版社 1993 年版，第 32 页。

要的对象化，又是客体属性的人化。只有人才能作为价值主体，一切价值归根结底都是对人的价值，因而，作为主体的人的价值就构成了所有价值的中心，成为各种价值尺度的最终尺度。赖金良进一步提出了哲学价值论的人学基础问题，他认为：

> 价值理论的轴心概念是“人”。这是一个简单而又基本的判断，它有两层意思。其一，价值理论以价值世界为研究对象，价值世界的轴心是人，价值研究及其理论建构的轴心概念也应该是“人”。……其二，人是价值世界的轴心，同时也是价值世界的真正秘密所在，价值论研究的最后根基或“终极”基础是人学（人论）。①

与李德顺先生观点不同的是，他是从人的二重化存在（物质存在与精神存在）的角度去讨论人的价值问题，指出“所谓价值问题，从其直接的呈现形态来看，最重要的就是人类生活于其中的这两个世界如何协调或整合的问题”②。

因此，需要的满足是价值产生的前提和关键。需要是一个主体性的概念，表达着人为展现和实现自身价值的意向性。马克思曾指出，需要即是人的本性。人有许多需要，但总体上表现为物质的和精神的需要，需要的满足可以增强人的幸福感和充实感，使内心获得愉悦。人的物质需要是人生存的前提，因为“人们为了能够‘创造历史’，必须能够生活。但是为了生活，首先就需要吃喝住穿以及其他一些东西。因此第一个历史活动就是生产满足这些需要的资料，即生产物质生活本身，而且这是人们从几

① 赖金良：《哲学价值论研究的人学基础》，《哲学研究》2004 年第 5 期。
② 同上。

千年前直到今天单是为了维持生活就必须每日每时从事的历史活动，是一切历史的基本条件”。[1] 然而人的生存又不同于其他动物的生存，表现在人不仅有满足生存的物质需要，更有满足全面发展、追求生命意义的更高层次的价值需求。这种需要表明了人求真、求善、求美的自觉能动性和勇于自我创造、自我发展、自我完善的主观意向性。动物的活动出自满足生存需要的本能需求，但“只是按照它所属的那个种的尺度和需要来建造，而人懂得按照任何一个种的尺度来进行生产，并且懂得处处都把内在的尺度运用于对象；因此，人也按照美的规律来构造”。[2] 人对美的、远过于生活本身的追求就是人的精神需要。人的精神需要依赖于物质需要，以之为基础，但精神需要又具有相对的独立性，甚至会影响物质需要的发展动向。当人有了需要总会通过实践活动来满足，人正是通过需要的意愿与满足需要的活动来调和自身存在与本质之间的矛盾，来展开实践的。

按照马斯洛的需要层次理论，人的需要被具体划分成五个层次，由低到高依次是：生活需要（食物温度、空气、性等）、安全需要（职业稳定、生活保障、环境有序等）、爱的需要（爱、情感、归属、友谊、社交等）、尊重需要（成功、力量、权力、名誉等）及自我实现的需要（潜能的发挥、理想的实现、事业的成就等）。在这个需要层次理论中，物质生活的需要是处于基础性地位的，在物质需要之上是人的精神需要。如果按照这个理论简单地推断一下，是不是人的物质需要得到满足了人的精神需要就一定能够得到满足呢？不是的。一味地追求物质需求满足只会带来人的精神追求的丧失，人难免遭遇生存危机的困境。在过

① 《马克思恩格斯选集》第1卷，人民出版社1995年版，第79页。
② 同上书，第47页。

去的一些年里，人们过度追求经济效益的增长却忽视了精神文明的建设，带来的后果是极其严重的，很多人感慨生活富裕却没有了幸福感和归属感。在经济学中，有一种叫作“边际递减”的现象，说的是随着物质消耗的增多，人们从中得到的满足感不是在增多反而是递减的。当人们如期遭遇了气候恶变、环境污染、政治腐败和道德滑坡等过度追求物质享受带来的后果时，人们才不得不停下脚步去反思走过的路。以生态环境问题为例，1990年联合国开发计划署首次出版了《人类发展报告》年鉴，提出了人文发展指数，并强调社会发展应从传统的“以物为中心”向“以人为中心”转变。1995 年在哥本哈根举行的世界发展首脑会议上通过的《宣言》和《行动纲领》中，也阐发了“社会发展以人为中心”等理论观点。让我们印象深刻的还有 2009 年 12 月 7—18 日在丹麦首都哥本哈根召开的哥本哈根世界气候大会，192 个国家的环境部长和官员们共同商讨《京都议定书》一期承诺到期后的后续方案，就未来应对气候变化的全球行动签署新的协议。这次会议甚至被广泛视为是人类遏制全球变暖行动最后的一次机会。虽然大会遇到了许多困难一时难以解决，但这毕竟是人类开始反思自我的一次重要行动，从这次大会之后节能减排成为了家喻户晓的环保理念。近年来中国多地出现的雾霾天气，也深刻地引起了人们对生态环境的重视和对经济发展方式的反思。其实无论是《京都议定书》，还是哥本哈根世界气候大会，人类所要面临的不仅是采取行动来保护赖以生存的自然家园，更重要的是从根本上转变粗放型发展模式，在精神家园和自然家园的和谐建构中科学发展。

就物质需求和精神需求来说，人的物质需求是人的基础性需求。在人们的通常观念里，物质需要就是求富，精神需要是求真、求善和求美。人们求真知、做善事、行美德有时也是需要一定的物质基础或用物质的方式来表达，这不是唯物质论。在当今社会，没有任何经济基础，仅凭一份热情就难免会遇到“心有余而力不足”的尴尬。因此，人的物质需求与精神需求应该是同步发展的，人不能以牺牲道义为代价去换取一时的物欲所带来的欢愉，也不能只有精神上的追求而将其束之高阁不付诸行动。

人的精神需求依赖于物质需求，并以物质需求的满足作为前提和基础，但精神需求又有相对的独立性，有时还会对物质需求产生影响。随着社会环境和生活条件的改变，人们对社会生活、社会秩序和社会安全等事关切身利益的问题产生了精神层面的要求。当物质得到满足后，人更关心生存质量的提高和自身的全面发展，因此应该在创造物质生产力的同时也创造精神成果，满足人的全面发展的要求。精神理想反映了个人或社会群体对未来发展状态的一种预见和需要，人的自我实现依赖于精神信仰和理想的确立，体现了人的需要的至高境界。人需要的满足和价值的实现通过建构精神家园实现了统一。

二 理想信念——核心内容

人是一种二重化结构性的存在，人一方面生活在天地自然的现实世界之中，自觉参与物质生产实践的活动，以满足衣食住行等基本生活的需求，同时人又生活在一个自我设置的理想世界和价值世界之中，“人之所以为人，之所以不同于其他事物，恰恰就在于，人是一个从自身出发并以自身为目的的自我生成、自我超越、自我实现的动态过程”。[①] 这两种世界既对

① 赖金良：《哲学价值论研究的人学基础》，《哲学研究》2004 年第 5 期。

立又统一，二者的对立表现在人总是不满于现实世界的状况，总有对更美好生活的追求、期待和梦想；二者统一在人不断超越自我和超越现实的奋斗过程中，人生的完整性和丰富性正体现于此。

理想是价值观在奋斗目标上的集中体现，能够为人的实践指明方向和增加动力。信念是对某种思想或事物坚信不疑并身体力行的心理态度和精神状态。个人生命的意义和价值总是通过确立理想信念并朝着这样的方向努力而体现。在价值世界中，人才能意识到自身的存在，才能找寻到存在的意义和根据。人的理想信念体现了人的自主性和能动性。理想和信念作为一种特殊的意识，突出表现为进取昂扬的精神状态和向上、向善、向美的志向。人生命活力和能力的展现、人精神生命的完善和充实都需要理想和信念的支撑。具备崇高的理想和信仰是每一个追求先进和卓越的人所具备的良好品质。习近平总书记把理想信念形象地比作共产党人的精神之“钙”，缺少了理想信念，也就失去了精神的支柱和思想的方向。

有了理想就有了人生的目标，而有了信仰就有了勇往直前的动力。任何一个社会，在意识形态领域都存在多元并存、一元主导的规律。人的精神家园中也是如此。人的精神世界是很复杂的，有不同的层次，犹如一座大厦，理想信念是大厦的支撑。精神家园的主导和支撑是科学的理想和信念。它们是世界观、人生观和价值观的集中体现，在认识上表现为对科学真理的渴求，在情感上表现为对美好未来的向往，在意志上表现为坚定的实践和奋斗精神。因而在“灵与肉”“义与利”“情与理”的矛盾中，它帮助人们克服自身的狭隘与局限而走向更为广阔的精神天地，帮助人们克服自身的软弱无力而汲取更大的精神力量，克服自身的犹豫彷徨而选择正确的人生道路。

三　人的自由、全面的发展——根本价值取向

人树立理想和信念等价值观念终究是为了促进和实现自身的发展。人从自身的利益和需要出发，确立理想和信念，通过努力不断接近并实现理想，人生的价值体现于此。然而人的精神世界又是如此丰富和复杂，每个人都有自己认同并追寻的理想和信念，有近期的也有远期的、有容易实现的也有很难实现的、有高尚的也有荒谬的。正如人类需要普世价值一样，人的发展也需要一个根本的价值取向，它很明了，但又不是非常具体的；它指向终极追求，但又不是异常抽象的。对于这个问题在哲学史上有许多的认识，特别是形而上学本体论对人类最高的善、对理念的阐释，已经达到了非常深刻的程度，但仍然没能走得很远。相比较他们的理论，马克思更倾向于从现实出发，去理解人、人性和人的发展，他在深刻揭露并剖析资本主义劳动异化现实的基础上，最终确立了人扬弃异化实现自由、全面发展的价值理念。

既然马克思关于人的自由全面发展价值取向是对资本主义社会人的异化生存状态的扬弃，因此在讨论人的自由全面发展价值理想之前，有必要先谈一下人的异化问题。在马克思生活和思考的时代，由资本关系导致的劳动异化的现象充斥着整个资本主义社会，对自我异化现象的剖析有利于揭开社会历史和人类发展之谜。在马克思看来，“真理的彼岸世界消逝以后，历史的任务就是确立此岸世界的真理。人的自我异化的神圣形象被揭穿以后，揭露具有非神圣形象的自我异化，就成了为历史服务的哲学的迫切任务”。[①] 马克思从经济事实出发，以对人的本质“自由自觉

---

① 《马克思恩格斯选集》第1卷，人民出版社1995年版，第2页。

的活动”的基本理解为尺度，揭示了资本主义社会人的异化状态。异化劳动包含四个基本特征：劳动者同他生产的劳动产品的异化；劳动者同他的劳动活动的异化；劳动者同他的类本质的异化以及在劳动中人与人之间的关系的异化。异化实质上反映了当时资本主义社会中私有制所带来的阶级矛盾，从人的生存来看，异化使人失去了自主性，使人的存在与人的本质之间的矛盾日益深刻起来。“人的类本质——无论是自然界，还是人的精神的类能力——变成对人来说是异己的本质，变成维持他的个人生存的手段。异化劳动是人自己的身体，同样使在他之外的自然界，使他的精神本质，他的人的本质同人相异化。”① 马克思进一步指出了资本主义社会中所存在的私有制是一切异化，首先是劳动异化产生的基础和原因，同时也是劳动异化的结果。人要结束异化劳动就要通过无产阶级的社会革命来扬弃私有制及其产生的社会土壤。在《1844 年经济学哲学手稿》中，马克思表达了消灭阶级压迫的无产阶级革命是人实现自由、解放和全面发展的前提和手段的思想。“社会从私有财产等等解放出来、从奴役制解放出来，是通过工人解放这种政治形式来表现的，别以为这里涉及的仅仅是工人的解放，因为工人的解放还包含普遍的人的解放……”②这一思想也体现在《共产党宣言》中。《共产党宣言》开篇即指出，“至今一切社会的历史都是阶级斗争的历史”③，“共产主义的特征并不是要废除一般的所有制，而是要废除资产阶级的所有制……共产党人可以把自己的理论概括成一句话：消灭私有制”。④

自 20 世纪 30 年代马克思《1844 年经济学哲学手稿》发表以

---

① 《马克思恩格斯选集》第 1 卷，人民出版社 1995 年版，第 47 页。

② 同上书，第 51 页。

③ 同上书，第 272 页。

④ 同上书，第 286 页。

来，异化问题就成为东西方理论研究的热点，而且直至今天也仍然广受关注。列斐伏尔认为："异化是哲学的核心观念，特别是现代马克思主义哲学中的最重要的问题。"① 作为更广泛的哲学概念，异化或物化所表现的人对物的依赖性矛盾，是同商品经济时代特有的人与物的关系相联系的。与马克思那个时代局限性的商品经济不同，今天商品经济已经渗透和影响到了世界的每一个角落，人的物化取向以及手段的目的化，人的德性、情感乃至整个内心世界被严重轻视甚至"荒漠"化的现象变得更加普遍和严重，已经与当代人类的普遍生活紧密地联系起来了。同时，异化已经成为一种普遍的社会生存方式，还表现在异化的范围已经不再局限于劳动的异化，不再局限于社会中的某些人或社会的某些领域。在现代社会条件下，无论是哪一个社会阶层的人们，都在承受生存和竞争的压力、都在不自觉地受外物的支配与控制，于是生活中的许多事情都充满了被动、情非得已和不由自主。原本早已摆脱了阶级剥削和压迫、作为万物主体和尺度的人，反过来却正在被其所创造的商品世界支配和统治，人们陷入深深的以物化为特征的异化境遇之中。现代社会作为阶级对立形态的异化矛盾确实表现得不再那么明显，但却反映了当代人更为普遍的一种生存困境。同马克思的时代相比，今天的异化问题没有减轻，反而更加严重和普遍化，这种状况可能连马克思本人也未曾预料到。

异化状态实质上反映了人存在与本质之间的矛盾，是对人的压迫和束缚。人总是期望摆脱异化而走向自由。针对 19 世纪资本主义社会的劳动异化现象，马克思指出了人通过废除私有制而扬弃异化的方式，同时更指出了人的正确的价值取向，并把它作

---

① 张一兵：《折断的理性翅膀——西方马克思主义哲学批判》，南京出版社 1990 年版，第 146 页。

为未来理想社会的发展目标。与资本主义社会人的异化状态不同，未来理想社会所崇尚和追求的是人自由发展的生存状态。马克思和恩格斯认为，只有到了“建立在个人全面发展和他们共同的社会生产能力成为他们的社会财富这一基础上的自由个性”的阶段，人才能成为真正自由和自觉的人，人所创造的各种发展理论才是全面的而不是片面的、辩证的而不是僵化的、自为的而不只是自在的，也才具有真正的真理性。《共产党宣言》在论述了消灭阶级和消灭私有制的革命任务后谈道：“代替那存在着阶级和阶级对立的资产阶级旧社会的，将是这样一个联合体，在那里，每个人的自由发展是一切人的自由发展的条件。”[①] 这是马克思主义关于人的发展思想的升华，体现了共产主义社会人自由、全面发展的价值观。在《1857—1858 年经济学手稿》中，又将人类进入文明社会后的发展形态划分为“人的依赖”“物的依赖”和“自由发展”这三大形态。人的自由全面的发展是人扬弃异化后的更高形态，是人的最高价值取向，也为社会的发展和人的发展指明了方向和目标。

一般认为，自由对于个人而言，指他希望、要求、争取的生存空间和实现个人意志的空间，这个空间包括社会的、政治的、经济的、文化及传统的等外部条件，同时也包括个人体质、欲望、财富、世界观、价值观及理想观的表达欲望等个人因素和内在因素。针对被奴役和束缚而言，自由是个人的一切不被任何人占有和控制，“客体价值不但不否定主体价值，反而会成为主体价值的一个重要因素”。[②] 自由在今天为人们所追求的意蕴在于

---

① 《马克思恩格斯选集》第 1 卷，人民出版社 1995 年版，第 294 页。

② 李连科：《关于马克思主义哲学价值论的探讨》，《社会科学研究》1985 年第 2 期。

摆脱外物的束缚而获得身心的解放，充分发挥人的自主性与创造性。从人生境界来看，自由是人类在获得基本生存保障的前提下，渴求实现人生价值、提高生活质量进而提高生命质量的行为取向和行为方式。匈牙利诗人裴多菲的《自由与爱情》即是对自由的讴歌："生命诚可贵，爱情价更高。若为自由故，二者皆可抛。"可见人对自由的渴望与珍视。随着社会的发展和进步，人更注重精神的自由，"人的精神自由，不在于追求完满的绝对同一，而在于自身创造未来性，创立新的对立领域，在于自己为自己创造需要被征服的新世界"。[①]

人的全面发展是指人的劳动能力的全面发展，包括人的智力和体力的充分、统一的发展，也包括人的才能、志趣和道德品质的多方面发展。人的全面发展是一种均衡的、科学的发展，不仅包括自身的发展，还包括人与人、人与自然、人与社会的和谐发展。全面是相对于片面和单一而言的，物化之下人的发展就是一种单一的发展。只注重物质不顾精神，只追求物质上的满足与享受，而不注重精神的补给，人的精神世界就会荒芜驳杂，重利轻义，见利忘义，背弃道义和追求，人成为被物质牢牢束缚的躯壳，原本高尚的心灵花园长满了物质欲望的杂草，成为滋生腐败思想的温床。在这样的情况下，人的异化在所难免。与马克思生活和思考的时代相比，造成劳动异化的私有制根源在中国早已不复存在，但是在市场经济中人过度追求利益而逐渐走向自我异化的现象却仍然存在。在这样的困境下，人的全面发展理念呼之欲出，科学发展观就是这样一种重视社会和人的全面发展的理论。科学发展观坚持以人为本的价值取向，坚持全面、协调和可持续

---

① 黄慧珍：《信仰与觉醒——生存论视域下的信仰学研究》，人民出版社 2007 年版，第 94 页。

的发展模式，在经济发展的过程中兼顾政治、文化、社会和生态环境的发展，赋予了发展以丰富、长远、均衡的内涵，这是科学发展观的科学性所在。

人的全面的发展与自由发展是和谐统一的，自由的发展是人实现全面发展的基础和前提，没有自由就谈不上发展，更谈不上全面的、科学的发展；而人全面的发展又进一步推动和提升着人的自由、自觉的程度，促进着人的潜能的开发、人性的丰富、人格的完善与人生意义的充盈。人自由而全面地发展构成了最高的价值取向，也是所有价值都为之获得一种确定性的尺度。人的自由、全面发展，在坚持科学发展的前提下饱含着人文的关怀，真正确立了人在社会发展中的最高地位和价值目标，具有历史与现实的合理性和必然性，应成为人类社会永恒的价值追求，也是人的精神家园的核心价值理念。

第四章

精神家园的结构与功能

结构原意是指屋宇构建的式样，引申为不同类别或相同类别的不同层次按程度多少的顺序进行有机的排列、配合和组织。层次是系统在结构或功能方面的等级秩序。不同层次具有不同的性质和特征，既有共同的规律，又各有特殊规律。精神家园的层次结构是指精神家园系统按照分类标准对其构成进行的划分、排列。

抽象性和形而上的特点决定了精神家园是一个非常复杂的精神文化系统，但作为一个心灵的寄托之物，精神家园仍然是可以被人们所自觉建构的。尽管精神家园因人而异，具有多样性和特殊性的特点，但是仍然可以将存在于人们精神世界中的内容进行大致的归类与总结，划分出精神家园系统的大致结构。本章从精神家园的表现、构成和层次三个不同的维度分析了精神家园的结构及其对个人与社会的发展产生的影响、推动作用。

第一节　精神家园的表现和构成

精神家园的主体可以是个人，也可以是群体，还可以是民族共同体，但是无论是什么主体的精神家园，都是互相影响和互相依存的，它们的基本构成是一致的。一般说来，精神家园来源于民族的文化（包括民族的传统文化，也包括引进的外来文化），但是，“文化的范围很广，其中包括哲学、宗教、科学、技术、文学、艺术、教育以及生活方式等”①。因此，精神家园不等同于全部的文化，它主要是由文化中那些能够为人们提供精神动力、情感寄托和心灵支撑等价值成分构成的，具体表现为一定历史时期的哲学思想、价值体系、情感方式、宗教信仰等要素。其中，哲学观是精神家园的思想指南，民族的价值体系或个人的价值观是精神家园的价值核心，宗教文化是精神家园的资源基础和直接来源。

一　民族文化——基础来源

文化是一个非常复杂的词语，内涵与外延的差异较大，层次结构也有多种划分。庞朴将文化的结构分为三个层面：“第一个层面是物质的层面；第三个最深的层面是心理层面或者说意识的层面；中间一个第二层，是表层和里层的结合和统一，就是物化了的意识，或者是物质里面所包含的意识，如理论、制度、行为等。”② 张岱年将文化划分为四个层次，依次为：（1）由人类加工自然创制的各种器物，即“物化的知识力量”构成的物态文化层；（2）由人类在社会实践中建立的各种社会规范、社会组织构成的制度文化层；（3）由人类在社会实践，尤其是在人际

① 张岱年：《文化与哲学》，教育科学出版社1988年版，第3页。

② 庞朴：《文化的民族性与时代性》，中国和平出版社1988年版，第37—38页。

交往中约定俗成的习惯性定式构成的行为文化层；（4）由人类社会实践和意识活动长期氤氲化育出来的价值观念、审美情趣、思维方式等构成的心态文化层。[①] 虽然表述略有差别，三层次说概括而更加精练些，四层次说描述得更具体一些，但是都是按照由外向内、由浅入深、由物质向精神这样的顺序来划分的。作为精神家园基础要素的文化，在这里主要是指一个民族精神领域的文化现象，也就是"心态文化层"所指的文化概念。这是文化的核心部分，既包括哲学、文学、信仰、艺术、道德、法律等意识形态的内容，还包括民族成员一般的精神状态和心理性格。文化是一个民族的标志，是一个民族在发展历程中所创造的精神财富，它被传承和积淀在人们的思想意识之中，影响着人们的思维方式、行为方式、心理习惯以及价值取向。无论是民族的传统文化，还是在民族发展过程中吸收的外来文化，都对民族的发展和进步产生了深远的影响，成为民族精神家园的基础构成。常言道，"一方水土养育一方人"，一个民族的文化滋养和塑造了这一民族成员的精神生命。

首先，民族文化是精神家园的资源基础。文化一经产生，就作为一个意义世界而存在，成为人生存的社会历史环境的一部分。"人正是从这个有意义的现象世界，这个客观、现实的社会文化环境中获得价值意识的。离开了有意义的文化现象世界，人的心理的生物机制内部仍然是一片混沌的世界，它与外部世界的关系也只是生物物理世界对生物物理世界而已。"[②] 因此，离开了文化这个资源环境，人的价值意识，人的精神家园也不会存

---

① 张岱年：《中国文化概论》，北京师范大学出版社 2004 年版，第 4 页。

② 司马云杰：《文化价值论——关于文化建构价值意识的学说》，山东人民出版社 1990 年版，第 7 页。

在。民族的传统文化是“某一民族历史形成的语言文字、生活方式、价值体系、行为规范、风俗习惯、心理特征等，是特定民族全体成员所共有的精神文化”。[①] 优秀的传统文化是民族智慧的积淀，凝聚着民族思想的精华，蕴含着民族成员对世界、对他人和对自我的根本性认识，具有启迪人生、净化心灵的重要作用。例如中国传统的儒家文化中就有“自强不息、厚德载物”“以和为贵”“克勤克俭”“己所不欲勿施于人”等修身之道和处事之理。“在漫长的历史发展过程中，儒家的崇德贵民的政治文化，孝悌和亲的伦理文化，文质彬彬的礼乐文化，远神近人的人本取向，渗透到中国文化的各个方面。”[②] 传统文化的思想精华对于个人品行的修养具有积极的作用，是一个民族应该坚持传承的精神财富。

其次，民族文化是精神家园的情感基础。民族成员在创造、共享和传承民族文化的过程中达成了对民族和对文化的认同，将文化熔铸在民族的血脉之中，形成了维系民族团结的精神纽带，形成了凝聚民族力量的思想基础。一方面，文化成为民族成员的情感依恋和身份标识，化作爱国的情感萦绕在每一个人的精神生命之中。特别是在一个人身处异国他乡的时候，对自己的国家、民族、文化的情感依恋感会变得非常浓重，于是才有了“乡愁”。另一方面，民族文化孕育了民族精神，成为激励民族成员团结奋进的精神动力。民族内部成员在文化认同的基础上，彼此之间相互尊重、互相协作，促进了社会的和谐稳定和社会生产的发展。同时，这种精神的动力成为号召和凝聚本民族力量的思想

---

① 高永久、陈纪：《中华民族共有精神家园的内涵与价值核心》，《科学社会主义》2008 年第 2 期。

② 郭齐家：《弘扬中华文化，建设中华民族共有精神家园》，《北京科技大学学报》2007 年第 12 期。

武器，形成一种勇往直前、共同奋斗的动力，特别是在遇到外来文化侵略、面临文化危机和民族危机的时候，这种作用会表现得更加明显。

最后，民族文化也是精神家园的创新基础。一个民族的文化是历史的产物，因而不是固定不变的，文化随着本民族的发展和民族之间的交往而不断丰富。传承和符合时代发展要求的优秀文化，抛弃腐朽落后的内容，同时学习和借鉴其他民族的优秀文化成果，乃是推进文化不断创新发展的积极心态。当今时代，全球化已经覆盖了经济、政治和文化等诸多领域，文化的全球化与经济的全球化一样，已然成为世界发展的一种趋势。而且从文化本身的发展来讲，也的确需要进行交往与沟通。西班牙剧作家哈辛托·贝纳文曾指出，“文化是理解与沟通的良师”。吸收其他民族的文化，可以为本民族的文化注入新的活力，加强对人类普世价值的认识，同时也有利于世界各个民族文化的和谐共处，减少文化的冲突与摩擦。但是，作为外来的文化，只能是对民族文化的有益补充，不应该也不能取代本民族的传统文化。

二　哲学观——思想指导

哲学是爱智的科学，它通过反思和批判不断去探求最高原因的基础，探寻生命的意义和价值，探寻历史和社会的发展规律。哲学融爱智的激情与人性的关照于一身，不断去引导人们对世界一切领域进行追问和反思，在超越中激发人自身价值的实现。哲学对人精神世界的启迪和引导使其成为人精神家园的重要组成内容和思想指导。

首先，哲学以反思和批判作为基本的思维方式引导人们去探索正确的、理想的生存方式。哲学的爱智慧，是一个开放心胸、寻求真理、印证价值的过程。反思和批判是哲学的基本精神和根本的思维方式。反思，是一种不同于直接认识的间接认识，是思维对于“思维与存在之间的关系”的思考与认识。一般认为，“反思”一词最早被英国哲学家洛克使用，他认为反思是心灵内部活动的知觉，并将反思活动看作是知识的来源之一。在不同哲学家那里，“反思”又有着不同的解释。荷兰哲学家斯宾诺莎认为，反思是认识真理的比较高级的方式。德国哲学家黑格尔认为反思是一个把握绝对精神发展的辩证概念，认为反思是从联系中把握事物内部的对立统一本质的概念。现在，人们通常把反思或反省视为对自己的思想、心理和行为的审视与再认识。

哲学作为人类思想的一个反思的维度，专注于对人的生存方式的思索，体现在对人的生存实践活动的指导上。反思以人的思想作为对象，使思维成为认识。反思的过程是对自身思想的澄明、辨别、选择和综合的过程，也是一个观念形态的精神批判和自我确证的过程。哲学的反思与批判是使思想摆脱僵化和束缚的最佳方式，人通过哲学的反思，促进人思想的“觉醒”和“顿悟”，深化对人生意义的思考及对人生价值的尊重。觉醒是相对于混沌、迷醉的状态而言的，人对世界的认识起初是浑然不分的一种混沌状态，人正是通过哲学思考和顿悟打破这种状态而明确自己与世界、社会、他人及自我的关系。随着认识的深入，人的觉解程度不断提高，从而对人生意义的领悟也逐渐加深，人格不断得到完善，这是哲学能提高人生境界、建构精神家园的原因所在。在较高的人生境界中，在真、善、美的精神家园中，人能够以一种整体观来关怀人与自然、人与社会、人与人之间的关系，把握人与世界的内在统一性，深化和不断更新自身的价值观念和审美意识，从而实现人与自然的和谐、人生的幸福美满以及精神世界与物质世界的统一。

其次，哲学以世界观、人生观和价值观作为基本内容，引导、激励人们追寻人生的意义和追求理想的生活。现实的人"活在当下"却总是不满足于当下的现实，总是希望通过实践将现实变为理想中的现实，而在这个转变的过程中，人的世界观、人生观和价值观发挥了重要的引领作用。哲学的世界观即是人对于世界（包括自然界、人类社会和人自身）的根本看法。人应该怎样看待人生，应该坚持什么样的价值取向，与人所坚持的世界观息息相关，因而世界观是起着首要的、决定性作用的思维方式，在世界观的影响下，相应地会形成自然观、社会观、历史观、人生观和价值观。

哲学正是通过世界观、人生观和价值观的确立对人产生影响，在引导人们求真、求善和求美的过程中，发挥其"无用之大用"的功能。而人们也在学哲学、用哲学的实践中构建"安身立命"的精神家园。哲学对人的影响和作用不同于基础科学可以直接作用于生产力、生产出物质产品，但是哲学直指人的精神世界、升华人生境界的作用却是深远的。这种作用正如中国现代哲学家方东美的一个比喻：哲学不能烘面包，但是能使面包增加甜味。冯友兰先生也将哲学的功能视为在于提升人的精神境界，在精神上改进人生。他指出："通贯中国历史，哲学能指导精神生活而毫无超自然主义，又能指导实际生活而不低级庸俗。"① 哲学对于人的境界的提升也不同于宗教，宗教教义在一定程度上能够起到救赎人的灵魂的作用，但是哲学本质上不是救世福音，即不是一条通向上帝的路。哲学本着爱智的精神追求，不是为人们提供某种让我们遗忘苦难、死亡和不公正境遇的精神幻觉，而是带着一种实践意识着眼于人生存中遇到的实际问题，

① 《冯友兰自选集》，首都师范大学出版社 2008 年版，第 22 页。

鼓励和激发人们去思考解决问题的方式和途径。哲学本身，也正如德国诗人诺瓦利斯曾经说过的，是“怀着一种乡愁的冲动到处去寻找家园”。从这个意义上说，哲学能够给人带来希望，但改变世界仍然要依靠人自身的实践活动，哲学理论只是起到了智慧启蒙的作用。

在当今社会，哲学对人的发展所起到的精神引导作用更加明显和突出。随着科技的进步，物质生产力获得了极大的解放和发展。在现代化的进程中，任何一个民族或国家都不希望止步不前，都在极力发展生产力和提高经济效益。但是经济的发展与人和社会的发展应该保持平衡，一旦忽视了精神就会带来一系列物化问题。人的负荷在经济发展的高指标下变得更重，追逐于外在的礼法使物欲膨胀而精神越发空虚、思想异常浮躁。为了吸引观众眼球，各种雷人话语、奇葩事件和另类人群层出不穷。在网络上流传着“哥吃的不是面，是寂寞”的话语，当寂寞与空虚占据了人原本丰富多彩的心灵世界时，是多么的可怕。不止是物化，在传统社会向现代社会的转型中，多元价值的冲击，难免泥沙俱下，造成人思想的迷茫、困顿和动摇。一些人谈起“精神”二字就嗤之以鼻，不屑一顾地发出“理想能值几个钱”的疑问。解决这些问题需要哲学精神去引导人们精神家园的建构。哲学智慧使人热爱沉思，使人冷静达观、深沉儒雅。这是一种“宠辱不惊，闲看庭前花开花落；去留无意，漫观天外云卷云舒”的豁达与淡定，是一种“咬定青山不放松……任尔东西南北风”的坚毅与执着。社会在进步，人们已经认识到并在反思精神家园的问题。在物质生产发展的同时，作为万物之灵的人的精神也不会甘于空虚和落寞，人终要拥抱哲学以获得精神的补给和滋养。

再次，哲学作为时代精神的精华，是对生活世界“意义”的自我认识。马克思在主编《莱茵报》时期指出，“任何真正的哲学都是自己时代精神的精华”。这一论述包含两层含义：其一，哲学并非是固定不变的东西，将随着时代条件的变化而变化，不同的时代有不同的哲学。其二，哲学是对某一时代生活世界的“意义”的理性认识与理论阐释，代表了一个时代普遍的社会心理和主流的社会认识。哲学最为深刻地体现了时代精神，并且通过批判反思引领和塑造“时代的精神”，因而成为时代精神的精华。

对于哲学与现时代的关系问题，孙正聿先生指出：“哲学作为意义的社会自我意识和时代精神的精华，它需要在批判性地反思现代伦理文化的过程中，并在整合现代常识意识、科学精神、审美意识和伦理文化的广阔视野中，聚焦人类生活的现代意义，使之成为照亮现代人类生活世界的普照光。”[①] 为此，哲学需要对现实进行认识和把握，哲学把握到的现实，不是事物的简单构成和外在的表征，而是通过理论思维活动去透视事物的本质，通过整体性的把握、批判性的反思和理想性的引导去观照人的生存与发展。不仅需要历史传承感，还需要兼具时代感与现实感，尤其需要关注人生存的现实问题的关键所在。

哲学作为“时代精神的精华”和“思想中的时代”，不仅是个人生活世界的意义普照，对于一个民族来说，是一个民族活的灵魂。正如罗素所说，“要了解一个民族，我们必须了解它的哲学”。[②] 黑格尔也认为，“一个有文化的民族”，如果没有哲学，“就像一座庙，其他方面都装饰得富丽堂皇，却没有至圣的神那样”。[③] 黑格尔将神比作是庙的“灵光”，那么哲学则是代表了一

① 孙正聿：《哲学通论》，复旦大学出版社 2008 年版，第 141 页。

② ［英］罗素：《西方哲学史》上卷，何兆武等译，商务印书馆 1976 年版，第 12 页。

③ ［德］黑格尔：《逻辑学》上卷，杨一之译，商务印书馆 1986 年版，第2 页。

个民族精神文化殿堂的“灵光”。科学只能带给我们物质、技术层面的东西，它不能代替哲学所给予我们的精神层面的东西。缺失了这种“灵光”，一个民族的文化就将黯然失色，就将处于劣势，这个民族的精神家园必将丧失中流砥柱。

三　价值体系——核心部分

价值体系是关于价值观的整体系统，包含着丰富的内容和诸多要素，如思想理论、理想信念、价值取向、精神风尚、道德准则等。其中，思想理论具有导向性，它是对事物本质和规律的一般认识，可以指导社会实践，成为价值体系中其他因素的确立依据。思想理论和理想信念又决定和影响着人们的价值取向。价值体系是某一民族在一定时代的社会意识的集中反映，因而在不同的社会历史发展时期具有不同的表现形态。任何社会都有自己的价值体系，这是一定社会系统得以运转、一定社会秩序得以维护的基本精神依托。[①] 在一个社会中可以存在着多元价值并存的现象，但是总会有一个主导的价值观作为核心价值体系来引导人们价值取向的方向。

思想理论是价值体系中的指导思想，科学的思想和理论能够正确地反映和指导实践。马克思曾经指出科学理论的重要性，“批判的武器当然不能代替武器的批判，物质理论只能用物质力量来摧毁；但是理论一经掌握群众，也会变成物质力量”。[②] 但同时，马克思也指出了理论为群众接受和掌握的条件，“理论只

---

① 高永久、陈纪：《论中华民族共有精神家园的内涵与价值核心》，《科学社会主义》2008 年第 2 期。

② 《马克思恩格斯选集》第 1 卷，人民出版社 1995 年版，第 9 页。

要说服人，就能掌握群众；而理论只要彻底，就能说服人。所谓彻底，就是抓住事物的根本，但是人的根本就是人本身”。[①] 以人为根本是理论深入人心的关键，作为主体的人，既是理论的出发点，更是理论的落脚点。以人为本是从哲学价值论角度进行考量的，一切价值归根结底都是对人的价值，离开人这个“最高绝对目的”就无所谓价值，人的价值就构成了所有价值的中心，成为各种价值尺度的最终尺度。因此，以人为本的实质是以实现人的价值为根本。人的价值是一种目的性价值，即人是目的而非手段。人就其本性来说，是一个理性的存在，是具有绝对目的意义的存在。人的行为总会不自觉地把自身当作第一目的，而不是供意志任意利用的物或工具。作为中国革命和建设事业指导思想的马克思主义理论始终坚持以人为本的原则，并将人的自由和全面发展作为最高价值取向，因而能够在价值的意义上成为中华民族共有精神家园的指导思想和重要内容。

理想信念是价值体系中最核心的部分。理想是以一定的思想理论对客观规律的反映为基础而形成的，反映了未来发展趋势和主体的发展需要，并为人们未来发展设置了奋斗目标。理想具有现实基础和理论依据，是理性自觉生成的结果，因而不同于幻想并且高于一般的梦想。幻想往往是脱离实际的、白日梦般的荒谬想象。梦想是人类对于美好事物的一种憧憬和渴望，和理想比起来较为通俗和有个性，既可以是个人的小小期待，也可以如同理想一样成为远大的目标。符合实际的梦想能够变成美好的现实，但不合实际的梦想就只能如梦般消逝。理想是由个人愿望或社会现实需要而引起的，是一种指向未来的目标。积极的、符合现实生活发展规律的理想，反映了人生活的美好境界，往往是人正确

① 《马克思恩格斯选集》第1卷，人民出版社1995年版，第9页。

思想行为的先行。爱因斯坦曾说过，“每个人都有一定的理想，这种理想决定着他的努力和判断的方向。在这个意义上，我从来不把安逸和快乐看作是生活目的本身——这种伦理基础，我叫它猪栏式的理想。照亮我的道路，并且不断地给我新的勇气去愉快地正视生活的理想，是善、美和真”在科学理想的基础上能够形成坚定的信念。所谓信念是人自认为可以确信的看法，是一种真实、可靠的理想、观念。“信”就是以之为真，信服、确信和信赖。信念给人前进的动力和毅力，使人在面临困境的考验时仍然能够坚持不懈、坚持理想。

比信念更高层次的追求是人的信仰。信仰是对某种主张、主义、宗教或某人极其相信和尊敬，并在信服的基础上将之视为自己的行为准则。信仰体现着理想和信念，是人追求的最高目标并能赋予人生以丰富的意义。信仰是一种精神的动力，它能够充分调动人的潜能和力量，为了实现目标而坚持不懈地努力奋斗。但是信仰也有科学和愚昧之分，科学的信仰能够正确地引导人、激励人，愚昧的信仰则可以欺骗人、毁灭人。随着社会的发展，人的认识水平不断地深化，人的信仰也向更加科学、理性的方向发展。

总之，价值体系反映和体现了社会整体的价值追求，是一个民族精神家园的价值核心。一般来说，价值体系是一个民族的文化中的价值精华的凝聚，与民族的传统文化、哲学思想是密不可分的。价值体系的建构，既要符合社会制度和经济建设的要求，又要符合社会发展的一般规律。在中国全面建设小康社会的新阶段，社会主义核心价值体系以“富强、民主、文明、和谐、人的自由全面发展”作为社会发展的价值目标，中国梦以实现“国家富强”“民族振兴”和“人民幸福”作为民族发展的价值目标，社会主义核心价值观是“倡导富强、民主、文明、和谐，倡导自由、平等、公正、法治，倡导爱国、敬业、诚信、友善”，进一步丰富和明确了社会主义核心价值体系的要求，这些都体现了中国社会主流意识形态的核心理念，代表了各族人民的根本利益和共同的价值取向，是中国社会占主导地位的价值认同系统。其中，马克思主义基本原理为中国革命和建设事业提供了重要的世界观和方法论的价值指引；社会主义共同理想是中国特色社会主义现代化建设的价值指引；以爱国主义为核心的民族精神和以改革开放为核心的时代精神，是激发民族活力、引导民族发展的精神动力；社会主义荣辱观是伦理道德上的价值指引。这四个部分构成了社会主义核心价值的主要内容，为中华民族共有精神家园提供了价值标准和评价标准，成为精神家园的重要价值核心。

四 宗教信仰——直接表现

宗教是人类社会发展到一定历史阶段出现的一种文化现象，属于社会意识形态。宗教所构成的信仰体系和社会群组是人类思想文化和社会形态的一个重要组成部分。宗教总是与信仰结合在一起。信仰是出于对圣贤的主张、主义，或对神的信服和尊崇，对鬼、妖、魔或自然现象的恐惧，并把它奉为自己的行为准则。宗教表达的是对神的信仰。世界上的宗教教派有多种，但仍然有共通之处，那就是相信现实世界之外存在着某种超自然的神秘力量或实体，这种神秘力量或实体统摄万物而拥有绝对权威、主宰自然进化、决定人世命运。并不是每一个民族都有本土宗教，对于大多数民族来说，宗教是外来的，这说明宗教的传播不会受到民族和地域的限制。有多个民族信仰同一种宗教，也有同一个民族信仰多种宗教。即使是外来的文化，宗教极容易与本土文化相结合，并为人所接受，这是由宗教的内容、表达传播的形式以及宗教对人和社会的作用所决定的。

从内容上看，宗教探讨的是如何指引人们摆脱心灵的苦痛而朝向完美。人的现实生活总会有不尽如人意的事情发生，让人感到痛苦；人的心灵总会有空虚和无助的时候，需要安慰；人的认识的不完善也会让人对一些现象找不到合理的确证，需要解释。宗教预设了一个绝对至上的、万能的神的存在，神的“预设”使人产生敬畏及崇拜，并从而引申出宗教信仰及相关的宗教仪式和风俗习惯。虽然各种宗教信仰的对象不同，但宗教的教义都是教人们积德行善与沉思反省，以使灵魂得到救赎和净化、心灵有所寄托和慰藉。虽然在不同的历史时期，宗教的内容也发生了变化，但“宗教由原始的多神教向一神教并最终向以人格化的上帝为唯一崇拜对象的人为宗教的转化过程，也恰恰是人类由自发的感性生活向自为的理性生活过渡的生动表征”。[①] 因此，宗教表达了人对理性的有道德生活的自我认识，宗教的演化史某种程度上是一部人的自我认识的历史。

从宗教表达和传播信仰的形式来看，宗教信仰是一种直接的、朴素的心灵寄托方式。无论是原始社会的图腾崇拜，还是近现代以来人们开始采用的打坐、斋戒、祷告等信仰仪式，都是一种通过使信仰者与信仰对象进入同一状态的方式来实现的。在民间的宗教信仰更是简化了相关的仪式，不设门槛，甚至在没有教堂或寺院的情况下仍然能够开展信仰活动，似乎是只要心中有信仰，随时随地都能与“神”进行心灵的沟通和对话。因此，这种朴素直接的表达方式更容易为人所接受，也促进了宗教信仰的

---

① 黄慧珍：《信仰与觉醒——生存论视域下的信仰学研究》，人民出版社 2007 年版，第 119 页。

传播。

从宗教对人与社会的作用来看，宗教信仰在客观上具有道德约束和维持稳定的作用。尽管宗教在本质上是人们的假想和寄托之物，也曾在阶级社会被统治者利用来麻痹、愚弄民众，但是客观上讲，宗教信仰对人的心灵净化、境界升华以及社会秩序的维持、社会美德的弘扬都起到了一定的作用，因此，应该辩证地看待宗教的作用。在人类早期社会中，宗教承担了对世界的解释、司法审判、道德培养和心理安慰等功能。现代社会中，科学和司法已经从有些宗教中分离出来，但是道德培养和心理安慰的功能还继续存在。马克斯·韦伯在《新教伦理与资本主义精神》一书中，通过对加尔文教的分析，指出新教中的“天职观”和入世的禁欲主义精神对近代资本主义理性思想的塑造作用。韦伯认为新教的禁欲主义思想规范了资本主义精神的生活态度，是早期资本主义精神发展的最有力的杠杆。禁欲主义使得教徒的修行生活发展成为一套合乎理性的、有秩序的行为。目的是使人摆脱非理性的冲动的影响，摆脱对外界和自然的依赖，使人可能过一种机敏、明智的生活。英国社会学家威尔逊在《社会与宗教》一书中指出：“人生存在于这个世界，作为一种客观事实，本身并没有什么意义，只有在为了把握人生而基于人生以解释和评价时，它才具有意义。宗教能够给予人生以最广大的意义，在解释与构筑人生方面，它比科学具有更大的作用。”① 今天西方国家的人们仍然将宗教作为其精神的支撑和道德的规范，宗教成为西方人精神家园的重要组成。美国著名宗教学家斯特伦曾这样评论宗教的积极作用：

---

① ［日］池田大作、［英］B. 威尔逊：《社会与宗教》，梁鸿飞、王建译，四川人民出版社 1991 年版，第 385—386 页。

> 宗教是实现根本转变的一种手段。……所谓根本转变是指人们从深陷于一般存在的困扰（罪过、无知等）中，彻底地转变为能够在最深刻的层次上，妥善地处理这些困扰的生活境界。这种驾驭生活的能力使人们体验到一种最可信的和最深刻的终极实体。尽管这个终极实体在各个宗教传统中都极难定义，但是这些宗教传统的信奉者和追随者们，全都根据这一终极的背景来限定或约束自己的生活。①

总之，宗教信仰是一种重要的信仰形式，在信仰的背后种下了两颗重要的价值种子：一颗是向善向爱，一颗是敬畏。因此，宗教在道德伦理方面发挥了积极的作用。“正是以信仰为纽带，使人的事实存在和价值存在，人类对合规律的真的追求和合目的的善的追求现实地统一了起来。”②

第二节　精神家园的层次结构

任何精神家园都仅仅属于其主体的精神家园，而精神家园的主体，既有个体也有群体。与此相对应，也就形成了个体精神家园和群体精神家园。民族作为特殊的人类群体，也拥有属于本民族成员共有的精神家园。

---

① ［美］斯特伦：《人与神》，金泽、何其敏译，上海人民出版社 1991 年版，第 2 页。

② 黄慧珍：《信仰与觉醒——生存论视域下的信仰学研究》，人民出版社 2007 年版，第 72 页。

一 个体精神家园

每个人都有自己对生命意义独特的体验感悟，进而建构起为自己坚定不移的、被认作是自己生存的根本、生命意义之所在的终极价值和目标体系。作为一种精神实在，精神家园以比较完整的价值形态表征人与自身、人与社会、人与自然的内在联系，向人展示着充满美满与幸福的未来途径。精神家园是人的精神支柱、情感寄托和心灵归宿，从根本上推动和主导着人的发展方向。

个体精神家园的鲜明特点就在于它的个性化与多样化。从精神家园本身来讲，它是主体建构的理想境界，因此一定是主观建构的结果。人的精神家园不同于人生存的物质家园或者自然家园。自然家园就是我们生存的客观物质世界，是可以看到并且直接感觉到的存在，人生活在天地自然之中，既作为万物之灵成为自然界的一部分，又不断地汲取、利用和改造着自然，将自然融入自身。而人的精神世界比自然世界则显得要抽象得多，它无法被我们看到或触摸，但是可以被我们的心灵和意识去感知，有一种“只能意会无法言传”的感觉。精神家园对一个人的作用和影响没有自然家园那般具有基础性和直接，但是与自然家园一样都是人生存和发展不可或缺的。马克思把自然世界称为“人的无机的身体”，是人肉体生活和精神生活的无机界。自然一方面是人维持生命活动的直接生活、生产资料，另一方面也是人生命活动的对象和工具。“植物、动物、石头、空气、光等等，一方面作为自然科学的对象，一方面作为艺术的对象，都是人的意识的一部分……人在肉体上只有靠自然界是人为了不致死亡而必须与支出与持续不断地交互作用过程的、人的身体。”① 人生存的衣食住行所需都要由自然界来提供，但是人不会仅仅满足于简单的生存，人更追求发展与自我价值的实现，因此人又在努力建构精神的家园。精神家园对人的推动和影响并不是直接的，但能提供一个根本的指导和统领的作用，这种影响要比一般的物质满足更为深远和深刻。其实，生存在本质上是属人的，人的生存状态一定是由感性的物质存在和超感性的精神存在构成的二重化状态。自然家园和精神家园的存在为人的生存和发展提供了必要的载体，构成了人类赖以生存的空间，缺一不可。失去了任何一个载体，人的生存和发展都将陷入困境之中。

精神家园是主体主观建构的结果，这决定了个体精神家园的因人而异，并表现出个性化和多样化的特征。精神家园是为主体认知、认同，甚至内化在个人的思维方式和生命进程之中的价值的选择，每一个人都有自己的价值选择，有自己对真、善、美、圣的不同理解。每个人的生活阅历、知识积累及生命感悟的程度存在着较大的差异，而且这种差异性是普遍存在的。但是人们的精神家园又不是千奇百怪和毫无交叉的，个体的精神家园总是依托在群体共有的精神家园之中，总会有一个主流的价值取向在引导和统领着个体的价值观念。因此，一般说来，一个社会中个体的基本价值取向和评价标准是能够达成一致的，尽管具体表现有很大的不同。

个体精神家园虽然是主观建构的结果，但是其形成和发展变化深受家庭和社会环境的影响。家庭环境和社会环境对一个人的认知会产生潜移默化的影响作用，客观上塑造着个体精神家园。在个人成长的过程中，家庭的影响是很大的，在接受统一的学校

① 《马克思恩格斯选集》第1卷，人民出版社1995年版，第45页。

教育之前主要在接受来自父母的家庭教育，而且人对善恶、美丑、好坏等基本的价值评价在孩提时就已经初步形成。父母言传身教的作用会在孩子心里形成一定的映射，慢慢地积累成人早期价值观的基础。良好的家庭教育能够提升人的涵养，是人养成良好道德品行的第一个环节。家庭教育的缺失往往会对人心灵的完善和人格的健全造成影响，有的人通过后天的教育得到了弥补，有的人则一直缺失。学校的教育通过系统地传授知识和道德来促进人的正确价值观念的形成，这个环节是非常重要和关键的。知识是陶冶性情和完善人格的良方，知书与达理是互相促进的。同时，社会环境对人精神家园的形成也有重要的影响。人常说“近朱者赤，近墨者黑”，说明人总会受到身边环境的影响。正因为个体精神家园的形成受到了这些因素的影响，所以才有必要通过家庭教育、学校教育和社会宣传的方式来弘扬社会主流的价值取向，以利于个体精神家园的健康发展。

个体精神家园实质上是对个人精神、理想、价值的建构。个体精神家园主要表现为个体的人生理想、价值观念、道德情操、意志品德等，实质上就是个体的文化体验和价值观念。在个体的精神家园结构中，人生理想和价值观念是居于主导地位、起决定性作用的因素。没有建立在理性自觉基础上的人生理想、价值观念及其内涵的价值尺度，就不可能形成良好的道德情操和意志品德。同时，人生理想和价值观念甚至还决定着个体精神家园的性质和发展方向。价值理想的区别虽然看起来也许只是观念和看法上的差别，但是它对人们的行为所带来的影响也会产生很大的差异。崇高的理想、正确的价值观、高尚的情操对人的成长和成才起到了巨大的推动作用，低级趣味的理念也会摧毁人生的意义和价值，使人的言行恶俗荒谬。因此，应充分重视社会主流价值的影响和推动作用，用共有的精神家园来引领和维系个体的精神家园，使其积极向上、健康发展。

二　群体精神家园

群体精神家园是由一定的社会群体共同认同并追求的精神文化系统。群体是相对于个体而言的，特定时期、特定范围内的社会个体共同构成了群体，它可以是小范围的，如家庭、社区、企业、校园群体，也可以是大范围的如党派、民族、国家、地区甚至整个人类。

家庭群体的精神家园是建立在家庭内部亲缘关系以及由亲缘关系和生活习惯所决定形成的个性品格基础上的。血缘是维系家庭成员之间关系的纽带，家庭成员之间之所以相互依赖、相互关爱，就在于血缘关系所构筑的亲情。在这个情感基础上，成员对家庭群体的认同感和归属感具有了天然的合理性与意义。家庭的精神家园往往会受到其他精神家园的影响，这与家庭成员的职业构成、政治面貌、宗教信仰、社会阅历、知识积累等多方面因素有关。比如家庭成员都信仰基督教，那么宗教就会成为其精神家园的主要内容之一，但是如果在家庭成员中存在着不同的宗教信仰，那么就很难形成认同，甚至还会因为这种差异而产生争议。

企业精神家园是与企业的生产经营活动密切相关并对其构成直接或间接影响的精神文化理念。企业文化是企业精神家园的核心内容，它是企业在长期生产经营活动中确立的，被企业全体员工普遍认可和共同遵循的价值观念和行为规范。这里的价值观不是泛指企业管理中的各种文化现象，而是企业或企业中的员工在从事商品生产与经营活动中所持有的价值观念。企业文化是企业的灵魂，是推动企业发展的不竭动力。郑永廷指出："大凡成功的企业，都有强有力的企业文化，即有明确的企业经营哲学；有员工共同的价值观和无形的行为准则；并有各种各样用来宣传、强化这些价值观念的仪式和习俗。”① 企业文化虽然不属于技术或经济的因素，但对企业的发展具有重要的作用。

民族共有的精神家园是群体精神家园中的重要形式。民族共有的精神家园是在民族认同和文化认同的基础上形成的民族精神文化系统，体现着民族成员的共同理想和价值信念。民族文化是民族精神家园的思想根基和资源宝库，民族精神家园的建构需要在文化传承的基础上不断变革和创新，如果脱离了民族文化，民族精神家园就会如同一朵失去根茎的花朵，即使很美丽，也得不到人们的认同，逐渐地会因为缺少养料而枯萎。民族精神作为民族思想观念、价值信念和心理特征的总和，是民族共有的社会化和普遍化的精神。黑格尔认为民族精神是一种具有决定性的精神，“民族的宗教、民族的政体、民族的伦理、民族的立法、民族的风俗，甚至民族的科学、艺术和机械的技术，都具有民族精神的标记”。② 民族的价值体系是包括理想、信仰、信念、价值取向、价值评价等在内的价值系统，民族的核心价值体系统领着民族成员的价值观念。弘扬民族精神，成为激发民族发展的动力。

群体精神家园的显著特征在于它的共有性。共有包含共同占有和共同享有之意，因此，群体共有的精神家园应是为群体作为主体所共同认同和接受的价值理念、追求目标，是群体精神、情感、意志和准则的集中体现。一般说来，一个群体的共同理想和

---

① 郑永廷：《论当代精神文化的发展与价值》，《人大复印资料·思想政治教育》2002 年第 7 期。

② ［德］黑格尔：《历史哲学》，王造时译，上海世纪出版集团、上海书店出版社 2006 年版，第 59 页。

信念是人们科学理性的积累、认识的升华和文化的结晶，是建立在共同的信仰、信念和信赖的基础之上的，是群体绝大多数人的共同选择和认同。如孟子所说："浩然之气，集义所生。"这种价值的选择又与个体精神家园的价值选择有所区别，它是在个体主观认同的基础上，通过整合与提炼，上升为普遍的价值理念和共同的理想，再通过在本群体范围内的宣传和传播，使得群体价值理念为个体所知晓和认同。因而经历了一个由下至上的凝聚再由上至下传播的过程。群体精神家园反映了群体成员的需要，这些需要关系到群体生存与发展，关系到了群体成员的共同利益。而群体的共同利益又与每一个成员的切身利益息息相关。群体精神家园与个体精神家园是不矛盾的，个体本身是群体和社会中的个体，而不是"离群索居"的孤独的个体。恩格斯明确指出："如果一个人只同自己打交道，他追求幸福的欲望只有在非常罕见的情况下才能得到满足，而且决不会对己对人都有利。他的这种欲望要求同外部世界打交道，要求有得到满足的手段：食物、异性、书籍、娱乐、辩论、活动、消费和加工的对象。"① 作为群体广泛认同、共同享有的价值理念，也一定能够融入个体的精神家园之中，指引着个体精神家园的方向，并有利于个人理想价值的实现。个体价值理想的大小最终只能在群体和社会中得以衡量和实现。

群体精神家园能够凝聚成一股强大的为集体利益和目标而奋斗的集体主义精神，成为群体发展的动力。集体主义精神体现在集体的共同理想、情感、价值、意识、规范和行为等各个方面，集体精神的主旨就在于将集体的共同利益凸显出来，发挥众人的合力作用，在实现集体价值的同时也使每个人的价值得以体现。

---

① 《马克思恩格斯选集》第 4 卷，人民出版社 1995 年版，第 238 页。

与个体精神家园相同，群体精神家园也涉及价值的选择问题。集体精神家园绝不是每一个个体精神家园的简单相加得到的总和，而是在个体精神家园的基础上有选择的综合。这个选择是一种价值的选择，是在集体成员主观接受的基础上的一种认同式选择，而不是依靠外在强制的力量得以确立的，因此，这样的选择应符合绝大多数群体成员的价值准则。但是，人的思想总是容易受到他人和外在环境的影响，价值观念和信念信仰也会发生改变，有的是由谬论走向真理，有的则由真理走向了谬论。这就造成了群体精神家园的价值选择的科学与荒谬之分。在科学的价值观念的指引下，人们具有明确的发展目标、良好的行为规范、浓厚的群体情感、活跃的精神氛围，人们的行为也是理智和有益社会的。但是在荒谬的价值观念的指引下，人们的发展目标是模糊和善变的，群体情感是淡漠的，精神氛围是消极和沉闷的，人们的行为有时会很冲动，给社会带来危害。比如邪教组织和恐怖组织的存在就是阻碍世界和平与发展的公害，这些群体组织往往是打着宗教的幌子来控制人们的思想，使人们的价值观念发生扭曲，产生厌世的情绪，做出伤人害己的行为。因此，以科学的理论为指导，确立正确的价值取向，对群体精神家园的形成具有至关重要的意义。

第三节　精神家园的功能

人类历史上的每一代人都创造和体验着新的意义世界。在人的精神家园即意义世界中，人对世界、对自我的认识更加明晰，人生命的价值体验更加丰富，“太阳每天都是新的”。精神家园对人们产生的影响和作用主要是以精神动力的形态表现出来的，因此，精神家园具有支撑力、约束力、导向力和凝聚力四种主要的功能。

一　支撑力

作为人的精神支撑是精神家园最直接的功能。正如树木有了根茎的支撑才能枝繁叶茂，人的心灵有了信念的支撑才能坚强无畏。支撑是一种精神、一种品质，也是一种过程、一种行为。精神家园能够形成一种能动的、自觉的支撑和推动力量，对人的发展具有内在的驱动价值。人的成长、发展与进步，不仅需要外在的激励作用，更需要源自心灵深处的内在动力，这是一种自觉的动力，是主体实现自身发展的内在需要。

精神家园通过信仰和理性两个层面，支撑和平衡着人的心理。信仰是人的精神世界中最重要的层次和形态，在根本上体现了人们对自我本质的把握程度，其最根本的意义就是能够赋予短暂人生以永恒的意义。“信仰使人的整个精神活动以最高信念为核心，形成了一个完整的精神导向，并调动各种精神因素为它服务。不论人们以什么为信仰对象，信仰这种精神形式都成为人生价值意识的中枢。信仰是人生的‘主心骨’，是人的全部价值意识的定向形式。”① 因此，信仰的存在使人的生活有了奋斗的目标。人的精神有了慰藉，人的行为才能有动力，人的状态才能充满活力。在人失落的时候，信仰支撑着人渡过难关，在绝望中给人希望；在人成功的时候，更会坚定信仰，淡定从容。信仰的有无，在很大程度上决定着一个人的发展的可能性。没有信仰的人，会失去把握自身命运的力量，其发展的可能性会大大降低。

① 李德顺：《人生价值与理想信念》（笔谈四篇），《湖湘论坛》2001年第1期。

有信仰的人，会为自己的信仰调动自身的一切力量，集中到既定的目标上，其知识、能力、内心世界都会得到充实和提高，从而获得满满的能量与动力。

西方人受宗教文化的影响，习惯于将宗教视为自己的信仰，并以此作为自己的精神家园，这就是通过宗教来寻找精神支撑和心灵的依靠。除了对宗教的信仰，对科学的信仰以及对正确的思想理论的信仰，同样可以作为人生的精神支柱。从人类社会发展的历史来看，宗教与科学的争论似乎一刻也没有停止过。在人类生活的早期，直至欧洲中世纪，宗教几乎占据了人们精神生活的全部领域，然而伴随着人类理性认识的不断深化，宗教开始让位于科学和哲学的权威。当宗教随着文化的发展而逐渐削弱，人们的精神世界就会显得空虚无助。人们认识到宗教只是历史的产物后，在哲学领域开始了对彼岸世界真理的批判，并以哲学和科学来确立此岸世界的真理。由科学信仰构建的精神家园更有益于帮助人们从精神上自立，确立明确的人生目标和崇高的理想。

二　约束力

精神家园是人们建构的美好境界，这种精神境界的未然对人现实生活的实然具有约束和规范的作用，指引人们通过道德的积累和行为的规约而走向美好，因此表现为一种约束力。精神家园以高于现实的精神境界规定着人的生存方式，以正确的价值导向来规范人的行为。人期望自己能够卓越和完善才去建立精神家园，于是人们总是会拿现实中的自我去与预先设定的理想状态去比较，对现实的自我进行评价和反思。精神家园就不自觉地充当了“应当或者不应当”“好与不好”的准则。在这个约束和规范的过程中，人的自我认识逐渐深刻，人的境界得到了提升。

精神家园的约束力是通过道德规范表现出来的。道德规范是用以调整人们之间利益关系的行为准则，也是评价善和恶、正当和不正当、正义和非正义、荣和辱、诚实和虚伪、权利和义务等的道德准则。道德具有普遍的约束力，道德对人的约束作用又不同于法律对人的约束作用。法律所具有的约束力是国家赋予并强制实施的，法律在社会秩序的维护中表现得更为直接有力，而精神家园的约束作用更突出一种内在的自我约束性。道德不仅说明了什么是对的，而且引导人们朝着正确的和善的方向发展，因而从根本上影响着人们的态度、情感、意志、品格和行为倾向。同时，法律的约束力与精神家园的约束力并不矛盾，二者是相辅相成的。正如依法治国与以德治国都是维护社会秩序的方法，法律也是执行道德的手段。相比较法律的外在强制约束力，精神家园的内在自我约束力显得更加重要和更为根本，因为自我的约束是人的自由与社会良好秩序得以保障的更高形态。人是富有情感和理性的高级动物，人可以通过教化与反思进行自我约束和自我提升。

三　导向力

在市场经济发展和改革开放日益深入的今天，传统的价值体系受到了来自多方面的冲击，社会出现了价值多样化的现象。社会价值观需要主流价值的整合与引导。民族共有精神家园凝聚了主流的价值取向，具有整合价值资源、引导价值方向的重要作用。

精神家园的导向力主要是通过社会核心价值体系的确立表现出来的。每一个民族都有属于自己的核心价值体系，价值体系是社会意识的本质表现，是社会根本的价值原则和规定，也是精神家园的价值核心所在。社会价值体系弘扬主流价值观，一方面为社会成员提供了一个评判真、善、美的标准，弘扬社会正气，倡导积极向上的生活态度；另一方面确立了社会的共同发展目标和方向，引导和召唤人们的实践活动朝着正确的方向发展。当有了共同的价值目标和共同的价值评价标准，就可以使人们在行动上向着共同的方向努力。不同民族的价值体系来源于本民族的文化传统和民族精神，因而不尽相同，但是都能够在认同中发挥重要的导向作用。

四 凝聚力

虽然每个人的精神家园都是主体自觉、能动建构的结果，但是在整个社会范围内，个体的精神家园具有多样化、分散化和个性化的特点。个体精神家园杂乱无章的状态对于社会的稳定和发展是不利的，需要群体共有的精神家园凝聚群体力量，将盲目无序的个体精神家园统一起来，形成集中的、统一的群体合力。

群体精神家园的凝聚力是建立在共同的价值取向、文化基础上的一种特殊的精神动力，是吸引力、亲和力和向心力相互作用的结果。共同的文化传统与价值取向是群体成员达成共识的情感基础，“共同的理想、信念、信仰是一种精神纽带，是一种深层次的精神、文化上的凝聚力，是一个团体、一个阶级、一个国家、一个民族的成员团结起来的精神基础精神动力”。[①] 毛

---

① 魏长领：《建设中华民族共有精神家园应自觉体现四个统一》，《郑州大学学报》（哲学社会科学版）2008 年第 2 期。

泽东曾经说过："群众知道了真理，有了共同的目的，就会齐心来做。"[①] 因此，共同的利益、共同的目标、共同的意识和共同的情感成为群体精神家园凝聚力形成的必要条件。

民族共有的精神家园是群体精神家园的重要形式。民族共有精神家园不是个体精神家园的简单相加，而是经过民族成员自觉的价值选择后所达成的思想共识。在形成思想共识的基础上，民族成员产生对民族共有精神家园的归属感和荣誉感，并形成牢固的情感纽带，把社会成员紧紧地凝聚在一起。

---

① 《毛泽东选集》第4卷，人民出版社1991年版，第1318页。

第五章

精神家园的生成机制

研究精神家园的生成机制对合理地建构精神家园具有重要的理论意义和现实意义。本章从个体与群体两个不同的角度阐述了精神家园的生成过程与一般规律，分析了在精神家园生成过程中的影响因素，并对精神家园的实践生成进行了详细论述。笔者认为：精神家园作为人创造的意义世界和价值世界，既不是“远古第一声雷击”的神秘启示，也不是偷食智慧果后的突发灵感，而是在劳动实践过程中，在主客观的双重作用下生成的。从根本上讲，精神家园是人的自由自觉的劳动实践建构的结果，精神家园的生成过程同时也是人的类本质不断生成的过程。

第一节　精神家园生成的理论分析

按照精神家园的层次结构，精神家园既有个体构成，同时也有群体构成。因此，精神家园的生成就有了个体与群体之分。个体精神家园的生成依赖于人的生理和心理基础，经过了价值内化和外化的互动实践过程，使之形成于内而作用于外，同时在群体精神家园的滋养和浸染下不断得到提升。群体精神家园（主要讲民族共有的精神家园）是民族共同体生存与发展的客观需要，以民族认同为基础，经历了自下而上的整合凝结和自上而下的普及传播的过程，氤氲化生而成。民族共有的精神家园与个体的精神家园互动共生、相辅相成。

一　精神家园的个体生成

（一）个体的生理和心理基础

人是一种能够创造文化和文明的智慧生物。人与动物“本质上”的区别在于人能够创造文化，建立文化系统。精神家园作为人的理想境界与意义世界，是人的自由自觉的生命活动主观建构的结果，展现了人有别于自然界中其他动物的、自由自觉的类特性。人高于动物的这种独有的特性和创造能力依赖于人的生理和心理系统的协调配合。

人的精神创造依赖于认知、思维、感悟等意识活动，需要感觉器官把外在的信息传输给大脑，进行思维活动，因此需要人的眼睛、耳朵等感官进行最基础的认知。但是仅仅有最基础的认知是不足以完成精神文化建构的，“心理发生只有在它的机体根源被揭露以后才能为人所理解”。[①] 而人意识生成的生理基础和机体根源是人的大脑。人成为万物之灵和自然的主宰就是由于人所具有的高度发达的大脑所致。人脑神经系统形成意识的机能对揭示精神家园的生理基础提供了相关的理论支持。被称为“条件反射之父”的俄国生理学家巴甫洛夫在研究脑的神经活动机制的过程中，提出了反射学说和信号系统理论。他指出，人脑有两

---

① ［瑞士］让·皮亚杰：《发生认识论原理》，王宪钿等译，商务印书馆 1981 年版，第 2 页。

种信号系统活动，分别由具体刺激物和语词信号作用引起。后者引起的条件反射系统是人类高级神经活动的本质特点，因此语言刺激形成的神经反射对人的心理和行为具有重要的调节作用。这一结论初步揭示了人脑对意识形成的基础性作用。在后来的生理学研究中人们又发现，人脑的神经网络具有等级式的结构，它们都具有开展生命活动的相关机能，且分工明确。脊髓、延髓、中脑和间脑执行最简单的分析、综合和调节行为的职能，而大脑皮层则执行复杂的思维工作。大脑皮层中的皮质联合区对人的意识的产生和调节具有重要的意义，前额联合皮质区与人的复杂的思维和行为意志有关，顶、颞、枕联合皮质区与人的感觉功能整合和语言活动有关，而边缘皮质区与人的记忆、情欲等思维活动有关。外界因素作用于人的感觉器官而引起的各种刺激，沿着神经纤维传达到大脑皮层不同职能的各个区域，通过脑神经的参与和调节，人具有了感觉和意识，并且通过感觉和意识开展生命活动。

现代科学对意识活动生理机制的研究，又从神经反射进一步深入到了神经细胞的研究。在大脑皮层里分布有大约 1000 亿个神经细胞，它们是人的意识产生的源泉。脑电科学证明，人脑是通过神经细胞传递生物电、处理信息流来进行意识活动的。也就是说，意识活动的过程，就是人脑的神经细胞通过电脉冲进行输入信息或输出信息的过程。在这个过程中，有的神经细胞放电，有的不放电，放电有快有慢，这就造成各种不同的复杂的波型。这种复杂的波型可以随着刺激物的变化而变化，从而产生了反映客观世界的各种不同的意识活动。虽然直到今天关于人的意识产生的机制还没有形成最终的定论，还需要依靠生物学的科学实验做进一步的探索；但是对于“意识是人脑特有的机能”一说，已经达成了共识，并在实验中被证明。

人们对精神家园的建构，依赖于人的大脑进行的思维活动和意识活动，依赖于在这些智慧活动中所生成的想象力、创造力、灵感和顿悟。在这一过程中，需要人具备一定的认知、体验和调控等心理意识和心灵动力。心理活动是人脑进化发展到一定阶段所展现出来的特殊机能，因而是一个复杂的功能系统，既包括调节张力和维持觉醒水平的系统，接收、加工和存储信息的系统，还包括计划、调节和控制活动的系统。这些系统功能的展开都必须要依赖于人脑这一发达的器官。人类历史上各种形态精神家园的演进无不体现了人的心理意识、思维能力以及心灵动力的提升。早期神话、经验和宗教形态的精神家园是人们在对现实的生产生活的认知中形成的心灵想象，而且这种想象是美化、理想化的现实，是人们心灵的创造。随着生产方式的变革、科学技术的发展，人脑的认知水平也不断提高，人的心灵动力所表现出来的这种创造力和想象力也得到了更好的激发，人的精神家园在富有感性的同时也注入了理性的活力，这不能不说是人的意识和思维能力拓展的结果。

随着人类社会的发展，人对生活意义的认识也逐渐深刻。虽然在当时看来极富感召力和引导力的精神家园在今天看来也许充满了荒谬和无知，但是这些毕竟是人类生命进化的阶段性的精神成果，它展现了人的未完成性和人的实践创造性。人的生理和心理机能是在人的生命进化过程中逐渐发展和完善起来的，同时又不断推进人的进化和发展。人脑的可塑性和适应性决定了随着科学技术和人类社会的发展进步，人的意识和思维能力将会得到更大的拓展，人类的精神家园将会建设得更加完善和科学，并展现出勃勃生机。

（二）精神家园的内化过程

精神家园以人的大脑作为其生成的生理和心理基础，是思维、创造的产物，在此，可以借用社会心理学的内化理论来说明个体精神家园的内化生成的过程。

涂尔干（Emile Durkheim）最早提出了内化的概念，他认为内化是社会意识向个体意识的一种转化，亦即社会意识形态移置于个体意识之中。涂尔干在《道德教育》一书中表达了个人品德的社会化必须要通过道德的内化来实现的思想。虽然他也没能明确指出道德内化过程的模式，但他对德性三要素（纪律、牺牲和自主）依次发展演变的阐述可以视为道德价值观转化为行为习惯的内化过程。道德教育的基本要求是通过对道德规范的认识，产生深刻的理解，形成支配行为的动机，最后产生自律行为。从他律到自律的内化过程也是主体有意识的、自主的选择和接纳的过程。在涂尔干晚年写的《宗教生活的基本形式》中，涂尔干又提出了与社会和个人相应的心灵和身体概念。他指出，所谓个体，不仅仅是能够为自身行动作出规划并通过纪律等形式进行自我治理和控制的存在，是收敛的；同时还是一个观念、感觉和习惯的意识系统，是开放的。因此个体不仅可以把集体精神内化在心灵之中，也可以内化在身体之中。

皮亚杰（Jean Piaget）将儿童心理发生的研究引入认识论领域，从心理发生发展的机理来解释认识的获得。图式是认知结构的最基本的单元，是“一个有组织的、可重复的行为或思维模式”，所有的图式构成了人的认知结构。在人的感知运动阶段和思维运算阶段有不同的图式，思维的认知结构是感知运动图式内化的结构，因此内化就是感觉运动性动作向内部思维运算的过渡。在弗洛伊德的精神分析理论中，认为超我是被假定成经父母的道德标准和价值观内化过程而发展起来的。因此内化是指人对社会习俗、规范和价值取向的认同和接纳。A. H. 列昂节夫和N. R. 加里培林认为内化是由对身体外部物质性对象的外部形式的过程向智慧、意识方面进行的过程的转变，即把对象活动的结构改造成为意识内部方面的结构。在社会心理学和人格心理学中，内化指个人将社会的价值观或实践标准作为自己的一部分。克拉斯沃尔等人设计的情感教育目标，包括接受、反应、评价、组织和价值的个性化的五级水平，亦即社会价值标准逐步内化的过程。

社会学家和心理学家们虽然在各自的研究中提出了内化的理论，试图用内化的理论来进一步阐释自己的学说，只是对内化理论并未作更深入的分析，比如有无阶段、层次之分等。但是对内化过程的动态描述以及内化的基本发展方向是确信无疑的。从以上对内化的解释中，可以看出内化（internalization）是一个接纳、吸收与合并外在的过程，并使之成为自身的一部分的动态过程，在这个过程中体现了人的认识由表及里、由浅入深、由具体向抽象、由外在向心理的变化与转换。作为人们主观建构的精神文化系统，精神家园的个体生成过程也是精神价值文化不断内化的过程。人们首先对外在环境中那些零散的、杂乱无章的、彼此联系及互相对立的思想文化素材进行分类、分析，然后根据自身的需要和评判标准对这些思想进行去粗取精、去伪存真的鉴别和选择，把自己所认同的新的思想和自己原有的观点、信念结合在一起，构成一个统一的价值体系，也就是自我认同的精神家园。这个精神家园具有稳定和持久的特性，因为它已经融入或者叫作内化到个体人格之中，为主体所拥有，并用以规约主体的行为。

可以把个体精神家园的内化过程具体分为感知、理解、接受、改变四个阶段。感知是精神家园内化过程的第一个阶段。在一般的内化过程中，感知阶段表现为主体对客体的刺激所引起的应激反应，因而是一个被动的、不自觉的过程。人的五种感官感觉到客体的存在，客体的大小、色彩是客体作用于眼睛的产物；

客体发出的声响只能在刺激耳朵后，人才意识到它的存在。在精神家园内化过程中的客体不仅可以是凝聚精神内涵、激发人思考的客观物，而且还可以是文化、价值观、知识等抽象的精神意识。比如书籍对人产生的刺激不仅仅是光的反射引起的白纸黑字的视觉感受，而是书中所阐发的思想和表达的内容，借助于感官进入人的大脑，并激发了人脑的想象、思维和认知的能力。如果这一阶段顺利完成，内化过程就开始进入第二阶段。

精神家园内化的第二阶段是“理解”。进入人脑的信息是未经处理的、杂乱无序的碎片，理解是人运用了综合、分析、想象等思维能力对这些信息片段进行加工的结果。理解是认识从感知到接受过渡的一个非常重要的环节。迈蒙尼德曾说过，如果仅仅在口头上谈论真理或貌似真理的理论，而不真正理解它们，就不能真正信仰它们，“因为只有理解了才能信仰”[①]。从认识的程度上看，感知仅仅是感性的认识，而理解已经上升到了理性的思考，它是在感知基础上对事物本质和规律的较为深刻的认识。精神家园的理解阶段，即是人们对从周围世界感知到的文化、精神材料进行分析，有所了解。而这种理解的过程，是因人而异的。由于每个人的文化体验和人生阅历不同，总是会依据自己以往所接受的文化传统和经验来认识新的信息。没有感知也不会有理解，没有经验同样不会有理解的产生，但是，理解仅仅是一种深层次的认知，理解并不等于接受，比如一个人可以通过认知学习和完全了解基督教文化及其教义，但是并不意味着他一定赞同其中的说法。被一个人理解的观点和信息有可能被接受进而被内化于意识之中，但是也可能被批判和反对。因此，从感知到理解的

① ［西班牙］摩西·迈蒙尼德：《迷途指津》（第1篇），傅有德等译，山东大学出版社1998年版，第107页。

完成，都还仅仅是内化的两个必要的基础条件，而关键的阶段在于主体的接受。

接受是个体对对象的一种接纳、吸收并融入自我的过程，也是内化的关键所在。在接受过程中，个体在对象关系之中处于被动地位，因此经常会听到“被动接受”这样的说法。首先，接受是具有选择性的，不是所有为人理解的东西都能为人所接受。一个人的人格、修养以及价值观的形成过程也是他对周围的文化价值理念有选择性地接受的过程。人总是会按照自己的需要进行甄别和选择，吐故纳新，接受符合自己要求的内容，也会剔除那些不符合自己要求的内容。其次，接受也有主观上的认同接纳和被迫接受之分，在此我们讨论的是前面一种方式，即在价值认同基础上的接受。精神家园的内化体现的正是一种价值的认同。人们在对精神文化材料有所理解的基础上进行选择，通过思想灌输、生活濡染、人格感召、制度规范等路径形成价值认同，从而主动接受这些思想和意识，并与自己原有的意识进行组合和重新构造。

因此，在接受之后的下一阶段是对原有思维方式以及行为方式的丰富和完善。被人们接受了的新的价值理念与原有的价值理念总要发生联系，在人的主观意识中实施一个价值重组的过程，而这个过程即是对精神家园的主观建构过程。新的价值理念对原有的价值理念具有补充和完善的作用，但也有可能会带来冲击和挑战。在这个过程中，个体精神家园需要有科学理论的指导，需要有和谐的精神文化氛围和良好的价值取向，同时也需要群体公认、共有精神家园的呵护和滋养。随着人们思维方式的改变，这些价值理念也会深深地影响人们的行为方式，真正地发挥意识的能动作用。个体经过价值的内化，实现了文而化之、化而文之的过程，成为文明之人。至此，个体的精神家园实现了内化生成。

（三）精神家园的外化过程

从本质上说，精神家园是人主观建构起来的理想境界，因而属于社会意识。这种主观意识的意义不仅仅在于内化于人们的思想之中，更在于能够发挥能动作用指导人们的现实生活实践，进而改造和影响外部的自然世界。根据意识与存在的辩证关系，社会意识是社会存在的能动反映，并且对社会存在具有能动的作用。这个将主观意识能动地反作用于客观存在的过程就是意识的外化过程。“精神的外化是指通过各种形式和载体，使无形的有形化，把局部的扩大化，把一般的典型化，从而推动精神向物质的转化。”① 客观世界正是在人的主观意识不断外化的实践过程中得以生成的，或称为“人化自然”。精神文化外化于自然万物之中，可使“山水风物，因之含情；顽石枯木，因之有灵”。② 精神文化外化于社会中，可使社会充满活力、和谐向上。

个体精神家园的外化过程体现在两个方面：内容外化和形式外化。内容的外化即是把精神家园的价值内核加以凝缩提炼和展现的过程，形式的外化是内容外化的途径、方法和载体。这两个方面是不可或缺的，没有形式，内容无法体现出来；没有内容，形式也失去了意义。同时，内容与形式的外化是一个统一的过程，在形式外化的同时，内容的外化得以实现。人们常常能从一个人的言语行为中看到更深层次的精神内涵，就在于精神家园在这个人的实践中实现了外化。因此，一个人内在的美好品德修养总会成为精神气质散发出来，即人有精神家园气自华。同时，正如个体精神家园内化过程需要群体精神家园的滋养和呵护，个体

① 陈冬蕾：《浅谈精神的外化》，《扬州日报》2007 年 6 月 14 日 C3 版。

② 《陇菲文集 · 文经 · 九章 · 外化》，转自 www. confucius 2000. com。

精神家园的外化同样依赖于群体精神家园的外化。民族精神、民族的共同理想、核心价值体系等群体精神家园的具体外化形式对个体精神家园的外化起到了推动和促进的作用。

这样，经过内化和外化的过程，个体精神家园实现了一个系统的生成。但是，正如人的认识是不断动态发展的，人的精神家园的建构也不会停滞于此。精神家园的内化过程是精神家园认识生成的过程，而精神家园的外化过程是精神家园指导实践的过程。人的认识就是在“实践—认识—再实践—再认识……”的循环反复中不断得到提升和深化，所以精神家园的认识和建构也是在内化—外化的循环上升中不断完善和生成，每一次循环都使精神家园的发展状态进入一个新的阶段。

二　精神家园的群体生成

马克思曾经指出，人的本质在于社会性。从人猿揖别的那一刻起，人就开始以社会的形式进行生活。《荀子》曾经指出，人“力不若牛，走不若马，而牛马为用，何也？曰：人能群，彼不能群也”。荀子在这里所说的“群”，不同于动物为满足生存和种的延续而简单群聚在一起的意思，而是指人能够组成一个拥有群法、群治、群俗的人类社会群体。在人类生活的早期，与动物一样，也是聚群而居，但是人类社会绝不是简单的聚群，是依靠社会个体之间有机联系而成的群体，社会中有政治、军事、政党等复杂的组织结构，也有法律规范、道德伦理、价值理想等社会意识。在这里，我们主要研究民族共同体这一基本的社会群体的精神家园的生成。一般说来，民族共有精神家园是建立在民族发展需要的基础上，经过一个自下而上的整合过程和一个自上而下的传播过程得以生成。

（一）回应民族发展的客观需要

民族共有的精神家园是民族发展的客观需要。需要是精神家园生成的原动力，一个民族的发展不仅有生产力发展、人民生活水平提高的物质需要，有维持社会正常运转的制度法规需要，还有凝聚民族力量、实现民族团结统一的精神需要，而这三种需要分别对应了经济实力、政治实力和文化软实力，都是不可或缺的。为满足这三种需要，民族成员在自由自觉的劳动实践过程中，分别形成了物质文化、制度文化和精神文化。其中，民族的精神文化表现为民族特有的价值观念、道德意识、风俗习惯、思维模式等意识形态，它既是在现实生活中产生和形成的，又是民族生存与发展的精神动力和智力源泉。具体说来，民族共有精神家园满足民族发展的客观需要表现在两个方面：保持文化特色的民族性和与时俱进的时代性。

一方面，民族共有精神家园的建构是推进民族文化繁荣发展的重要途径。世界上各个民族之间最重要的差异不在于民族的生产方式、政治经济制度的不同，而是表现在民族文化上的精神形态不同。民族的传统文化凝结了民族在历史实践过程中形成的独特的思想认识和生存体验，是民族的个性体现。传统文化中蕴含着宝贵的文学艺术成果、优秀的思想理念以及积极的人生价值观念。文化激励着每一个民族成员的心灵，也铸造了民族的精神灵魂。随着全球化趋势的快速发展，民族之间的交往日益频繁，文化之间的竞争也日益激烈，文化的“软实力”越来越成为衡量综合国力强弱的一个重要标准。“软实力”体现了文化的凝聚力与影响力，只有保持文化的民族性与个性，才不会在“软实力”的竞争中被其他民族的文化同化而失去自我。民族共有精神家园中所强调的共有性有两个含义：一是民族全体共同拥有，突出了共性；二是本民族共有，排除其他民族，因而突出了个性。那么作为个性的、与其他民族区分开来的标志就是本民族的精神文化，特别是传统文化中的价值理念。历史上的民族侵略，在诉诸武力之余，还表现在文化的入侵，即通过普及民族语言、渗透价值观等方式对其他民族进行文化的同化。在殖民地国家更是如此，文化殖民所带来的后果要远远超过军事和经济的侵略，因为它是更深层次的占领与迫害。文化的泯灭是一个民族最严重的灾难，文化的繁荣也是一个民族保持活力与生机的最佳途径，因而保持民族性成为一个民族建设共有精神家园的内在动因。

另一方面，民族文化是需要随着时代的变迁而不断发展进步的，文化也需要一个不断更新的过程来实现与时俱进。时代性反映了某一时期的时代风貌和主题，因此文化发展的时代性并非一个民族文化独有，相反正需要通过文化的交往来实现。如果说文化的民族性重在传统文化的传承，那么文化的时代性则更注重传统文化的创新。在文化交往日益密切的今天，民族文化只有走向世界、积极参与文化交往，并勇于汲取和吸收其他民族的优秀文化精华，才能有所突破和超越。民族的精神家园是一个不断发展的动态过程，是最能够体现出时代精神与该时代的价值理念的意义构成。因此，精神家园总是带有阶段性的特点，是该时代精神文化和价值理念自然选择的结果，适应时代发展要求的内容会被继承下来，而不适应的内容会被淘汰。精神家园总是以该时代最优秀、最具先进性和活力的文化为基本构成，它通过对文化的自然选择，实现了对民族传统文化的改造与更新，使民族文化与外来优秀文化、时代先进文化融合在一起，展现时代性。

（二）整合文化价值观

民族的发展需要以传统文化为基础，同时又融入外来文化与时代精神建构先进的民族文化，共同融合成为民族共有精神家园的基础。但是在民族文化的“改造”与发展中一定会遭遇价值观的碰撞与对抗，出现不同的声音。同时，民族成员的个体价值观分散无序的存在状态也需要进行资源整合以进一步实现科学化和系统化。因此，把社会中存在的多元的、零散的文化价值观整合在一起是民族共有精神家园生成的关键所在。

所谓“整合”，是依据一定的方法原则把零散的东西衔接、整理到一起，从而实现系统化的过程。整合作为一种科学的方法，有利于系统资源的共享和协调发展，也有利于发挥群体合力的作用，这种合力的效果要明显优于每一个个体的力量，因此整合可以带来效率和产生较好的合力特效。文化价值观的整合是民族成员在对内外部价值观充分认识的基础上，根据社会、民族的发展目标以及利益需求，在正确的理论指导下，对文化价值体系的素材加以调整和选择，从而提炼形成适合本民族的共有价值观。它要求群体成员在文化意识、伦理规范和价值取向等方面都要服从和符合群体价值的要求。经过整合，可以使一个民族的文化价值观由多元走向统一，由分化走向融合，由独有走向共享。

文化价值观的整合过程需要依据一定的指导思想和原则。只有以正确的理论为指导，才能确保经整合而生成的主流价值体系的科学性和合理性。当指导思想是建立在正确的世界观、人生观和价值观的科学理论的基础上，那么其方法论原则是富有实效的。每一个民族都有各自的现实国情和独一无二的历史文化，要依据每个民族的具体情况而定，而且并不存在这样的“万能解药”。因此科学理论的作用不在于提供解决每一个具体问题的具体方法，而在于提供了一个宏观的视野和方法上的指导。这为整合价值资源乃至建构精神家园的实践提供了有益的启示。

文化价值观的整合是一个选择和凝缩提炼的过程：

一方面表现为对外来文化的消化、统摄与整合。这是以人类普遍认同的美好价值作为基础，汲取符合本民族发展要求的文化价值，扬弃不符合本民族发展要求的价值。因此，选择的对象不限于同时代的其他民族文化，还包括不同时代的，即人类历史各个时期的不同民族的精神文化。本尼迪克特曾经强调了在民族文化模式形成过程中“选择”的重要性，认为各民族对文化特质的不同选择与传播构成了各自不同的文化模式。她指出：

> 任何文明的文化模式都利用了所有潜在的人类意图和动机所形成的大弧形上的某一个片段，……任何文化都利用了某些经过选择的物化技术或文化特性。所有可能的人类行为都分布在其上的这个大弧形，对于任何一个文化来说，都太大、太充满矛盾了，以至于其中相当大的一部分是不能利用的。而每个文化所选择并用以创造自身的意向比起它以同样的方式所选的技术或婚姻形式的其他特定细节要更重要得多。①

同时，这种整合也具有一定的同化意义。一个民族传统文化中含有的那些风俗、制度等既是整合外来文化的依据，又是规范的力量。

> 一个人到一个国家、一个民族区或社区去，最初他感到风俗、宗教、礼仪制度等是一种约束力，处处控制着自己的文化心理和价值观念，但生活久了，就会慢慢接受该种文化的价值及其观念。当他完全顺应了该种文化时，他的价值意

① ［美］露丝·本尼迪克特：《文化模式》，王炜等译，社会科学文献出版社2009年版，第155页。

识也就自觉或不自觉地被整合了。[①]

另一方面，在本民族内部，面对价值观多元、分化的状况，文化价值观的整合同样也需要一个选择和甄别的过程，目的是为了实现价值顺应。但是，整合又不仅仅只是选择，选择只是整合的前提，而实现价值观的凝缩提炼生成和价值顺应才是整合的关键。文化价值观的整合需要对已经被选择的价值观进行整理然后合成在一起，形成新的价值观。这个新价值观生成的过程是将民族共同体精神文化的普遍性、共性不断增强的过程，也是其社会化程度不断提高的过程。民族文化价值观整合的实质是对民族成员利益和需要的整合。新生的价值观应该代表了大多数民族成员的根本利益，同时也代表了社会经济、文化的发展方向，朝气蓬勃且富有生命力。每个人的价值观和精神家园都是以其利益和需要作为出发点，民族共同体的精神家园就要以民族成员的共同利益和需要作为出发点。因此，通过对民族成员的不同利益和需要进行整合，找出个性之中的共性部分，最终确立民族共同的利益与需要。这是建立共有精神家园的关键一步。

（三）提升民族认同感

整合的过程是从个别中抽象出一般，进而找到共同点，是一个自下而上的凝缩提炼过程。整合后的文化价值观要为民族成员所共有，还需要一个自上而下的传播过程，这个过程所起到的作用即是民族认同感的提升。

生活在同一民族中的个体，在接受民族文化传统的浸染同时也逐渐形成了普遍一致的文化心理特征，表现出相同的精神面

---

① 司马云杰：《文化价值论——关于文化建构价值意识的学说》，山东人民出版社1990年版，第123—124页。

貌。这种共同的文化心理特征以及表现出来的精神面貌最终融合生成为本民族的认同感。“民族认同”是对构成民族与众不同遗产的价值观、象征物、记忆、神话和传统模式的持续复制和重新解释，以及对带着那种模式和遗产及其文化成分的持续复制和重新解释。[①] 认同直接本意是认可与赞同，表现的是心理接受的结果，是通过认知与模仿，使外物逐渐成为个人人格一个部分的心理过程。因此认同主要涉及情感与价值观的肯定，在民族认同中，以文化认同为核心。“所谓‘人同此心心同此理’，每一个民族成员对于本民族的同胞和本民族的文化都有一种天然的认同感，都从本民族文化的独特性中来直观自己的历史形象，由此获得精神的慰藉和心灵的共鸣。”[②] 心理认同是使精神家园成为一个民族的精神支柱和安身立命的根本的关键所在，它是民族共有精神家园生成的情感基础和必要条件。

认同感的提升需要教育和传播。这是通过外在的宣传普及，使主流的价值文化逐渐为人们所认识、接受。当然人们对民族文化的认同感从根本上是人们心理的认同，这种认同是人们心灵体验的结果，更应该是一个自然的生成过程。因此，民族文化认同感的提升更应该着重提高民族文化的吸引力和凝聚力，以科学的理论引导人，以正确的价值鼓舞人，才能为人们真正认同。同时，民族认同感与归属感、信任感、幸福感和满足感有关，人们心中的归属感、信任感、满足感和幸福感的产生往往是以人们物质生活条件的提高为现实基础的，所以发展经济、提高人民的生活水平和幸福感也是提升认同感的一个重要条件。

---

① ［英］安东尼·史密斯：《民族主义：理论，意识形态，历史》，叶江译，上海人民出版社2006年版，第18页。

② 许苏民：《文化哲学》，上海人民出版社1990年版，第158页。

三　个体精神家园与群体精神家园的相辅相成

个体是群体中的个体，群体是由个体构成的群体。个体精神家园的生成和群体精神家园的生成并不是彼此孤立的，而是存在着相辅相成的互动关系。

（一）个体精神家园的共有部分构成和影响群体精神家园

群体总是由具有一定联系的个体组成的。没有个体、没有个体之间的联系也就没有群体的存在。个体之间的联系是建立在群体成员之间共同利益和需要的基础上的，个体精神家园的这些共有部分构成了群体精神家园的基础。

对于一个民族来说，民族成员拥有共同的语言、地域、经济生活、文化和心理素质，这些是民族得以形成的基础，同样也是民族共有精神家园生成和发展的基础。相同的经济生活决定了人们的社会意识的相似性。虽然同一个民族中的个体意识是多样的和自由的，但是人们在基本的价值取向和心理素质方面却存在着惊人的相似之处。随着群体意识的增强，当人们意识到需要一个共同的价值观念来维持一个民族的秩序时，那些积淀在个体意识中的共同的部分就被提炼出来，整合成民族共有的意识，逐渐发展成民族共有的精神家园。一个民族最深层的意义在于它作为民族群体共有的意义与价值的共同体而存在。

民族共有精神家园是由个体精神家园中的共有部分所构成，但是并不是个体精神家园共有部分的简单相加或者机械堆积在一起，而是需要对这些认同的价值观念作进一步的凝缩提炼和提升。这样，民族共有精神家园所产生的集体力量要远远大于民族中个体精神家园所产生的力量，会发挥出更大的合力作用。

民族共有精神家园是建立在个体精神家园基础之上的，因此民族精神家园的演变和发展也是受到个体精神家园的影响。人的精神家园是在人们感性的物质实践中生成的，经济生产的发展和变迁会相应地带来个体社会意识的变化，只有在个体意识变化和发展到一定程度时，新的意识成为一种普遍的现象而存在时，才会引起群体意识的变化。因此个体精神家园对社会存在的反应是灵敏而迅速的，个体精神家园的变化最终会影响群体精神家园。在西方近代的启蒙运动中，正是那些具有先进思想的启蒙思想家积极呼吁和勇于变革，才推进了整个社会意识形态的变化，实现了精神家园从封建愚昧状态向科学理性形态的转变。

（二）群体精神家园呵护、统领着个体精神家园

群体精神家园是由个体精神家园中的共有部分进行整合和凝缩提炼后氤氲化生的群体意识，因此，群体精神家园无论在表现形式还是在功能作用上都具有普通个体精神家园不可比拟的优越性和影响力。这种优越性表现在共有精神家园对个体精神家园的规范和呵护作用上。

群体精神家园以民族特有的传统文化作为思想资源。"传统文化所蕴含的思维方式、价值观念、行为准则，一方面具有强烈的历史性、遗传性；另一方面又具有鲜活的现实性、变异性。"①传统文化对人的影响是长远而深刻的，其中的思想资源和价值资源哺育了个人的精神生命。比如希腊文化田园诗般的和谐之美与现实关怀，孕育了自由、民主的西方文明，同时也成为滋润被功利主义、宗教神学和工具理性束缚的心灵之泉，因此黑格尔才感慨希腊文化已经成为有教养的欧洲人心中永恒的精神家园。在五

---

① 张岱年、方克立：《中国文化概论》，北京师范大学出版社 2004 年版，第 7 页。

千年的文明发展历程中，中国传统文化中天人合一的和谐思想以及对真、善、美价值观念的阐释，使其成为中华民族生生不息的文化基因和价值源泉。中华民族对世界、对生命、对人生价值的根本性认识，仍然蕴含着丰富的精神养料可以汲取。

群体具有一定的组织结构，有一定的行为规范，有一定的分工协作和一定的依赖关系。因此，每个个体都要受到群体的制约，无法脱离群体而存在。民族共有的精神家园是为民族群体所认同的价值观念和准则，在一定程度上对民族个体起到了价值规范的作用。转型时期，个体的社会认识难免会遭遇价值多元化的冲击，也难免会因物质主义和个人主义的消解产生偏差而迷茫和无助。民族共有精神家园确立了清晰、正确的价值方向，能够帮助个体走出迷途和困惑，从而不断地使个体精神家园得到完善。

（三）个体精神家园与群体精神家园的互动生成

个体精神家园作为个体意识，是单个人的观点、思想、情感、兴趣等意识的总和，是个人对社会生活、社会关系和个人所处的社会地位以及个人的特殊环境的反映；而群体精神家园是群体的意识，是对群体所处的社会物质生活条件的反映。个体精神家园总是和群体精神家园相互联系而存在。个体精神家园的生成需要群体精神家园的引领和互动。“人正是在这样一个无限参差驳杂的现实世界中，在无数个体与群体的社会互动中，在主体与客体的不断交互作用中，发展自己的文化价值意识的。”① 个体精神家园总是需要坐落在群体精神家园这个大村落之中。同时，群体精神家园的生成又总是以个体精神家园作为原始材料，并且

① 司马云杰：《文化价值论——关于文化建构价值意识的学说》，山东人民出版社1990年版，第9页。

需要通过个体精神家园表现出来。

个体精神家园即是群体精神家园的来源，同时又是群体精神家园的归宿。一个民族共有精神家园属于民族的每一个成员，因此民族共有的精神家园的生成建构要以个体的精神家园需要为前提和根据，要为民族成员所认同和接受。同时，民族共有精神家园的生成又要以塑造和引导个体精神家园为目标。为民族共同体提供精神激励、道德规范和发展目标是民族共有精神家园的价值指向，而这样的目标是要通过个体精神家园的建构来表现和衡量的。因此，个体精神家园与群体精神家园是互动生成的，彼此联系又彼此制约，彼此决定又彼此渗透。

第二节　精神家园生成的影响因素

文化是“环境的人为部分”，适应自然、认识自然和改造自然的活动激发了人们对世界、对生命和对人生价值的思考，在思考的过程中，人一方面加深了对世界、对自我的认识，形成了世界观、人生观和价值观，同时另一方面又因为对现实状况的不满足产生了对更美好生活的期待，形成了一个超越现实生活的美好的理想世界。这个理想世界坐落在精神的家园中，它的生成受地理环境的影响，也受经济、政治和民族发展水平的制约。

一　自然地理因素

地理环境对精神家园生成的影响源于地理环境对文化发生的重要作用上。黑格尔曾在《历史哲学》中这样论述：

> 助成民族精神的产生的那种自然的联系，就是地理的基础。假如把自然的联系同道德"全体"的个别行动的个体比较起来，那末，自然的联系似乎是一种外在的东西。但是我们不得不把它看作是"精神"所从而表演的场地，它也就是一种主要的、而且必要的基础。①

李约瑟也指出，自然和地理的因素是"造成中国和欧洲文化差异以及这些差异所涉及的一切事物的重要因素"。② 文化是人类对于属于他们的那部分自然从适应到利用、改造的过程中形成和发展的。"在这一过程中，不仅有着人对自然的投射，而且有着自然对人的投射，在人的对象化活动中，自在地起作用的自然界仿佛是自为地塑造着人、人类和人类的文化。"③ 因此，古今中外的各种文化，只是人们认识自然的程度有所不同，而并没有本质上的区别。人类从告别猿群、直立行走之时就开始与自然打交道，不仅向自然索取生存必需，还开始了认识自然和改造自然的实践活动。人不断地适应自然，于是在不同的自然地理条件下，形成了人类不同的种族，也塑造了不同类型的文化。精神家园孕育和脱胎于人类的精神文化，因此精神家园的生成也受到自然地理环境的影响和制约。

（一）自然地理环境影响人们的认识水平和民族素质，从而形成了精神家园不同的历史形态

关于地理位置和生态环境对一个民族文化样式和心理素质生

---

① ［德］黑格尔：《历史哲学》，王造时译，上海书店出版社2006年版，第74页。

② ［英］李约瑟：《中国科学技术史》第1卷，中国科学技术史翻译组译，科学出版社1975年版，第117页。

③ 许苏民：《文化哲学》，上海人民出版社1990年版，第85页。

成所具有的影响和决定性作用，早在1866年马克思与恩格斯的通信中就有所提及。马克思在信中肯定了比·特雷莫《人类和其他生物的起源和变异》一书中“地质的构成”决定民族素质的观点。比·特雷莫指出，“斯拉夫种族和立陶宛种族同俄国人之间的真正界线……在这条重大的界线以南，这个地区所特有的素质和典型现在不同于而且将来会永远不同于俄罗斯所特有的那些素质和典型”。就此马克思评论道，“尽管我发现了一些缺点，但这本书比起达尔文来还是一个非常重大的进步。……在运用到历史和政治方面，比达尔文更有意义和更有内容。对于某些问题，例如民族特性等等，在这里第一次提供了自然的基础”。[①] 同样针对这一问题，恩格斯在考察和论述爱尔兰历史时也曾说过，“爱尔兰的不幸起源于远古的时代，这种厄运从石炭系岩层一形成就开始了”[②]。

从精神家园的历史演变过程中，我们可以看到，精神家园动态的、由低级向高级的发展演变体现了随着社会的发展进步，人的认识不断由浅入深、由表及里的深化，而人类对客观世界的认识也受到了自然条件本身的限制和影响。从今天向人类社会生活的早期回溯，人们的生产和生活对自然地理环境的依赖性是逐渐增强的。在原始社会时期，人类生活的主要内容是与自然、野兽进行抗争。不过与野兽相比，自然带给人类的威胁和恐惧要大得多。面对喜怒无常、变幻莫测的自然，人无法做出科学的解释，时常伴随人的是一种生存的危机感。但是人生存的本能促使自己要对自然做更为深入的研究和说明，在当时人们只能依靠想象赋予自然界以人的情感和意识，于是有了原始神话，后来又在原始

① 《马克思恩格斯全集》第31卷，人民出版社1973年版，第250页。
② 《马克思恩格斯全集》第16卷，人民出版社1973年版，第530页。

神话中产生了原始宗教思想。这样的认识成为人们精神家园的素材和直接来源，因此精神家园最初的形态是很原始和朴素的，充满了想象和迷信的色彩。

自然地理环境对人们认识以及精神家园的影响在今天仍然存在。在一些交通闭塞、自然环境恶劣的地区，社会发展较为滞后，人们的认识水平和文化创造力受到了限制，原始的宗教崇拜仍然占据人们的精神世界，因而精神家园的发展状态是相对落后的，很难与发达地区的人们相比。自然条件恶劣地区的人们和工业文明下失落精神家园的人们一样，同样需要建构一个科学的精神家园。

（二）自然地理环境创造了不同的物质文化类型，从而形成了精神家园不同的民族样态

各民族的人们在与自然的交往和抗争中积累了经验和认识，使该民族的文化打上了自然的烙印。气候适宜的广阔草场孕育了草原游牧文明；土壤肥沃、植被繁茂的大江大河的冲积平原则孕育了农耕文明；近海洋地区便利的海运条件和丰富的矿产资源则孕育了工业文明。这也是近代工业化进程中，东方的经济和文化落后于西方的原因之一。历史生成的地理基础在黑格尔的《历史哲学》中有所阐述。他认为，自然地理环境上的差别往往导致民族精神文化的各具特色。地理上的差别对于文化的产生具有根源性的影响。比如在干燥（无水、少水）的高地、草原、平原地区因为缺少水的滋养，便如泥土一样坚固，闭关自守，偶尔会有冲动，但是旋即恢复。在大江大河流域，有充足的水源灌溉，土地肥沃，适宜发展农业，国家结构稳定。但是，由于对肥沃、宽广土地的过度依赖，人们缺少危机意识，形成不思进取、容易满足的性格。在海洋附近的海岸流域，既没有广阔的草场，也没有肥沃的良田，因此人们只有从大海中寻求出路。海战最初是沿海国家之间的互相掠夺，到了大航海时代，这个最初被视为分割元素的水，转变为最重要的连接元素。西班牙、葡萄牙、荷兰、英国的崛起，无不与航海新发现有着最直接的关系。“平凡的土地，平凡的平原流域把人类束缚在土壤上，把他卷入无穷的依赖性里边，但是大海却挟着人类超越了那些思想和行动的有限的圈子。”① 对于黑格尔而言，土元素似乎代表着稳固的逻各斯，而水元素则似乎代表着灵动的努斯，对水元素的发现与利用，表明了人类自身的长足进步。

这种地理环境对精神文化的影响，在精神家园的最初始状态的神话想象中就有所体现。以中国古代神话和希腊古代神话为例，中华民族的祖先以农耕为主，农业生产对自然条件的依赖性极大，遭遇旱涝天灾就直接危及了人民的生存。这样的生存状况养成了中国人重实际、轻空想的思想。人们期望有一种超自然的力量帮助他们解决江河流域的洪水泛滥或大旱等自然灾害，因此人们设想的神也总是为民除害的英雄形象，使中国神话也极富理性和道德的内容。而希腊半岛三面环海，交通便利，爱琴海孕育了自由开放的希腊文化。古希腊人崇尚海神，将心中神的形象赋予灵与肉、爱与美的特征。神是具有人性的神，有人的感情和欲望。由此可见，虽然都是超自然的力量，却因为生存环境的差异而形成了不同的想象形式。

二　经济发展水平

社会意识是由社会存在决定的，有什么样的社会存在也

① ［德］黑格尔：《历史哲学》，王造时译，上海书店出版社 2006 年版，第 83　84 页。

就相应地产生什么样的社会意识。精神家园同样也是对社会存在的反映，不仅反映了自然地理条件，而且也是对该时期的经济发展状况的一种能动的反映，受到了经济发展水平的制约。

自然条件的天然差别使不同地域的各民族经济发展产生了差距。一般说来，地理环境差异性较大而且天然的物质产品较丰富的地区，容易产生社会分工，进而有助于人们文化创造力和想象力的发挥。马克思曾经说过："不是土壤的绝对肥力，而是它的差异性和它的自然产品的多样性，形成社会分工的自然基础，并且通过人所处的自然环境的变化，促使他们自己的需要、能力、劳动资料和劳动方式趋于多样化。"① 而地理环境单一、农作物种类匮乏的地区，经济发展较落后，相应地人们的文化创造力也受到了制约。

从整个人类社会的发展历史上看，经济的发展水平对文化的形成和发展影响也是很大的。马克思曾经指出，物质生活生产方式制约着整个社会生活、政治生活和精神生活的过程。恩格斯也曾说过，文化植根于"一个民族或一个时代的一定的经济发展阶段"。人类社会从蒙昧走向野蛮，再走进文明时代，从根本上是生产力发展的结果。在生产力发展的过程中，人的认识不断深化，特别是科学技术的发展更是改变了人们的生产生活和思维的方式，认识的工具得到不断改进，认识的范围得到了极大的拓展，认识的能力得到了空前的提高。人类意识的这种发展作用在精神文化上使文化不断趋于理性和成熟。相应地，精神家园也由最初的以主观想象为依据向以客观实际为依据改变，由感性向理性再向人本的形态演变。

---

① 《马克思恩格斯全集》第23卷，人民出版社1973年版，第562页。

三　社会政治制度

当人类社会进入文明阶段，就产生了阶级、国家以及相应的政治制度。政治制度是建立在社会经济基础上的上层建筑，是统治阶级通过组织政权以实现其政治统治的原则和方式的总和。它包括一个国家的阶级本质，国家政权的组织形式和管理形式，国家结构形式和公民在国家生活中的地位。政治制度将社会的其他制度（经济的、文化的、民族的制度等）以法的形式确立起来，对人们的文化观念起到制约和引导的作用。

人类社会的发展已经经历了奴隶制、封建制、资本主义制度和社会主义制度四种政治制度。各种社会政治制度都是在一定的经济基础和理论基础之上建立起来的，也都凝聚和积淀着各种形态的观念和文化。如奴隶制政治制度是由民族社会的管理形式演变而来，以神权学说作为理论基础。封建制政治制度以君主制和身份等级制为主要特征，以“朕即国家”“君权神授说”作为理论基础。资本主义政治制度的显著特点是分权、制衡、政党制、代议制、普选权和限期任职制，以“天赋人权”“个人主义”“人性论”等作为理论基础。社会主义政治制度建立在生产资料公有制基础上，以马克思主义理论作为立论基础，包括民主集中制的人民代表大会制度、共产党领导的多党合作与政治协商制度及民族区域自治制度。

人类历史上的各种政治制度是对当时人们的文化心理和社会意识的反映。黑格尔曾经说过，“每一个民族的国家制度总是取决于该民族的自我意识的性质和形成，……所以每一个民族都有适合于它本身而属于它的国家制度”。[①] 政治制度的发展和演变体现了人意识的不断深化和觉醒，反过来社会的政治制度又在人们的精神文化里注入了主流意识形态的思想和理念，使其反映统治阶级的意愿。如资本主义制度对“个人主义”价值观的推崇，社会主义制度对“集体主义”价值观的弘扬，无不反映了政治制度及主流意识形态对文化价值观的影响作用。

西方价值观的确立甚至可以追溯到古希腊城邦政治制度对其产生的影响。同样以希腊文明为例，希腊的城邦民主制度主张“主权在民”和“轮番执政”，坚持公民的平等原则。在希腊的这种城邦民主制度基础上形成的宝贵精神财富是自由和民主的思想，文化开放且多元。德国历史哲学家卡尔·雅斯贝尔斯曾这样评论：“希腊城邦奠定了西方所有自由的意识，自由的思想和自由的现实基础。”现代美国历史学家伊迪丝·汉弥尔顿更是称赞在希腊人那里，“世界第一次有了思想自由”。自由与民主的思想是由奴隶制经济与奴隶制民主政治的高度发展而造就的，已镌刻在西方人的精神生命之中，成为其精神家园的重要内容。

四 民族发展进程

在一个民族发展的进程中，历史上一些重要的转折点、重大历史事件以及民族发展目标的确立和民族文化心理的变迁都会对民族共有的精神家园产生相应的影响。

首先，民族发展过程中的转折点是最容易激发民族精神的特殊阶段。民族的发展进程如同社会的发展，不可能永远是直线上

---

① ［德］黑格尔：《法哲学原理》，范扬、张企泰译，商务印书馆2009年版，第291页。

升的，而是在总体前进的同时常伴有反复、停滞的情况，甚至有遭遇毁灭的危险。西方文化人类学家拉策尔曾经认为，自然条件恶劣的地区人更容易争取进步和创造文化。当这种恶劣的自然条件已经成为民族发展的障碍时，也更易激发民族成员心中的生存危机感和发展动力，他们在战天斗地的生存抗争中凝聚民族力量、激活民族精神。除了自然条件，民族发展中遇到的重大历史事件同样影响和塑造着民族的精神家园。当民族遭遇生存和发展的危机时刻也是民族凝聚力最强、最能体现民族精神和民族气节的时刻。以中华民族为例，八年抗日战争使中国人民前所未有地团结起来，同仇敌忾，不屈不挠，无数志士用血肉之躯换取民族独立。哲学家冯友兰说：这一“全胜之局，秦汉以来，所未有也”。这种对民族尊严的捍卫，对民族精神的弘扬也是前所未有的。显然在抗日战争时期，集体主义、民族主义和爱国主义是中华民族共有精神家园中三个非常重要的价值理念。

其次，民族发展的目标以共同理想的形式融入民族共有精神家园之中。每一个民族都有对自己未来发展状态的规划与设想，当这些目标成为民族的共同理想为民族成员所认同时，它们就融入了民族共有的精神家园之中。比如美利坚民族在形成之前人们就是带着一个美国梦抵达北美大陆的。美国梦的建国理想包含着清教徒们对自由、民主、平等、博爱等价值理念的追求，它们既是“美国梦”社会理想的重要构成，同时也成为美利坚民族精神家园的重要构成。又如中国古代的大同社会理想，表达了中国人对美好、平等、富裕的社会生活的向往，此后的社会理想总能找到大同的影子。我们今天建设有中国特色的社会主义，在小康、现代化等经济发展目标的基础上又进一步提出了和谐社会、全面建设小康社会以及中华民族伟大复兴的中国梦等发展目标都是中华民族共有精神家园中十分重要的内容。

再次，民族的文化心理直接影响民族精神家园的构成和形态。中国文化学者许苏民将人类心灵的五对永恒矛盾及其解决的方式视为民族文化心理的深层结构。他还指出，民族的生存条件至少包括人与自然、人与他人、人与社会群体、人与现存的传统文化氛围以及人与动态发展着的历史进程五重现实的对象性关系。而对这些对象性关系的反思构成了人类心灵的五对永恒的矛盾，表现为入世的和出世的（现实的与理想的）、情感的与理性的、个体的与类的、理智的与直觉的、历史的与伦理的矛盾。这五重对象性关系的特点也规定着不同民族对这五重矛盾的解决方式。[①] 随着社会的发展，民族文化心理深层结构中的这五对永恒矛盾以复杂的形式表现出来，推进民族文化心理结构的变革。而民族文化心理的变革也为民族共有精神家园注入新的元素。以人与自然的关系来说，在人类活动的早期，自然成为民族发展的威胁，人们总是企图在与自然的抗衡中充分想象并顺应自然；在近代，科学技术的发展帮助人们得以认识并利用自然，但人们也开始不合理地占有和破坏自然；随着工业化的发展，当现代的人们受到自然无情的惩罚时，又开始重新去反思人与自然的关系。这样的心理变化也促使人们的价值观发生了变化，今天人们更崇尚人与自然的和谐发展和社会的可持续发展。

第三节　精神家园的实践生成

精神家园的实践生成是从实践的视角出发，对精神家园生成的现实基础、内在源泉和外在保障进行分析和论述。人在具体的

① 许苏民：《文化哲学》，上海人民出版社1990年版，第125页。

物质生产活动中，用双手去教导头脑；在抽象的精神生产中又用头脑去指挥双手，人的精神家园就是在物质生产与精神生产的互动辩证过程中形成的。精神家园的生成和演进体现了人的认识以及自由自觉的类本质的不断深化。

一　感性实践活动：精神家园生成的现实基础

劳动促进了人的进化，为人开展精神生产的活动、建构精神家园提供了基础。精神家园生成的生理基础在之前有过讨论，这里主要探讨的是劳动在人的生理进化过程中所起到的作用。恩格斯在一部未完成的著作《奴役的三种基本形式》的序言中谈到了劳动是人类生活的第一基本条件，在某种意义上不得不说，劳动创造了人本身。对“劳动创造了人”还是“人创造了劳动”一直存在着争论，这一方面没有正确解读恩格斯的原意，另一方面也是人们对劳动概念的把握存在着差别。富兰克林曾经指出“人是制造工具的动物”，政治经济学的普遍观点也认为“真正的劳动是从制造工具开始的”，那么就可以以此对由猿向人进化阶段的劳动与人的感性的实践活动进行区别。由猿到人阶段的劳动虽然还不是真正意义上的实践活动，然而正是这种劳动在由猿到人的进化中发挥了关键性的作用，它发展了人聪明的大脑、智慧的语言和灵巧的双手，这些生理条件是人创造文化的基础和前提。没有这一阶段的劳动就不会有人的意识的形成，也就不会有人的感性的实践活动。

人创造了劳动，也创造了人本身。感性的实践活动作为人类最基本的生存活动，它使人真正开始自由自觉地认识和改造世界。感性的实践活动使外在的自然人化，创造物质生活世界，这是精神家园生成的物质基础。物质第一性一直是马克思主义唯物史观的首要的观点。马克思指出："人们为了能够'创造历史'，必须能够生活。但是为了生活，首先就需要吃喝住穿以及其他的一些东西，因此第一个历史活动就是生产满足这些需要的资料，即生产物质生活本身。"① 人在进行物质生产的活动中，通过自己的劳动改造自然，将自然打上了人化的烙印，满足了自身的生存需要，同时又引起了新的开展历史活动的需要。在物质生活的决定下，"道德、宗教、形而上学和其他意识形态，以及与它们相适应的意识形式便不再保留独立性的外观了……不是意识决定生活，而是生活决定意识"。② 没有感性的实践活动所创造的物质基础去满足人的基本生存需要，就不会产生满足人们精神需要的新的活动，如政治的、法律的、哲学的、道德的、艺术的和宗教的精神生产活动。没有精神生产，人的精神家园也无从说起。因此，马克思认为哲学不应仅仅是思辨的智慧之光，更要成为关照现实的阳光。他指出："在思辨终止的地方，在现实生活面前，正是描述人们实践活动和实际发展过程的真正的实证科学开始的地方。"③

精神家园作为由人的意识建构起来的意义世界，是人的心理生物机制与文化世界相互作用的产物。精神家园与人的交互作用，是人不断接受文化教化和熏染的过程，同时也是人不断发挥人的主观能动性和从事感性实践活动的潜能去创造文化和价值的过程。在建构精神家园的过程中，人不是被动地接受，而是主动地创造。"我们的祖先最初在创造社会意识形态的时候，没有任何教科书可供参考，唯一的直接的泉源是人们在物质生产活动中形成的种种心理。"④ 精神家园也必须从现实的人的现实生活出

---

① 《马克思恩格斯选集》第1卷，人民出版社1995年版，第79页。
② 同上书，第73页。
③ 同上。
④ 许苏民：《文化哲学》，上海人民出版社1990年版，第207页。

发，去关照现实的问题，才能实现家园的使命。

二　人认识的深化和内在的超越性：精神家园生成的动力源泉

关于人能够认识、创造价值的潜能，也就是人自身表现出来的内在超越性，西方人本心理学家是从生理机能和心理经验两个视角出发来论述的。德国的哥尔德斯坦认为人的潜能或能力来自于身体的内驱力，这种动力表现为实现自身能力和价值的倾向性。奥尔波特则认为这种动力的产生并非先天的，而是在后天的经验中形成的独特的思想和行为。罗杰斯指出，人的生命力来自于一个中心能源，即只想完成、实现、维持和增长的趋势。人的能力在于感觉模式的变化，只有客体符合自己的经验，才能产生这个倾向。

达尔文的进化论在研究了从猿到人的转变后，对人的道德形成也有一定的论述。他指出人的道德、理想和信仰，“要到长期而持续文化已经把人提高之后，才在人的心理上出现”。[①] 这说明人的精神文化的形成，源自人本身具有的超越性的潜能以及运用这个潜能实现认识的深化。人类精神家园从原始朴素的神话形态逐渐演化到体现科学与价值理性相互协调的人本形态，在一定程度上是人们文化心理、思维方式逐步变迁和人们的认识不断深化的结果。在感性的实践活动中，人运用抽象的思维能力使内在的自然人化，根据自身的需要去选择、创造和体验价值，从而创造出精神文化世界，这是精神家园的直接来源。

抽象思维能力的产生体现了从猿到人的质变，是人类脱离动

① ［英］查尔斯·罗伯特·达尔文：《人类的由来》，潘光旦、胡寿文译，商务印书馆 1983 年版，第 928—929 页。

物界的一个重要标志。在从猿脑到人脑的进化过程中，劳动和语言是关键性的推动因素。人脑的意识功能不仅是生物进化的产物，也是劳动、语言等社会因素共同推动的结果。正如马克思所说："人的思维最本质的和最切近的基础，正是人所引起的自然界的变化，而不单独是自然界本身；人的智力是按照人如何学会改变自然界而发展的。"① 工具的使用使人们的生存方式发生了转变，即用物质生产的间接方式来顺应自然。在工具生产中凝结着社会文化经验，这就使人类的心理发展规律不再受生物进化规律所制约，而受社会历史发展的规律所制约。这种间接的"物质生产的工具"也导致人类的心理出现了"精神生产的工具"，即人类社会所特有的语言和符号。运用符号就使心理活动得到改造，使"直接的和不随意的、低级的、自然的"心理机能转化为"间接的和随意的、高级的、社会历史的"心理机能。

劳动和符号化的语言促进人脑的发育，使人的思维力、智力、想象力以及心理机能获得了提升，随之人的认识也不断深化。人的想象力和智慧赋予人以自由的意识，从而使人的劳动实践不同于动物的生命活动。动物本身与自己的生命活动是同一的，而人却能把自己的生命活动变成自己意志的对象，意即人是有意识的类存在物。马克思指出："一个种的全部特性、种的类特性就在于生命活动的性质，而人的类特性就是自由的有意识的活动。"② 这种自由自觉的特性作用在人的实践能力之中，使人在进行改造客观世界的感性实践的同时，也在改造着内在的主观世界，并萌生了精神文化创造的原动力。

同时，人的思维和认识能力使人的实践活动独具意识性和目

---

① 《马克思恩格斯全集》第 23 卷，人民出版社 1956 年版，第 204 页。

② 《马克思恩格斯选集》第 1 卷，人民出版社 1995 年版，第 46 页。

的性，因而具有了超越当下存在的特殊意义。马克思曾经比较蜘蛛结网、蜜蜂造蜂房与建筑师建造房屋的区别，虽然蜘蛛和蜜蜂的建造能力令人赞叹，但是“最蹩脚的建筑师从一开始就比最灵巧的蜜蜂高明的地方，是在他用蜂蜡建筑蜂房以前，已经在自己的头脑中把它建成了”。[①] 这说明人能够为自己的行动作出规划并能够预见可能达到的效果。因此，人不仅能够规划物质生产实践以改善物质生活，同时人还能建构精神家园以超越现实的生活。人的内在超越性是人的自我反思的内在自觉。通过这样的自觉，人“了解自己本身，使自己成为衡量一切生活关系的尺度，按照自己的本质去顾及这些关系，真正按照人的方式，根据自己的本性的需要，来安排世界”。[②] 而这种内在的超越是体现对象意识的外在超越的心理前提。人的超越性存在表现为人们对可能生活的向往与人生意义的追求，这构成了人们精神文化生活的重要组成部分。然而人的这种内在的超越性也受到社会发展水平和认识有限性的制约。原始人与现代人在这种内在超越的本性上没有区别，只是认识程度有深浅之别。从原始的神话想象与今天的人本形态精神家园的区别可见，社会物质生产发展的程度越高，人的认识也逐渐深化，人对自己生活的驾驭能力和规划能力也就越强，人建构的精神家园就越丰富和科学。

---

① 《马克思恩格斯选集》第 2 卷，人民出版社 1995 年版，第 178 页。

② 《马克思恩格斯全集》第 1 卷，人民出版社 1956 年版，第 651 页。

第六章

精神家园的历史样式

马克思曾经指出，“每一个时代的理论思维，从而我们时代的理论思维，都是一种历史的产物，它在不同的时代具有完全不同的形式，同时具有完全不同的内容”。① 在人类文明的历史长河中，精神家园就是绽放于水面上的朵朵浪花，它们是人的精神生命对真知、至善和粹美的追求，诠释着人类对美好未来的期待和展望；它们是人类智慧和情感的结晶，代表了某一时代的精神文化与价值追求。

> 对于文化的本质我们一方面可以从人自身的内在矛盾与困惑以及力图消除这种矛盾与困惑的努力中，去把握人类文化创造与发展的动机，并反思文化现象的深层本质；另一方面，我们可以通过纵向的历史追寻，去客观地理解与把握具体时代的文化脉络，因为人类文化发展的精髓必然以其鲜明的特色体现于一定的历史时代之中。②

---

① 《马克思恩格斯选集》第4卷，人民出版社1995年版，第284页。

② 邹广文：《文化·历史·人——文化哲学导论》，华中师范大学出版社1991年版，序言。

将精神家园放到人类社会发展的大背景之中进行研究，考察精神家园的历史样式，有益于揭示精神家园发展演变的内在逻辑，从而全面而透彻地把握精神家园的本质。

马克思曾经从社会的经济联系出发把人类社会大致划分为三种形态：①人的依赖关系（起初完全是自然产生的），是最初的社会形态；②以物的依赖为基础的人的独立性，是第二大形态；③建立在个人全面发展和他们共同的社会生产能力成为他们的社会财富这一基础上的自由个性，是第三大形态。[①] 在这三大形态中，第一大形态是以自然经济为基础的社会形态，“人的依赖”是一种狭隘的社会关系，在这里人从属和服从于共同体的内部统治，这种社会关系观念性地体现在宗教中，对自然产生崇拜。第二大形态是以商品经济和资本主义生产方式为基础的社会形态，科学与哲学取缔了神学的权威而占据主导，一时间理性成为人们追寻的价值。而第三大形态是以生产力的极大发展为基础，以追求全体成员的全面发展和人的自由个性为目标。如果将精神家园放在人类社会发展的大背景中去考察，就会发现人的精神家园的发展、演变与人类社会形态的更替、转换规律和表现基本上是一致的。

对精神家园历史样式的考察，是遵循以下几个原则进行的。第一，以马克思主义唯物史观为指导。不同时期精神家园的样态与人类社会历史发展的形态是一致的，都表现为从“人的依赖”到“物的依赖”，再到“人的自由全面发展”这样的顺序。人类精神家园的发展和演变体现了人类认识世界和改造世界的能力的不断增强，也体现了人类对世界的理解方式与把握方式的不断深化。第二，从社会问题出发，意在体现精神家园的时代性。精神

① 《马克思恩格斯全集》第46卷，人民出版社1973年版，第104页。

家园作为一种文化现象，是在一定的时代背景下和文化土壤里生成的，在某一历史阶段中存在的主要社会问题、主流的价值取向，以及发生过的具有深远影响的历史事件或人物都会对其产生影响。第三，从宏观的视角出发，做整体性的研究考察。精神家园的表现形式，在受到时代发展主题的影响之外，还受到民族传统文化及民族的社会发展水平等因素的制约。在同一历史时期会同时出现几种样式并存的现象，在特殊的民族和地区还会存在着停滞或者倒退的现象。因此，这里对精神家园历史分期的划分是从宏观角度出发的基本的划分。

第一节　远古时期的精神家园

精神家园的历史形态最早可以溯源至人类社会的早期。自从有了人和人创造的文化，也就有了精神家园最原初的样态。在原始社会的条件下，生产力的发展水平是极为低下的，客观的社会条件限定和制约了人们的思维能力和认识水平。这一时期的精神家园主要表现为神话想象，它是人们认识和理解世界实践活动的起点，也是人类精神家园的最初样态。如汤因比所说："神话是一种原始的认识和表现形式。"① 在人类社会的早期，人们的精神世界主要是由人们想象的神话构成。无论是中华民族原始的神话崇拜还是爱琴文明与古希腊的神话传说都表达了当时人们对神的敬畏和对美好生活的向往。

① ［英］汤因比：《历史研究》，曹未风等译，上海人民出版社 1986 年版，第 55 页。

一　远古时期精神家园的形成背景

远古时期的精神家园，是在原始社会生产力发展水平和人们认识水平低下的条件下，为满足人的生存需要而产生的。在当时，人们对客观世界的认识处于极为低级的阶段，对于昼夜和四季的更替、天气的变化、水旱、地震等自然灾害的发生，人自身的生老病死等现象都无法给出科学、合理的判断和解释，反而认为这些现象的产生是受到了一种超自然力量的控制，这种超自然力量也仿佛同人本身一样具有喜怒哀乐。这些关于客观世界的原始观点直接影响到人们的生产生活。人们找不到对自然世界合理的解释根据，更不知道该如何去应对，于是对自然现象产生了惊奇和恐慌，对这个外在盲目的、不可抵抗的特殊“力量”产生了敬畏。为了认识和解释自然，人以自身为依据，赋予天地万物以人的意志和生命，对于自然现象的形成，也加以不合实际的假想和推测，对于自然界的超力量也形成了多种多样的版本。于是，在人们的观念中，各种拟人化的力量统治了人的思想，产生了种种关于自然的神话想象。

对神话的信仰也是维系一个族群生存与发展的精神需要。神话的产生与早期的社会性质有关。在原始公社制度下，人们过着群居的生活，只有依靠集体，才能抵御自然、野兽等“敌人”。在集体中，劳动所得有限，必须平均分配所获得的生产和生活资料。在这种原始的平均分配制度下，阶级还没有产生，社会的主要矛盾表现为人与自然的矛盾。族群中人们的共同目标和面临的主要问题是如何顺应自然、躲避灾害和维持生存。因此，解释自然和征服自然就成为人们精神世界所关注的重点，也就成为神话想象的来源。同时，为了满足人们具有躲避灾难求生存的共同利益，需要推选出精神领袖来统一人们的思想。群体内那些技艺超群、勇敢坚强的人会受到全体成员的尊敬和崇拜，他们被人们进一步美化和夸大，想象成具有神奇能力、富有传奇经历的神或半神。在他们身上，寄托了原始人希望征服自然的朴素愿望。群体中人们通过对这些神的共同信仰，维系着族群内部的团结与稳定，也孕育着精神文化和伦理道德的萌芽。

由此可见，神话想象是原始人在极为困难的条件下，企图认识自然、控制自然的一种精神活动，是为人们争取生存、提高生产能力的需要，也是人们在贫乏的生活经验基础上通过想象将自然力和客观世界拟人化的结果。

二 远古时期精神家园的主要特征

神话是人在不能科学地解释世界、自然现象和原始社会文化生活的起源和变化的条件下，渴望认识世界、征服自然、减轻劳动和保障生活的朴素寄托。这种质朴和充满想象的神话构成了人类社会早期的世界观、人生观和自然观，进而形成了神话形态的精神家园。

原始神话大体上可以分为三类：创世神话、神祇神话和英雄神话。东西方神话主要讲述的是关于世界、人类和文化的起源，都是按照从“宇宙初开”到“秩序规则”这样一个次序发展和演进的。原始神话都认为世界最初是一片混沌状态，无论是古希腊神话中的卡俄斯（chaos）还是中国神话中的盘古，都是在这一状态中诞生的。神具有无穷的智慧和超自然的力量，能够控制和主宰一切，神通过对抗和征服自然来拯救人类。无论是神还是人都受命运的指派而存在。中国传统文化中的“人命在天”思想以及西方人对命运的笃信不移，都深受早期神话传说的影响。

但是由于生产和生活方式不同，东西方的人们形成了不同的对世界的认识，形成了不同的神话信仰和精神家园。现以中国古代神话与古希腊神话为例进行比较说明。

一方面，东西方神话具有不同的特性。在中国神话中，神具有主宰性、万能性和超越性的特点。神界高于人界，神圣不可侵犯。由此产生了人对神的敬畏、崇拜和服从。面对现世的苦难与挫折，人们更多的是把希望和命运交给神，希望能得到神的庇佑。人们在很大程度上放弃对此生的追求，把希望寄托于来世的幸福。而古希腊神话具有强烈的人本主义倾向，诸神具有自然性、社会性和慈爱性的特点。神是入世的人性的神，神和人"同形同性"，神具有人的形体和性格，而且神和人一样有喜怒哀乐，有优点缺点，也有七情六欲的需要。有正直勇敢的神，同样也有奸诈狡猾的神。每一位神都有一段生动的故事去描述他。因此，希腊诸神显得世俗化与生活化。神的存在是为了人，而不是仅仅树立自己的权威。"神"只是手段，而人才是最终的目的。城邦时代的希腊人是朴素的唯物主义者，他们对肉体的重视更甚于对精神的关怀，对感性的现实生活的关注更甚于对彼岸世界的向往。希腊人是"这样一个人文主义者，他崇拜有限和自然，而不是超凡脱俗的崇高理想境界。为此，他不愿使他的神带有令人敬畏的性质，他也根本不去捏造人是恶劣和罪恶的概念"。①

另一方面，东西方神话蕴含着不同的精神内涵。中国神话崇尚"德"，蕴含着"善"与"美"的精神内涵。中国神话中的神往往是道德与美好的化身，旨在除恶扬善、普度众生。神摈弃

① ［美］爱德华·麦克诺尔·伯恩斯、菲利普·李·拉尔夫：《世界文明史》第1卷，罗经国、陈筠等译，商务印书馆1987年版，第216页。

个人私欲与杂念，控制情感，成为人们尊崇的最高道德榜样。相比中国神话的尚“德”，希腊神话更崇尚“力”。神是力量的象征，拥有勇敢、坚韧和顽强的内在品质。神与命运和自然的抗争精神为人树立了榜样。希腊神话旨在宣扬“不断奋斗、不断超越”的人本精神，没有导致人听命于神、人的命运完全由神来决定，而是权利、义务和交换。

三 影响与评价

神话想象，作为人类原始思维独特的表现形式，“既不是骗子的谎话，也不是无谓的想象的产物，它们不如说是人类思维的朴素和自发的形式之一。只有当我们猜中了这些神话对于原始人和它们在许多世纪以来丧失掉的那种意义的时候，我们才能理解人类的童年”。[①] 因此，对于神话精神家园的作用应给予一个辨证认识和评价。

首先，神话作为人类历史早期的一种精神寄托，对人们的生产生活具有积极的作用。寻找精神寄托，既是人们想象和创造神话的原因，也是结果。对于后世文明来说，神话作为人们对世界最原始的认识与精神信仰，无疑充满了种种神秘色彩和不科学之处，但是，“在物质力量与精神力量处于低下水平的原始时代，它具有在人与自然之间起协调作用、在本能与文化之间起制约作用、在物质文化与精神文化之间起补充作用、在人的精神需要中起主观自足作用等文化功能上的必要性和必然性”。[②] 因此，虽

---

① ［法］保尔·拉法格：《宗教与资本》，王子野译，生活·读书·新知三联书店1963年版，第2页。

② 张岱年：《中国文化概论》，北京师范大学出版社2008年版，第59页。

然神话形态的精神家园只是人们对于精神家园的最质朴、最简单的建构，是一种既不科学又不深刻的认识，但这个不完美的家园在某种程度上对人起到了心灵慰藉和精神支撑的作用，使生存于早期社会的人类不但实现了生命的延续，还以此为基础获得了继续追求和创造美好生活的动力。人们对神话的信仰作为精神信仰的雏形，为后来人类建构更高级的精神家园奠定了基础。

其次，神话中蕴含的精神对人们的思想与行为方式产生了深远的影响。黑格尔曾经说过，“众神都是美之理想”，对神的想象和创造，反映了人们对美好理想的追寻。古代中国，神话演变为古史传说，其中三皇五帝尤其尧、舜、禹成为儒家经典所尊崇的“圣”“德”的化身，成为历代帝王所遵循的榜样，由“德”化生的“仁”“义”“礼”“智”“信”的观念更是深刻地影响了中国人的心灵和行为方式。西方也是如此，希腊神话借助张扬其故事的特点，对现代西方文学、宗教等方面有着重大的影响（如《荷马史诗》《神谱》等），并且还产生了奥林匹克运动会等世界性的体育竞赛活动和永远追求更快、更高、更强的奥林匹克精神。对此，马克思指出：“希腊神话不只是希腊艺术的宝库，而且是它的土壤。”希腊的神话传说不仅为古希腊时期的艺术创作提供了丰富养料，而且对于文艺复兴后的欧洲文学和艺术也产生过深远的影响。它反映了阶级社会以前人类生活的状况，用数以千计的人物形象表现人类童年时代的自尊、刚强、勇敢、乐观的精神，洋溢着活泼热情、朝气蓬勃的生活气息，具有永久的魅力。

最后，应正确认识远古时期精神家园的实质。神话并不是完全的空想之物，而是早期人类社会生活的反映。马克思评价神话是人们“用一种不自觉的艺术方式加工过的自然和社会形式本身”。[①] 意大利思想家维柯曾说：“不是神创造了人，而是人以自己为模式创造了神。”神话家园所反映的是原始人对客观世界的最初级和最朴素的认识，是反映原始社会人的生存现状的观念形态。人从揖别动物直立行走那一刻起，就作为有意识的意义存在，神话反映客观世界是通过人类童年期自发的、幼稚的、幻想的折光，但毕竟是人类探寻生活本质、追寻自我生成与自我实现的重要一步。恩格斯也指出：“即使最荒谬的迷信，其根基也是反映了人类本质的永恒本性，尽管反映得很不完备，有些歪曲。”[②] 随着社会的发展，人的认识不断深化和丰富起来，对自然和社会的神化不再成为人类意识的主要特征，绝大多数神话想象都被科学的原理所解释，失去了信众的神话慢慢地淡出人们的精神世界，只有那些美好的精神寄托和赞扬美德的寓言故事被人们记录下来，编纂在文学故事之中。同时一些暂未被科学解释的迷信观念仍然在民间流传，但在科学面前，它们已经再也不能占领大多数人们的精神世界了。

第二节　中古时期的精神家园

这一时期的精神家园是雅斯贝尔斯所论证的“轴心时代”文明的产物。按照雅斯贝尔斯的观点，公元前 800 年至公元前 200 年之间，尤其是公元前 600 年至公元前 300 年间，是人类社会经历划时代变革的时期，同时也是人类文明产生重大突破时

① 《马克思恩格斯选集》第 2 卷，人民出版社 1972 年版，第 113 页。
② 《马克思恩格斯全集》第 1 卷，人民出版社 1979 年版，第 647—648 页。

期。北纬25度至35度区间的一些文明出现了伟大的精神导师，古希腊有苏格拉底、柏拉图、亚里士多德，以色列有犹太教的先知们，古印度有释迦牟尼，中国有孔子、老子……他们提出的思想原则塑造了不同的文化传统，在这些智者的影响下，文明发生了“终极关怀的觉醒”，人们开始用理智的方法、用道德的方式来面对这个世界，并建立起各自的精神家园。

一 中古时期精神家园的形成背景

首先，生产力的发展是文化繁荣发展的基础。这一时期的精神家园建立在农业社会生产方式的基础之上。在中国等东方国家，以村社为中心的农耕经济是这一时期主要的生产方式，恩格斯将这种经济形式称为“东方专制制度的基础”。奴隶主的专制统治正是建立在这样的经济基础之上。随着农耕经济的发展，原有的集体群居的生活和生产方式开始瓦解。人们在以家庭为单位独立进行生产和生活的过程中，积累了许多生产、生活经验，同时也使人们认识和支配自然的能力获得了极大的提升。在西方的雅典，是以城邦为单位的商业型经济，同时，在这一时期，铁器得到了广泛的推广和使用，劳动生产工具的革新促进了生产力的发展，从而为社会的进步以及文化的发展提供了有利的条件。

其次，社会制度的变革是产生精神文化繁荣景象的催化剂和外在动力。在东方，印度和中国都经历了社会动荡不安、国家四分五裂、征战不休的乱世。在这样的情势下，各种哲学思潮和宗教观点纷纷出炉，出现了百家争鸣的文化大繁荣景象。中国春秋战国时期出现了老子、孔子、孟子、墨子、荀子、韩非子等思想家，其中儒家建构了儒家伦理的价值体系。在西方，古希腊和罗马在奴隶制度和民主政治的条件下，也出现了哲学思想欣欣向荣的景象。奴隶制在当时的雅典，曾经发挥过积极的作用。它扩大了农业和手工业、脑力劳动和体力劳动的分工，从而促进了生产力的发展和生产方式的变革。同时，希腊的民主政治也为文化的发展创造了条件。恩格斯曾经评价雅典的民主政治是所有奴隶制国家的“高度发展的国家形态”。[①] 希腊是民主的故乡，在当时的雅典，民主政治十分盛行，平民拥有平等的选举权利，平等地参加政治活动。这种民主的氛围影响了文化和价值的理念，把人的价值和发展作为关注的重点。

二 中古时期精神家园的主要特征

首先，这一时期的精神家园仍然带有朴素和保守的特征。在早期的农业社会，自给自足的小农经济在社会中占主导地位，人们以家庭为单位、以手工为主要生产方式进行生产劳动，生产的目的主要是为了满足家庭生活的基本需要并不是为了进行交换。人们年复一年地重复着简单的农业生产活动，发明、改进了劳动工具和耕作方法，同时也逐渐了解和掌握了自然气候的变化规律。在这一过程中，人们因时因地开展生产所依据的是在生产活动中积累的经验。这种几近封闭的生产方式使人们的生活方式和思维方式趋于循规蹈矩和不善变革。因此，建立在农业生产方式基础上的人们的精神家园也是保守和封闭的。

其次，这一时期的精神家园偏重于对现世伦理道德的建构，提出了很多人本的价值观念。在古希腊，先哲们也提出了很多富有智慧和哲理的人生箴言。首先是苏格拉底那个振聋发聩的命题

① 《马克思恩格斯选集》第1卷，人民出版社1995年版，第115页。

“认识你自己”的提出。他使哲学从探索自然界的本原转移并延伸至人的内心世界中来。柏拉图的《理想国》兼顾了理性与道德，从“至善”的理念出发，对公正、灵魂、智慧、勇敢、节制、善等概念都做了明确的规定。亚里士多德提出了快乐的伦理观，在他看来，一个快乐的人应该具有五个要素：健康、财富、知识、友谊和美德。而在这五个要素中，美德是最重要的。较之以神话想象为主要内容的远古时期，这一时期的精神家园不再以纯粹的想象作为寄托，更偏重于从自身的历史经验和现实境遇出发去认识和反思世界和人自身。原始的对神的寄托逐渐让位于对现世美好生活的缔造，人类步入文明社会，开始依照经验和理性建构充满伦理和理想色彩的精神家园。

三　中古时期精神家园的典型表现

（一）中国古代的“大同”理想与儒家伦理

春秋战国时期，诸子百家纷纷阐述了自己的社会理想建构学说，流露出对大同社会的理想追求。比如道家向往“小国寡民”。“使有什佰之器而不用；使民重死而不远徙；虽有舟舆，无所乘之；虽有甲兵，无所陈之。使民复结绳而用之。至治之极，甘其食，美其服，安其居，乐其俗，邻国相望，鸡犬之声相闻，民至老死，不相往来。”① 希望社会安定宁静，人民过上衣食无忧的田园生活；墨家“尚同”理想宣扬尚贤使能，各尽所能，主张兼爱互利和非攻的思想，追求“刑政治，万民和，国家富，财用足，百姓皆得暖衣饱食，便宁无忧”的社会生活；

① 辜正坤译：《老子道德经》第八十章，北京大学出版社 2008 年版，第 302—304 页。

法家则崇尚“以法制行之”，用法来治国，使社会井然有序。

在众多的理论学说中，尤以孔孟儒家学派的社会伦理更加引人注目。孔孟主张“仁爱”，轻法重礼，提倡以礼教化人民，认为礼教既行则天下大治。孔子提出“有道”的理想国模式，即期望所有人按礼制的规定各处其位、各行其是，全社会贵贱有等、上下有序；经济上提出“均无贫”，即“丘也闻有国有家者，不患寡而患不均，不患贫而患不安，盖均无贫，和无寡，安无倾”①。孟子提出了“井田制”的具体社会理想：

> 五亩之宅，树之以桑，五十者可以衣帛矣。鸡豚狗彘之畜，无失其时，七十者可以食肉矣。百亩之田，勿夺其时，数口之家可以无饥矣。谨庠序之教，申之以孝悌之义，颁白者不负戴于道路矣。七十者衣帛食肉，黎民不饥不寒。②

战国末年或秦汉之际，《礼记·礼运篇》在诸多社会理想的基础上，最终提出了“大同”的理念：

> 大道之行也，天下为公，选贤与能，讲信修睦，故人不独亲其亲，不独子其子，使老有所终，壮有所用，幼有所长，矜寡孤独废疾者皆有所养。男有分，女有归，货恶其弃于地也，不必藏于己；力恶其不出于身也，不必为己，是故谋闭而不兴，盗窃乱贼而不作，故外户而不闭：是谓大同。

孔孟从仁爱的观点出发，主张“克己复礼”，希望人们加强

---

① 《论语·季氏篇》。

② 《孟子·梁惠王上》。

自身的修养，克制自身的各种欲望，摈弃恶念，抵制外界的各种诱惑，从而结束礼崩乐坏的混乱之世，实现“老者安之，朋友信之，少者怀之”[①] 这样一个理想社会。比如“仁者爱人”“己所不欲勿施于人”“己欲立而立人，己欲达而达人”等。孟子又进一步提出“仁义礼智”“忠悌孝信”以及“父子有亲、君臣有义、夫妇有别、长幼有序、朋友有信”的具体道德标准。可见，这一时期的社会学说是建立在“立德”“修身”的道德标准基础之上的，试图通过人们的道德实践来实现美好社会的建构。

（二）柏拉图的“理想国”及其政治思想

古希腊哲学家柏拉图的《理想国》也同样诞生于乱世之时。当时雅典城邦衰落，雅典贵族政治堕落为寡头政治，社会战乱，危机四伏。随着雅典帝国的扩张，民主制的精神也在渐渐遗失。思想圣贤苏格拉底是腐败庸俗的雅典社会的“良心”，雅典人却亲手扼杀了他们自己的“良心”和“精神”，使希腊城邦文化走向黄昏末路。面对这个被黑格尔称为“雅典的悲剧，希腊的悲剧”的苏格拉底之死，柏拉图受到了很大的精神打击。代表柏拉图哲学宣言和治国纲要的《理想国》就诞生于这样的社会背景之下。《理想国》主要记述了苏格拉底与人的对话，内容涉及了苏格拉底哲学的各个方面，尤其对他的政治哲学、认识论等有详细的讨论。

对于“理想国”的建构理想包含以下内容：

“理想国”开始于对正义的探讨。苏格拉底驳斥了玻勒马霍斯“正义就是欠债还钱”“正义就是给每个人以恰如其分的报答”“正义就是强者的立义”等错误定义。为了考察真正的正义，证明正义的生活是有价值的，苏格拉底开始讨论城邦的正

---

① 《论语·公冶长》。

义，并构建自己的理想国。理论前提是正义的普适性，城邦的正义与个人正义的一致性。

分工与等级。城邦存在的理由乃是人们相互间的需要。个人的能力有限，无法满足自身多方面的需要，集众生活，取长补短，形成城邦共同体。在城邦之中每个人都去做一样符合自己性格和能力的手艺，这样就产生了分工，大家各尽其责，各修其德。由于人们的天赋才能不同，分工也就不同，相应地产生了等级。城邦居民存在三个等级，由高到低为管理者、守卫者和劳动者。管理者具有最高的智慧，精通统治的技艺，因而承担最高的职责。在柏拉图看来，有哲学头脑的人，具备治理国家应有的知识，应该享有政权；同样，有政权的统治者，也应该具有哲学头脑。接下来是守卫者，他们适合统治，但只能在别人的指导和控制下去统治；处于最低等级的是从事劳动生产的农民和工匠，他们天生适合做工但不适合统治。在这里，等级并不是世袭的而是自然生成的结果，理想的城邦会让每个孩子得到最适合于他的教育，自由发挥特长，能够处在他所适合的等级之上。

协调的“善”。在一个理想的城邦中，统治者代表着智慧，相当于灵魂中的理性部分；守卫者代表着勇敢，相当于激情部分；被统治者和守卫者这些优秀人物统治的其他下等人则代表着节制，相当于欲望部分。理性统治着激情和欲望，并且激情还起到帮助理性统治的作用。这样的城邦中三个等级各司其职，各起各的作用，这样的灵魂才是和谐而正义的，这样的城邦具有了智慧、勇敢、节制、正义四种品质，因此也就是一个善的城邦。同城邦一样，每个人的灵魂都具有理性、意志和情感三种因素，与此相应，也有智慧、勇敢和节制三种美德。当人的这三种因素在理性的支配下协调一致时，就成为一个正义的人。由此，柏拉图给出了一个正义的定义：正义就是有自己的东西干自己的事情。

重教育轻法律。教育的目的是使人们获得智慧。国家首先应该是一个教育机构，教育分为初等教育和高等教育，初等教育中的优秀者能得到高等教育，并可被选拔出来进入守卫者甚至统治者的行列，教育不分男女，女性有同样的机会晋升守卫者和统治者。教育内容必须经过统治者严格的筛选。统治者是凭借教育所获的智慧进行统治，而不是听命于固定的法律。柏拉图认为用法律去限制哲人王的手脚是愚蠢的，无异于经验丰富的医生从医书上抄药方。在政治家篇中，柏拉图根据有没有法律，将一个人掌权的政体分为君主立法的政制和僭主政制，将少数人掌权的政体分为贵族政制和寡头政制，多数人掌权的政体为民主政制。他提到判断一种政制的真正标准不是少数人统治还是多数人统治，不是强制的还是自愿的，也不是统治者是贫穷的还是富裕的，而是看有没有一门指导性的统治技能，这门技能必然只是由城邦的极少数人掌握，民主的统治并不是一种好的统治。

四　影响与评价

首先，无论是中国古代的儒家“大同”的社会理想还是古希腊柏拉图的正义治国理想，都体现了先哲们对精神家园的理性建构。这种从神话想象形态向经验理性形态的过渡，体现了人的认识的深化和意识自觉性的增强。精神家园的经验理性形态是对神话想象形态的超越和发展，它不再局限于对神的敬畏与信仰，更多的是对现世的改变与对未来的构想。这种进步与人们思维能力的发展和自觉性的提高有着密切的关系，体现了个体意识自觉性和能动性的增强。

其次，中古时期精神家园立足于理想社会的建构，起到了精神寄托的作用。社会理想不是实然，而是应然，它所表达的是社会特定群体追求未来社会发展目标所做的观念性预设。人们社会理想的建构总是起始于对现实生活的否定与不满，在建构理想的同时也是对现实的批判与反思。儒家大同理想的提出，不仅仅是将仁爱礼教保留在思想意识之中，而在于作为最生动的武器抨击、批判和否定君主专制主义政权。孔孟提倡的“中庸之道”和引导儒生成才方向的“格物—致知—正心—修身—齐家—治国—平天下”理论，在当时社会动乱、思想争鸣的时代起到了重要的安抚心灵的作用。《理想国》“用词句创造一个善的国家”也在于与现实的城邦比较，以此确立正义和善的标准，判断生活的幸福或不幸及程度如何。虽然这些社会理想模式过于美好和抽象，儒家大同思想甚至在理论上也很薄弱，但它们关注人内在生命需要的特点、描绘美好社会制度的蓝图以及弘扬美德的进步理想，对人的发展具有促进和激励作用。

再次，这一形态的精神家园对后续文明的社会理想建构以及历史文化的发展产生了深远的影响。轴心时代的思想是人类发展史上的精粹，每当人类社会面临危机或新的飞跃的时候，人们总是回过头去，从轴心时代先哲们的理论中汲取智慧之光。“大同”理想的提出在中国社会思想史上起到了开拓性的重要意义。“大同”所宣扬的“土地公有、选贤举能、仁爱民主、大公无私、各尽其能、各得其所”等原则成为后世制定理想方案的依据和思想根源，传统儒学中的“民贵君轻”的民本思想，“修身、齐家、治国、平天下”的经世价值取向，以及“己所不欲，勿施于人”的仁爱精神，都可以加以继承和利用。后期的社会理想如洪秀全的“公平正达之世”、康有为的“太平大同世”、孙中山的“大同”说等，都可谓是对“大同”理念的进一步延伸和发展。

当然，这种以经验理想作为主要表现的精神家园也具有一定的历史局限性。经验理想的精神家园较之神话想象的精神家园具有进步性，它将人们的精神世界从遥不可及的天国世界拉回到实实在在的现实生活之中，但是对于当时的社会现实来说，仍然充满了空想和不切实际的色彩。把社会理想的实现寄希望于贤明君主的身上，也很难实现。较之后来的以理性、人本价值作为主要内容的精神家园，有些过于理想化和形上化。儒家大同理想具有道德上的根据但却缺乏事实判断和理论根据，使得这些理想终究成了一种美好的想象难以付诸实施。“理想国”也是如此，自由主义者批评柏拉图是所谓“建构理性主义”，即单凭理性在尘世上建立天国。当然，人类社会要走向美好和谐有序的未来，一定需要对理想世界的理性建构，人的精神世界也必须高于现实生活才能引领生活。因此，在当时的时代，这种勇敢的理论探索和尝试还是值得肯定的。

第三节　中世纪精神家园

早期人们的神话想象孕育了宗教的思想，当存在于神话中的多神转变为单一神（基督教的上帝、佛教的佛以及伊斯兰教的真主等）的时候，宗教得以产生。中世纪是宗教的黄金时代，这一时期，无论是基督教、佛教还是伊斯兰教都达到了非常繁荣的状态。在欧洲，基督教成为国教，《圣经》成为主流的意识形态。基督神学与哲学相结合，产生了经院哲学。在中东，伊斯兰教凝聚了强大的阿拉伯民族，并向南亚、北非和西南欧蔓延，成为影响这些地区政治、经济和文化的重要社会力量。在东方的印度和中国，佛教获得了极大发展，宗派林立。封建社会统治者将宗教视为政治统治的重要手段而加以推崇，百姓也笃信不疑。神权与王权相互交织，成为封建时代的显著特色。宗教对人们产生了深远的影响，占据了人们的心灵世界，直至今天宗教的伦理思想仍然被西方人视为精神家园的重要内容。

一 中世纪精神家园的形成背景

欧洲的中世纪与封建社会基本属于同一历史分期。在这一时期，人们以宗教作为精神家园不是偶然的现象，而是有着深刻的社会根源，是多方面因素共同作用的结果和不同阶层人们共同需要的产物。

第一，宗教精神家园以封建自然经济作为经济基础。无论是西方还是东方，封建经济主要表现为自给自足的自然经济。农民对地主或者封建主没有人身的依附关系，可以拥有一些基本的生产、生活资料，也可以获得一定的劳动产品，劳动积极性比“会说话的工具”奴隶高得多。但由于农民仍然没有自己的土地，只能依靠出卖劳动力维持生存，因此，农民被束缚在封建主的土地之上，没有经济上的所有权和自由。农民承担繁重的农业劳动，在当时自然经济抵御风险能力差的情况下，无论收成如何都必须向封建主提供大部分的劳动所得。农民和农奴的劳动被封建主以劳役、实物地租、名目繁多的捐税和教会“什一税”等形式侵吞。在封建而闭塞的经济结构下，农民的生存状况是无法得到保障的，劳动生产的开展和基本生活的维持都要靠天吃饭，人无法掌握自己的命运，只能在自然外物上寻找精神和命运的寄托。而宗教，正是在这样的条件下应运而生，自然拥有了存在的合理性。

第二，宗教精神家园以维护封建统治阶级的利益作为政治基础。欧洲的封建社会实行由“宗主”和“封臣”构成的分封制。国王、贵族和骑士等大大小小的封建主构成了金字塔结构的等级制度，但他们的权利和义务又都是有限的，这种复杂的封建等级关系使得欧洲封建国家长期处在割据状态，战乱不断，社会动荡不安。同时，基督教会已成为封建统治工具，他们和世俗封建主共同维护封建制度。在多年的教俗之争中，教会以上帝的名义来限制统治者的权力，利用世俗国家分裂的政治局面和民众狂热的宗教信仰，使教权凌驾于王权之上。在中国，中央集权的封建君主专制制度与宗教紧密结合起来，地主凭借土地所有权和政权对农民进行剥削，农民的反抗持续不断，甚至发生了旨在推翻封建王朝的大规模战争。面对民众的不满，统治阶级利用宗教为自己的统治寻找合理性，用以安抚和麻痹人民。正因此，宗教符合统治阶级稳固统治的需要，受到统治者的青睐，他们将宗教的作用夸大弘扬，促进了宗教精神家园的形成。

第三，宗教精神家园以安抚心灵作为社会的心理基础。这一时期宗教在世界广大地区占据了思想领域的统治地位。中世纪的欧洲又被人们称为“黑暗时代”，政治上没有一个强有力的政权来统治，这是欧洲文明史上发展比较缓慢的时期。同时，封建割据带来频繁的战争，造成科技和生产力发展停滞、文化落后、思想愚昧，人民生活在找寻不到希望的痛苦之中。这种经济衰败和政治分裂的社会状况为宗教的传播和发展提供了有利的契机。而在中国，佛教自东汉时期从印度传入以后，受到封建统治者的欢迎和支持。佛教的因果报应、生死轮回之说宣扬人生祸福天定，表现为前世今生的轮回，人无法改变既定的命运，只可接纳并承受现实中的苦难，多做善事、多结善缘，才能获得好的来世。这样，在宗教的影响下，封建时代的人们对社会现实持消极态度，面对现实中的苦难更多的是期望在宗教的幻想中寻求精神上的安慰。

二 中世纪精神家园的主要特征

宗教作为中世纪世界文化的重心，体现了当时人类文明的最高成果，并成为当时人们精神家园的重要内容。宗教是当时那个“（颠倒）世界的总理论，是它的包罗万象的纲要，它的具有通俗形式的逻辑，它的唯灵论的荣誉问题，它的狂热，它的道德约束，它的庄严补充，它借以求得慰藉和辩护的总根据”。[①] 宗教精神家园具有如下特征：

首先，彼岸性与超验性是宗教精神家园最直观的特征。宗教是人认识世界和把握世界的一种方式，而且是一种超验的把握方式。在封建社会，人们迫切需要寻找一种精神寄托，迫切需要一种安全感、救赎感和升华感，为饱受苦难的人生寻找宁静与欢愉。与充满苦难和痛苦的此岸世界截然不同，宗教设定了一个美好的彼岸世界，无论是哪一种宗教所设想的彼岸世界都是近乎完美的，而且人一定是通过此世的超脱才能够到达理想的境界。这种超验性设定体现了人不满足于现状而不断超越的本质。宗教精神家园的存在，填补了人内心的空虚，以精神的方式赋予人们现实生活中所缺乏的爱与关怀。人们很容易接受宗教作为自己终极关怀的模式和安身立命的基础，从而在天国找到自己灵魂的归宿。宗教把人们对现实的批判否定与对幸福的渴望追求联系起来，将美好寄托于彼岸，引导人们实现人生境界的提升与人生境遇的超脱。

---

① 《马克思恩格斯选集》第1卷，人民出版社1995年版，第1页。

其次，世俗性和包容性的特征使宗教精神家园能够被人们广泛接受和口耳相传。宗教的传播能够超越民族和时空的限制，只因为它针对的是普遍的人性，为人类提供终极关怀的精神家园，这与人寻求终极关怀的渴望是一致的，因而宗教能够满足人所有的精神渴望。宗教无法为人们解决生活中的具体问题，但是宗教提供了人生的关怀和指导、规范人们言行的价值准则，在宗教的精神世界里，人们似乎又可以找到解决一切问题的答案，每个人都能在阐释和解读宗教教义之后获得自己独特的人生感悟。这在当时社会，自然是一个最大的福音，尤其是对穷苦人来说，无疑是提供了超脱俗世痛苦、寻找精神家园的最佳途径。同时，宗教虽然具有彼岸性和超验性，但是宗教的教义却能深入渗透到现实的生活之中。宗教中信仰的神既是神同时又是可以与人进行心灵交流和沟通的人。神总是以自身的大慈大悲救赎信徒，同时又劝诫和引导人走应该走的道路，这种世俗性也使得神能够与人同在，成为他们生活中的榜样。

再次，宗教精神家园作为封建社会特定的产物，具有历史阶段性的特点。宗教是在封建社会特殊的社会背景下产生的，表达的是当时人们对封建社会现实的精神反抗。每一个民族在接受宗教之后，总能够对宗教进行民族化的阐释，为己所用。马克思曾经剖析了宗教的本质，他说："宗教里的苦难既是现实的苦难的表现，又是对这种现实的苦难的抗议。宗教是被压迫生灵的叹息，是无情世界的心境，正像它是无精神活力的制度的精神一样，宗教是人民的鸦片。"① 宗教虽然反映了客观的世界，但并不是客观的反映，而是虚幻的反映，随着科学理性的发展，宗教也逐渐被人所质疑。如果说今天宗教还能在西方民族作为人们精

① 《马克思恩格斯选集》第1卷，人民出版社1995年版，第2页。

神家园的重要内容，那也是由于宗教与这些民族的历史文化传统具有紧密的联系，同时也是因为这一时期的宗教已经作为一种价值伦理用以解决工业文明下的人和自己内心之间的问题。

三 影响与评价

我们应该辩证地看待中世纪以宗教作为主要内容的精神家园的影响。

其一，宗教的精神家园对民族文化产生了深远的影响。这种影响主要体现在宗教逐渐融入了民族的文化传统之中，并且在一定程度上塑造了民族精神和价值观念。例如，在欧洲西罗马帝国灭亡后的一千多年里，基督教已然成为西方社会唯一的精神信仰，而且在一般西方人的眼中，基督教对现代西方精神文化的影响甚至超越了古希腊的古典文化对其影响。“现代西方社会中的许多典章制度、节庆习俗、礼仪规范、思想信念，无不与基督教有着密切的渊源关系，以至于可以这样说，没有基督教，就没有现代西方文化”[①]，那么以此类推，没有基督教，也就难以形成今天西方人的精神家园。基督教在蛮族中的传教活动，使处于原始状态的蛮族人受到文化启蒙，逐渐走向文明或成熟，也使古代希腊和罗马的文化遗产在蛮族中得到传播和接受，对以后西欧文化的传承和复兴产生了重要的影响。因此，宗教精神家园的这种建设性的作用说明了我们不能简单地将中世纪称为欧洲的黑暗时期和文化倒退时期，也应该看到宗教的积极作用。

其二，宗教精神家园具有道德规范和价值建构的作用。宗教教义中含有许多积极的道德规范，可以说每一种宗教都是对该宗

① 赵林:《西方文化概论》，高等教育出版社 2008 年版，第 124 页。

教价值观和世界观的阐释。在宗教的精神家园里，人与神交流，人也在与自己的灵魂交流，同时反观自身的行为。梁漱溟先生曾在《这个世界会好吗?》中指出人类面临人和物、人和他人、人和自我之间的三大问题。宗教提倡一种深度的人生模式。比如基督教的《圣经》从头至尾描述了人的被造、人的失落、人的苦难、人的被赎、人的回归的历史，在人的历史背后响彻了神的召唤的声音。在神的面前，人难免会感到宇宙的深邃、人生的神秘，也会感到自己的渺小、孤单和不够完美，于是人为了超凡脱俗而行善修德，会用更严肃的眼光来面对自己，重新坚定自己的步伐。再比如伊斯兰教的主要经典《古兰经》，由穆罕默德宣称得到了安拉的指引，他口传给其弟子，并整理成书。《圣训》是关于穆罕默德言行的记录，也是规范穆斯林生活的主要法则。这些经文和法则其实就是对人的价值规约。

同时，也要认识到，宗教的虚幻本质和脱离现实的局限性使宗教难以成为人类永恒的精神家园。马克思曾经指出："个人，如果想在天国这一幻想的现实中寻找超人，而找到的只是他自身的反映，他就再也不想在他正在寻找和应当寻找自己的真正现实的地方，只去寻找他自身的映像，只去寻找非人了。"[①] 封建社会人们的精神世界被宗教占领和统治，但是人们并不知道自己是在崇拜自己的本质，把自己的本质神化。宗教虽然在一定程度上缓解了人对痛苦现实的感觉，也规范了人们的日常生活、道德生活和精神生活。但宗教毕竟是通过一种虚幻的和歪曲的形式为人类的精神和心灵提供慰藉，这就注定了宗教只能作为生产力和生活水平不够发达情况下的产物。随着社会的发展和进步以及人们对世界认识的深化，当宗教随着科学理性的日益发展而逐渐

---

① 《马克思恩格斯选集》第1卷，人民出版社1995年版，第1页。

被削弱时，人又再次陷入失落精神家园的茫然状态，揭开宗教神秘面纱的科学理性的精神家园则呼之欲出。

第四节 近代精神家园

理性是相对于非理性而言的，在西方传统哲学中，理性就是规律性、必然性、确定性，因此推崇理性就意味着崇尚科学、重视逻辑思维、相信知识的力量。古希腊的先哲们已经在自己的理论中涉及了理性与非理性的关系，他们着力建立自己的理念世界，认为理性是驾驭人情感、意志和欲望等非理性因素的工具，理性是知识和道德的基础，是评判一切的尺度所在。于是他们把世界看作合乎理性的世界，把人看作理性的动物，把遵循理性的生活看作是最美好的生活。随着人类自身的不断发展，人类对理性和非理性以及二者之间关系的认识也在不断地深化。

一 近代精神家园的形成背景

科学理性战胜宗教信仰成为近代欧洲人的精神家园，既有主观的原因，也有外在的客观条件。黑格尔曾经这样比喻：文艺复兴、美洲的发现和到达东印度的新路是“黎明的曙光”，而宗教改革是“跟着那种黎明的曙光升起来的光照万物的太阳”。[①]

（一）客观基础：信仰的衰落与宗教改革

在欧洲中世纪后期，随着教会权势的增强，宗教赎罪的方式

① ［德］黑格尔：《历史哲学》，王造时译，上海世纪出版集团、上海书店出版社2006年版，第385—386页。

发生了质的变化。基督教由起初的仅仅是发自内心的忏悔谴责发展到了朝拜圣墓、购买圣徒遗物、买卖赎罪券，最后通过宗教裁判所对人性进行践踏和迫害。原来的道德变成了赤裸裸的金钱交易，信仰的本质逐渐虚伪化和病态发展。神职人员滥用权力，腐败堕落。当基督教抛弃了它本身的兼收并蓄的包容态度和非暴力主义的忍受精神而走向极端和残暴的时候，当“唯灵主义”的理想与荒诞罪恶的现实产生强烈反差的时候，宗教精神家园破产了。面对宗教文化的危机，为了结束宗教信仰的混乱和虚伪，在欧洲产生了两种救世的方案，分别是南部的文艺复兴和北部的宗教改革。

文艺复兴发起于14—16世纪的意大利，旨在通过复兴古希腊文学艺术中的感性和人性的内容来消除宗教的权威，使人们的人格尊严从中世纪宗教的束缚中解放出来、获得自由。文艺复兴引发了弘扬人性的人文主义思潮，涌现出了许多杰出的人文主义巨匠和作品。透过但丁的《神曲》、薄伽丘的《十日谈》、达·芬奇的《蒙娜丽莎》、拉斐尔的《西斯廷圣母》、莎士比亚的《哈姆雷特》《罗密欧与朱丽叶》等可以看到文艺复兴对自然人性的弘扬、对世俗生活的赞美和对宗教世界的鞭笞。但是文艺复兴并没有从根本上撼动基督神学的权威，只是对现存的信仰进行了温和的、怀旧式的、充满人文气息的改造，是在宗教的母体上增加了文化的外衣。

与文艺复兴的感性召唤相比，宗教改革更注重于对现世自由的争取。宗教改革的火种是由愚昧虔诚的日耳曼人点燃的，而后在英国和法国也发生了新教的改革运动。马丁·路德的宗教改革与加尔文的宗教改革都是从对不合理的宗教信仰方式（兜售赎罪券）的反抗开始，从民间爆发，属于自下而上的改革，改革的目的也是为了纯洁教义、维护人的尊严。但是英国的宗教改革却是由国王亨利八世亲自发起并向下推行的，改革的目的是为了削弱教权，树立王权的尊严。加尔文的改革和路德的改革都主张“因信称义”的观点，即从内心深处信仰基督，通过内心的精神觉醒而非外在的苦行来解脱罪孽和得到拯救。与文艺复兴温和式的感性改革不同，天主教与新教之间的矛盾不断激化以及西欧各国之间的利益纷争共同引发了“三十年战争”，战争虽然以妥协收尾，却使欧洲封建社会结束了以往的宗教专制局面，之后宗教政策在洛克、培尔等思想家的呼吁下，渐入宽容，恢复了信仰自由与思想解放的状态，这为近代科学理性和人文精神的发展提供了有利的前提条件。

（二）外在条件：地理大发现与民族国家的崛起

宗教改革弘扬了自由的精神，在政治上促进了近代民族意识的觉醒和近代民族国家的兴起，在经济上促进了资本主义的萌芽。宗教改革后的基督教帝国处于一种分裂的状态，经济上也受到了很大削弱。与此同时，东方国家的富饶美丽更是令这些欧洲国家垂涎。罗盘针的传入和造船技术的提高满足了欧洲人开辟新大陆的雄心壮志，西班牙和葡萄牙首先开始了航海探险的活动，随后西欧其他主要的国家也纷纷参与到探险活动中，展开了海外扩张和殖民统治。欧洲人除了具有敢于冒险和寻找财富的动力以外，还萌发了探索自然和以理性的态度解决问题的精神。虽然对宗教的信仰、幻想和服从等既有权威的现象依然存在，但质疑和探究的精神越来越大行其道。在这一时期，各种新技术和新发明备受欢迎，地理、航海和造船等技术得到不断的尝试和改进。当时航海事业中最重要的因素之一，是船体设计和结构改良。从15世纪末期起，地图绘制出现了重要的革新，主要是根据对太阳星辰的观察画出了纬度线。在16世纪，葡萄牙的地图绘制员，无论是在数量还是质量上，都是欧洲一流的，葡萄牙成为现代地图学的诞生地。西方人对来自外部的信息和技术的适应和发展能力，以及将其与自身航海经验相结合的能力，使他们走在了仍沉浸于封建王朝夜郎自大、养尊处优、自豪情绪中的东方民族的前面。假如没有驾驭海洋的能力，欧洲人也许仍将继续孤守一隅，只能依靠本身有限的资源谋求发展。如托马斯·阿斯特利在《航海与旅行》中所说："近代世界史的重大事件中，欧洲人15、16世纪所进行的环球航行和地理大发现，确实在挑战上天的安排。"

在这一过程中资本主义工业经济取代封建农业经济初见端倪，民族独立和民族发展的意识得以萌发。当改革后的宗教意识、民族意识和爱国情感融合在一起时，产生了资本主义精神和民族认同。封建社会的王朝国家逐渐发展成近代民族国家。"近代民族国家的形成过程，是一个不断寻求合理性论证的过程，是高扬理性、用'理性王国'取代'神性王国'的过程。"①

（三）思想激发：科学理性的兴起与启蒙运动

文艺复兴和宗教改革促进了人的自我意识的觉醒，营造了宽容的宗教氛围，培育了科学理性精神。17世纪，在哲学、科学领域首先萌发出了理性的精神，理性思想家们通过经验观察与实验的方法否定了基督教经院哲学的超理性信仰和抽象的推理，对自然秩序和人的本质进行了科学的阐释。在哲学领域，经验论哲学对经院哲学展开了质疑和挑战。弗朗西斯·培根对亚里士多德的演绎三段式提出质疑，认为根据亚里士多德的演绎论证所推断出来的结论无非是使已经包含在前提之中的错误永远地维持下去。我们需要可以获得新信息的论证方法，于是培根创立了经验

---

①　周毅之：《近代以来西方民族国家合理性论证的范式流变》，《江海学刊》2004年第7期。

归纳法，成为近代实验科学的重要工具，摆脱了经院思想的控制，为哲学科学化提供了动力。笛卡尔、斯宾诺莎、莱布尼茨等人从普遍怀疑的原则出发确立了一种新的哲学观点，实现了近代哲学的理性转向。他们认为人的心灵的理性能力是与人性密切相关的、追求真理的源泉，并认为真理的发现依赖于采用科学的理性方法，而不是依靠主观的感觉臆断。在自然科学领域同样坚持着理性原则和怀疑主义精神。伽利略利用透镜原理制造出天文望远镜观察天体运动，开普勒发现了行星运动的三大定律，这些发现对托勒密"地心说"展开质疑，最终确立了"日心说"。牛顿对经验哲学的"本质""形式"等概念展开质疑，用自然科学的力学方法，解释了"时空""物质""力"等概念，发现了许多自然科学的规律。这些发现改变了人们对自然存在的看法，使人们对自然秩序有了全新的认识。

科学理性精神在18世纪终于演变成一场轰轰烈烈的启蒙运动。在启蒙运动中，人的自我意识不断深化，科学理性战胜了宗教信仰的权威，最终形成了理性的精神家园。在启蒙运动中，启蒙思想家们制定出一整套的政治理论、哲学思想和社会改革方案，主张建立一个"科学理性"的资产阶级社会。他们主张用自由、平等来对抗封建专制，用科学精神来摧毁宗教权威，用"天赋人权"来取代"君权神授"。"启蒙运动"表面上是启迪蒙昧、普及文化教育的运动，实质上是在"文艺复兴"时期反封建、反神权、反禁欲主义（即宣扬"人本主义"思想）的基础上，进一步反对专制统治、宗教压迫和贵族特权，宣扬政治民主、信仰自由、天赋人权等一整套资产阶级的思想体系，提出以"平等、自由、人道、人权"为基础的哲学理论、政治纲领和社会改革方案。"启蒙运动"不仅为欧洲实行彻底反封建的资产阶级革命铺平了道路，也为欧洲进入繁荣发展的现代社会创造了条件。

二　近代精神家园的主要特征

（一）以科学理性作为尺度

从客观现实出发去认识世界、探究人的本质是科学理性的基本特点，这一形态的精神家园从根本上区别于其他形态的精神家园的地方，就在于实现了信仰的形式从盲目的主观想象到科学的客观现实的转变。神话想象形态和宗教信仰形态的精神家园在本质上都是以情感认同和主观信仰为核心的幻想体系，只不过宗教形态的幻想体系要比神话形态更加完善、细致和系统化。经验形态的精神家园虽然立足于现实生活，但却带有一定的空想色彩。

科学理性形态的精神家园从经验出发而不是从神的旨意出发，立足于客观实践，将科学理性作为衡量一切的尺度，这也是科学理性不同于其他理性之处。基督教的信条和经验哲学的理论都是建立在信仰和推理的基础上，而近代科学和哲学在经验观察的基础上，用科学实验的方法对现象进行归纳和分析，进而得出客观的结论。这种从现实出发去认识自然、解释自然的严谨客观的科学精神，有利于人们把握客观规律，不再听任宗教神学的愚弄。哥白尼、伽利略、牛顿等科学家的科学发现正是运用科学理性的结果。同时，用科学理性去解释人类社会的历史，认识人类社会的发展规律，也使得人们对价值理念的建构和追求有了现实的基础和理性的依据。在启蒙运动中萌发出来的“天赋人权”“自由”“平等”“博爱”“民主”等价值理念就是从人们生活的现实出发，旨在对现存社会制度进行改造。那个时代是如黑格尔所比喻的“世界用头立地的时代”，即是理性至上，把人的头脑以及理性思维视为人类的一切活动基础的时代。

（二）对专制的批判与对宗教的妥协

近代科学理性精神带着批判和怀疑的精神，针对的是宗教神学和专制统治对人性的压抑和信仰迷信。如果坚持以科学理性为出发点去认识自然界，认识人类社会发展的历史和现实就必然要对既有的宗教神学和专制制度中的不合理成分进行彻底的批判。启蒙思想家用历史事实和理性揭穿了宗教信仰的神圣光环，宣告了迷信时代的终止，他们号召人们用科学的理性去充实头脑、启迪智慧，坚持用科学的方法去认识世界而不囿于常规。这种批评不仅表现在摆脱神学的束缚，还表现在对现存社会制度的合理性和有效性的质疑上。伏尔泰曾经满怀激情地向专制制度宣言："你们曾经利用过无知、迷信、疯狂的时代，来剥夺我们的地产，把我们践踏在你们的脚下，用苦命人的脂膏把自己养得肥头胖耳。现在你们发抖吧，理性的日子到来了！"①

科学常与理性为伴，但理性是人类大部分思维活动遵循的规则，不是科学所独有的，理性的内容在历史上是变化的，它依赖于"范式"。在科学理性产生之前，宗教同样是以理性的姿态存在的。宗教的理性表现在宗教企图通过人类的理性来理解和解释上帝，以教义教规来规范人们的言行，以神的启示来引导人们获得知识和真理。科学也往往包含科学理论、哲学含意、价值推论等内容，所以科学和宗教可以在不同方面和不同层次上发生作用，它们的关系不能简单概括为冲突或和谐。科学理性更多的是专注于对专制制度的批判而并非宗教的全部，相反在当时封建专制和基督教神学仍然占有较强势力的时候，科学理性也曾披着宗教的外衣，很多启蒙思想家同时也是自然神论的信仰者，在他们

---

① 北京大学哲学系外国语教研室编译：《十八世纪法国哲学》，商务印书馆1963年版，第88页。

的研究领域总是要给“上帝”留下“第一推动者”或“理性创造者”的位子。因此，就科学理性思考或反思的方式来说，即使是科学信仰在忍辱负重的时代也没能完全脱离信仰主义的文化氛围。宗教信仰并没有被科学理性完全取代，即使在科学理性形态主导的精神世界中，宗教信仰对人的道德良心和内心启示仍然具有非常重要的作用。

（三）代表资产阶级的利益

科学理性的产生既是为了摆脱宗教迷信和封建专制统治的外在需要，同时也是资本主义制度发展的内在需要。科学理性形态的精神家园是为新兴资产阶级的利益服务的，代表了资产阶级的价值理念。批判彼岸世界真理的目的更在于确立此岸世界的真理，新兴资产阶级的先进思想家们期望建立一个完全不同于封建剥削、压迫的理性国家，在这里人人生而平等，国家的主权在民，通过社会契约来维持人与人之间的关系……这些理念实际上是资产阶级的建国理想，他们想按照这样的理想，建立起资产阶级的理性王国。但是，在理性的世界里，那些被视为是最高价值的正义、民主、平等、人权等价值取向，也只能在资产阶级的范畴里得到实现。先进的启蒙思想家们，虽然拥有对社会和人的发展最美好的期待和构想，但是仍然没有能够超越时代的限制。这个永恒的理性实际上不过是中等市民的理想化的知性而已，所代表的仍然是资产阶级的利益。

三　影响与评价

首先，科学理性促进了人性的觉醒。中世纪宗教神学对人性的践踏和压迫激发了人们对自身本质认识的冲动。人文主义、宗教改革、科学革命、启蒙运动打破了神学垄断的权威，使人们的自我意识得以觉醒，生命的体验变得深刻。文艺复兴和人文主义改变了人们对于现实生活的看法，使人们相信现实生活完全不是宗教神学中所描述的那般罪恶，人是可以通过劳动改变生活状况的，人也有权利去追求更美的生活。自然科学的发展也使人们重新认识自己在自然界和社会中的地位。这种观念上的变革是由自然科学发现带来的，哥白尼的“日心说”对人们原有的自然观带来了挑战，人们开始质疑宗教神学的“地心说”，并进一步对宗教体系产生了思想上的动摇。科学理性既颠覆了人们既有的认识，又不断地给予人们新的认识，当人们运用科学理性正确地认识自然规律、改造自然时，人的觉醒程度也在不断地提高。

其次，创造了全新的价值体系。在某种意义上说，西方的启蒙运动是信仰主义危机的产物，是新思想或价值体系形成发展的过程。科学理性发展了文明进化论的思想，确立了人的主体性。民主、平等、自由、人权成为资本主义理性王国的核心价值。在这样的价值体系下，人们有更多的自由去思索人与社会、精神世界与物质世界之间的关系，满怀信心地追求幸福生活和建构资本主义王国的精神家园。人们不再受中世纪宗教神学所宣扬的生来有罪、活着就是要赎罪和忍受苦难的思想的束缚，可以自由自在地追求现实的美好生活。直至今天，平等、民主、自由的价值理想，作为宝贵的文化遗产仍然为西方人所珍视。同时，在科学理性的价值体系中也保留了宗教的道德价值。康德论证了宗教神学的道德前提，通过三大理性批判，重塑了上帝在人们的精神世界中的作用，把宗教的道德伦理看成是人反观自我的镜子。施莱尔马赫又在康德论证的基础上进一步将宗教信仰转向了心理和情感，上帝只关心人的精神世界，把宗教信仰更多地与个人认知体验结合在一起，使宗教信仰完成了现代转型。这样，科学理性融合了政治思想与宗教思想，形成了全新的资本主义价值体系。

最后，推动了社会制度的变革和发展。启蒙运动所宣扬的自由、平等、民主思想以及“天赋人权”“三权分立”等政治主张，对北美的独立战争和法国大革命都产生了直接而深远的影响，对亚洲国家的思想解放也起到了示范和催化的作用。在启蒙思想家的努力下，科学理性战胜了传统的宗教思想，促进了社会的政治、哲学、文学、科学的自由发展，最终撼动了整个欧洲思想专制的根基，实现了人类社会从封建制度向资本主义制度的转变。

第五节　现代精神家园

近代思想解放运动确立了科学理性的权威，使理性取代了上帝成为人们生活的主宰。但同时人们也逐渐认识到科学理性的膨胀所带来的后果将会与宗教神学对人的束缚同样严重。人们用科学理性的精神去反思科学理性，对人的价值和尊严的实现进行重新思考，将人作为万物的尺度，将人的自由和全面的发展作为最根本的价值取向，从而确立了现代以实现人本价值作为主要内容的精神家园。

一　现代精神家园的形成背景

当历史的车轮驶入近代后期，特别是在全球化、工业化、现代化、市场化和信息化迅速发展的今天，人们在创造经济价值的同时，也开始反思科学理性的误区和追寻人自身存在的价值。其实，在人类历史上，科学理性与价值理性的对立由来已久，不过在物质丰富但精神贫乏的今天，这种对抗表现得更加激烈和明显。科学理性专注于对客观世界的研究，寻求其内在的原理和确定性，但却忽视了对人的情感、信仰、意志、理想等精神世界的观照。失去了价值内涵的科学理性无法为人们提供终极关怀和精神支柱，随着科学理性逐渐被工具化和滥用，科学理性形态的精神家园也逐渐失去了生命活力。人们对精神家园的人本形态进行了初步的尝试和探索，也产生了浪漫主义和空想社会主义，但碍于其内在的局限性最终都未能真正地建构起人本形态的大厦。马克思批判地继承了他们的思想，最终提出了科学社会主义的理论，将人本价值指向人的解放和自由、全面的发展。西方马克思主义学者们在马克思之后继续对西方社会存在的社会问题，尤其是文化价值问题进行了鞭辟入里的分析，呼吁把价值关注的重点转移到人本身。

（一）工具理性与人的异化

工具理性是启蒙精神、科学技术和理性自身演变和发展的结果，所谓“工具理性”，就是通过实践的途径确认工具（手段）的有用性，从而追求事物的最大功效，为人的某种功利的实现服务。在资本主义建立初期，科学理性曾经对资本主义生产力的发展以及人们自由意识的发挥起到重要的作用，但是随着资本主义的发展，宗教的动力开始丧失，物质和金钱成为人们追求的直接目的，于是工具理性走向了极端化，成为一种以工具崇拜和技术主义为生存目标的价值观。

当手段成为目的，工具理性极大膨胀，在追求效率和实施技术的控制中，理性也就由解放的工具退化为统治自然和人的工具。因为启蒙理性的发展高扬了工具理性，以致出现了工具理性霸权，从而使得工具理性变成了支配、控制人的力量。也就是说，西方启蒙运动以来一直被提倡的理性蜕变成了一种统治和奴役人的工具。科学理性的这种弊端伴随着生产力和科学技术的发展而日趋严峻，几乎成为工业社会最重要的文化问题。马克思正是从这一严峻的社会现实出发，研究和揭露资本主义社会劳动异化的社会现实，最终提出了科学社会主义理论。在马克思之后，西方马克思主义继续坚持对资本主义社会的这一问题展开批判。在法兰克福学派的大众文化批判理论中，工具理性始终是其批判所指向的核心问题之一。卢卡奇将工具理性批判引向了对资产阶级意识形态的总体批判，而霍克海默和阿多诺在《启蒙辩证法》中将工具理性批判进一步提升，把对资本主义的哲学批判进一步扩大。马尔库塞在《单向度的人》中批判了工具理性对人的控制，极权主义使人丧失了否定、批判和超越的能力。

（二）浪漫主义和现实主义的兴起

科学理性的滥用引起了怀有先进思想人们的不满，这种不满的情绪早在启蒙时期就已经慢慢成长起来，在 19 世纪逐渐演变成浪漫主义的文化思潮。法国大革命胜利后，建立了资产阶级专政的政权，“理性王国”的设想被孟德斯鸠的君主立宪制取代，理性的专权给社会造成了灾难性的后果。对此，恩格斯曾经指出：“和启蒙学者的华美约言比起来，由‘理性的胜利’建立起来的社会制度和政治制度竟是一幅令人极度失望的讽刺画。”面对着理想与现实的强烈反差，一些对社会现状不满的知识分子开始试图寻找新的社会理想和社会意识，形成了很多社会思潮。在文学领域，由于人们阶级立场和政治观点的不同，形成了积极浪漫主义和消极浪漫主义两种不同的趋向。消极的浪漫主义怀有深深的恋旧心理，将情感转向保守的天主教，并对中世纪充满了田园般的想象。而积极的浪漫主义作家，则敢于正视社会现实，他们将斗争的矛头直指资本主义社会中残存下来的保守、落后的封建因素，勇于揭露资产阶级的罪恶和专制，因而作品和言论中充满了反抗和战斗的激情。浪漫主义思潮具有强烈的主观色彩，注重自我感受的表达。他们喜欢亲近和歌颂美好、静谧、本真的自然生活，认为只有远离工业文明的污染，回归淳朴的自然，人的思想才能得到释放、获得安歇。浪漫主义或憧憬未来，或迷恋过去，都表达了对现实的不满，他们的想象为失意者和彷徨者提供了精神上的慰藉。但是浪漫主义对现实的批判又往往诉诸对未来理想的寄托，大多数的浪漫主义走向了空想。

浪漫主义的空想使其并不符合人们改造社会的实际，于是批判现实主义应运而生。现实主义力图运用启蒙思想中的理性作为分析的基础和思想武器，发扬了科学理性和人道主义的精神，深刻批判社会现实问题，特别是资本主义社会的工具理性带来的物化、拜金主义等社会问题。与浪漫主义的空想不同，现实主义主张用改良的方法来改变社会现实，拯救人们的精神家园。

（三）从空想社会主义到科学社会主义

空想社会主义作为一种批判、否定资本主义的社会思潮产生于16世纪初期，经历了16—17世纪的早期空想社会主义、18世纪的平均空想社会主义和19世纪的批判空想社会主义。空想社会主义是早期无产阶级意识的先声，反映了早期无产阶级迫切要求改造社会、建立理想社会的渴望，他们对资本主义社会现象的讽刺和批判，提供了启发工人觉悟的极为宝贵的材料，是科学社会主义的来源。

早期空想社会主义的代表是托马斯·莫尔，他的空想社会主义思想正值欧洲的地理大发现时期。在《乌托邦》中，莫尔运用游记体小说的表现形式，将自己对现实的思考和对未来的设想假拉斐尔·希斯拉德之口讲述出来。他对当时英国社会的种种弊端，统治阶级的专权残暴、厚颜无耻，以及广大下层群众的悲惨处境予以辛辣的嘲讽和深刻的揭露。他还将自己对人类美好国家制度的憧憬投射在他所假想的乌托邦岛上，规划了理想社会乌托邦的政治、经济、科学文化、社会生活、宗教、对外关系等方面的主要特征。

1622 年意大利空想社会主义思想家康帕内拉在狱中写成的《太阳城》一书，是具有深远影响的空想社会主义著作。他在书中采用对话体裁，描绘出一个根本不同于当时西欧各国社会的新型理想社会。在这个社会里，没有剥削，没有私有财产；人人劳动，产品按需分配；太阳城里实行“哲人政治”，只有大智大慧的“贤哲”才能担任最高管理人（称为“太阳”）及其助手；教育与生产相联系，存在脑力劳动与体力劳动的差别。这一设想反映了意大利早期无产者和贫苦劳动人民反对剥削的要求和对幸福生活的渴望，对后来的空想社会主义者有一定的影响。

到 19 世纪初期，空想社会主义演变成社会批判的形式，以圣西门、傅立叶、欧文为代表，在理论上致力于对社会制度的分析，深刻揭露了资本主义制度的许多弊病。三大空想社会主义者在对资本主义制度批判的基础上，还各自拟出社会改革的方案。圣西门和傅立叶幻想通过和平号召的方式，使资产阶级赞同他们的主张，建立一个人人劳动、民主平等、按劳分配、普及教育的理想社会；欧文主张利用小型试验的方式，通过示范作用来建构理想社会。但是，由于时代的局限，他们的空想社会主义存在着根本的缺陷。正是空想社会主义未能从根本上揭示资本主义必然灭亡的命运的经济根源，也没有实践上的探索，只是把设想停留在理论的层面，因而只能是空想社会主义。他们深刻揭露了资本主义的罪恶，对未来的理想社会提出许多美妙的天才设想。他们企图建立“人人平等，个个幸福”的新社会。这些思想对启发和提高工人觉悟起了重要的作用。但是空想社会主义只是一种不成熟的理论，反映了正在成长中的无产阶级最初的、还不明确的愿望。他们不能揭示资本主义的根本矛盾和发展规律，不懂得阶级斗争，不认识无产阶级的历史使命，所以他们的社会主义只能是一种无法实现的空想。当无产阶级成长为独立的政治力量，就需要有一个建立在科学基础上的革命理论来代替它。

到了19世纪40年代，随着资本主义社会化大生产的发展，社会制度中固有的生产社会性与生产资料私人占有之间的矛盾日益加剧，社会日益分裂成两大对立的阶级——无产阶级和资产阶级，且两个阶级之间的矛盾和斗争越发激烈，反映这些矛盾的阶级斗争已经开始爆发。比如1831年和1834年法国里昂纺织工人起义，1836—1848年的英国宪章运动，以及1844年德国西里西亚纺织工人起义，这三大政治运动标志着无产阶级开始作为独立的政治力量登上了历史舞台。革命形势的发展呼吁着科学理论的指导，马克思主义理论正是在这样的社会背景下产生的。马克思和恩格斯及其他理论的创始人自觉地参加到革命斗争之中，积极批判资本主义社会制度。他们在前人理论研究的基础上，批判地继承了人类文化的优秀成果，并加以创造性的阐释。通过批判改造德国古典哲学产生了第一个伟大发现——唯物史观；通过批判地改造英国的古典经济学，产生了第二个伟大发现——剩余价值。这些具有创造性的理论从社会革命实践出发，又用以进一步地解释和指导社会革命实践，超越了唯心史观和空想社会主义，终于使社会主义变为了一个科学学说。马克思的哲学思想对人的本质的分析，对人的解放和人的价值实现的关注，使其学说不仅成为指导无产阶级革命的“批判的武器”，而且建构起一个人本形态的精神家园。

二　现代精神家园的主要特征

（一）在科技理性中融入价值理性

人本形态的精神家园是作为价值理性对科学理性发起质疑和

挑战的。价值理性与工具理性的争论古来有之，在启蒙运动之后，这种对立表现得更加明显起来。接受启蒙思想的人们把理性分为价值理性与工具理性两部分，而随着自由资本主义时代的到来，敢于运用理性日益被缩减为敢于运用工具理性，而价值理性则被追求利益最大化的市场的无形之手彻底抛弃。当科学技术抛弃了价值理性而独自飞速发展的同时，工具理性的弊端也逐渐表现出来，这种异化的发展违背了科学理性的初衷，离人们理想的精神家园越来越遥远。在困境面前，人们用理性的眼光去审视工具理性，并发现全面的启蒙，不仅包括工具理性，而且还应该包括价值理性。价值理性与工具理性的统一，才能不断验证“人是人的最高本质”。

人本价值形态的精神家园就是在这样的思考中建构起来的，它在坚持以“人本”作为认识和评价社会现实的基本尺度的同时，还注重价值理性与工具理性的协调统一发展。人既是一切社会活动的起点，也是社会活动的最终归宿。无论是科学理性还是价值理性的主体都是现实生活的人，都是为了塑造理想人格和实现更高层次的发展。马克思立足于社会生活的实践，从具体的、现实的人而不是抽象的人出发，深刻批判了人的本质异化的社会根源，讨论了人从各种形式的压迫下获得解放的途径，并提出自由、全面发展的价值取向。因此，马克思的理论既不同于纯粹的科学主义，也不同于抽象的人本主义，而是体现了科学理性与价值理性、科学与人文、真理与价值的协调统一。

（二）以实现人的价值为根本

以人为本是从哲学价值论角度进行考量的，一切价值归根结底都是对人的价值，离开人这个“最高绝对目的”就无所谓价值，人的价值就构成了所有价值的中心，成为各种价值尺度的最终尺度。因此，人本的实质是以实现人的价值为根本。人的价值是一种目的性价值，即人是目的而非手段。人就其本性来说，是一个理性的存在，是具有绝对目的意义的存在。人的行为总会不自觉地把自身当作第一目的，而不是供意志任意利用的物或工具。曾经在科技理性的主导下，人被物所奴役，将眼前的物质利益作为目的却没有意识到自身才是目的。人只有明确了这一点，才能更好地发挥自主性和创造性，才能自由发展而不被奴役，人的精神家园才能和谐地建构和发展。

（三）以人的自由、全面发展为最终目标

马克思关于自由、全面发展的目标也是人本价值形态精神家园的价值取向。人是万物的尺度和目的，社会的发展终究是为了促进和实现人的发展。以人为本从人的利益出发，将人作为目的，实现人的价值，最终是为了人的发展。马克思在《共产党宣言》中早已明确指出“每个人的自由发展是一切人的自由发展的条件”[①]。在《1857—1858 年经济学手稿》中，又对人类历史进入文明社会后的发展形态划分为人的依赖关系阶段、以物的依赖为基础的独立性阶段、建立在个人全面发展和他们共同的社会生产能力成为他们共同财富这一基础上的自由个性阶段的三大形态。[②] 人的自由全面的发展是人扬弃异化后的更高形态，是当今社会发展必须坚持的发展目标。在自由王国里，人们认识和掌握了社会历史的必然性和规律，使自己成了自然界和社会的主人，从自然界和社会领域的盲目力量的支配和奴役下解放出来，从而能自觉地创造自己的历史这样一种状态。这种不受外物奴役的自由发展能够最大限度地发挥人的主观能动性和主体性，创造出更多的物质财富和精神财富。

---

① 《马克思恩格斯选集》第 1 卷，人民出版社 1995 年版，第 294 页。

② 同上书，第 104 页。

三　影响与评价

首先，现代精神家园突出对人本价值的追寻，真正体现了对人的生命关怀。人本价值形态的精神家园对人的能力的肯定以及对人的自主性的发挥都是前所未有的。神话想象和宗教信仰形态的精神家园更多地表现为一种主观心理上的盲目崇拜，科学理性形态的精神家园又将人引向了技术崇拜的深渊，只有人本价值形态的精神家园将人本与价值结合在一起，把人的利益需要的满足与人的价值的实现结合在一起，在自由、全面的发展中体现人的自主性和能动性。

其次，以人的发展作为价值取向的精神家园立足于社会现实同时又具有理想的超越性。这也是该形态精神家园与其他形态精神家园的不同之处。人本形态的精神家园实现了人作为精神生命的主体，而且为人的生存和发展提供了精神的支撑和正确的价值引导。

最后，以人的发展作为价值取向的精神家园是精神家园发展的最高形态，它既是对前面各种形态精神家园的超越，也是对人的异化形态的扬弃。人摆脱异化，真正地实现自由和全面的发展，人才能真正地把握自我、享受人生，精神家园才能真正为人所有。

第 七 章

精神家园的民族形态

精神家园的理论研究需要多维的视角。从历史的角度出发，对精神家园的历史发展形态进行归纳和梳理，旨在揭示精神家园的历史性与遗传性；从民族的角度出发，对精神家园的典型形态进行分析，旨在揭示精神家园的现实性与多样性，这是与历时性研究相对应的共时性研究方法。研究民族精神家园的典型形态，一方面是以民族精神文化实例的方式对精神家园历史演进逻辑分析的充实与论证，另一方面也是在精神家园总体特征的基础上进一步展现了精神家园个性化与民族性的特点。

民族丰富的精神文化是该民族精神家园产生的思想资源宝库。任何一个民族的精神家园都无法脱离本民族的历史、文化独立存在，一定是源于民族的历史进程与文化内核之中。精神家园容纳了一个民族特定的历史经验、宗教意识、思维观念、心理积淀和文化传统等丰富的内容。这些内容有机地结合在一起，成为相互交错的立体构成。由于民族的历史文化背景以及民族的发展进程不同，世界上各个民族的精神家园也各具特色。同时，任何一个民族的精神家园又都是在现实的社会生产实践中生成的，正如“文明是从人类的物质创造（尤其是对火的利用）扩展到精神的光明普照大地”。[①] 没有民族成员感性的生产实践以及在感性实践中所创造出来的物质基础，就不会有文明的产生。

历史上各个民族精神家园都是在生产实践的基础上，在自然环境、政治历史、宗教文化等多方面因素的影响下，在民族文化和时代精神的作用下生成的。同时，在民族的精神家园中也融入了民族的文化心理与精神追求，展现了各个民族特有的生机与活力。本章在研究精神家园历史样态的基础上对精神家园的民族形态开展横向的比较，选取了人类精神文化史上颇具个性的五个民族作为研究对象，比较了这些民族各自精神家园的历史生成与当代特征，并从中得出启示。

第一节　美利坚民族的精神家园

美利坚民族的精神家园与美利坚民族是相伴而生的。美利坚民族从形成伊始就十分珍视对精神家园的建构，这份情愫甚至可以追溯到1620年“五月花号”所承载的憧憬新大陆的美国梦。在美国两百多年的历史中，由新教伦理、启蒙精神、移民文化和实用主义哲学构成的美利坚民族的精神家园塑造了美国人的国民性格和精神风貌，同时也作为一种凝聚力、向心力和推动力促进了美利坚民族的发展和繁荣。

一　历史生成

美利坚民族精神家园是美利坚民族历史实践建构的产物，是

① 张岱年、方克立：《中国文化概论》，北京师范大学出版社2004年版，第2页。

在多样的自然条件、资本主义的生产方式、自由民主的现代文明以及多元整合的熔炉文化共同作用下的结果。

第一，有利的自然地理条件。美利坚合众国的国土位于北美洲的南部地区，东临大西洋，西濒太平洋，北接加拿大，南靠墨西哥及墨西哥湾。三面环海的优越位置使美国交通便利，有利于开展贸易和形成自由、开放的国民性格。美国建国之初仅拥有大西洋沿岸密西西比河以东的 13 个州，在后来的民族发展中，扩张到太平洋沿岸，拥有 50 个州、930 万平方公里的辽阔疆域。美国本土的地形特征是东西两侧高，中间低，自东向西可大致分为三个地形区：东部为阿巴拉契亚山脉及大西洋沿岸低地的平原地区。平原地区多数由河流冲积而成，密西西比河三角洲土壤肥沃，便于开展农业生产。中部大平原位于东部的阿巴拉契亚山和西部的落基山之间，北起五大湖沿岸，南接墨西哥湾沿岸平原，呈倒三角形，贯通南北，约占美国全部国土面积的一半。西部属于科迪勒拉山系，由东部的落基山脉、西部的喀斯喀特山脉、内华达山脉和太平洋沿岸的海岸山脉组成。辽阔的国土蕴藏着丰富的矿藏资源和多样的物种，这些为美利坚民族的发展提供了极其雄厚的自然基础，也为美国人民族习性与价值观念的形成提供了丰富的物质条件。辽阔的地域和复杂的地形使各地气候差异较大。大体可分为东北部沿海的温带气候区、东南部亚热带气候区、中央平原的大陆性气候区、西部高原干燥气候区以及太平洋沿岸的海洋性气候区。

得天独厚的地理位置，多样的地形结构、气候条件和自然资源为美利坚民族的文化发生起到了重要的作用。一方面，自然资源为民族的生存、发展提供了生活与生产资料，借用马克思的比喻，它们是民族发展天然的“衣食仓库”和“工具武器仓库”。自然环境的多样性，导致了美利坚民族所创造的物质文化的多样性，进而使民族的精神文化创造力得到了极大的发挥。另一方面，多样的自然地理条件也赋予了美利坚民族多元的文化类型和特色。土质肥沃、物产富饶的平原地区培育了美国人积极向上、乐观进取的民族性格，而在对土地荒芜、条件恶劣的西部地区的开发与拓荒，也塑造了美利坚民族敢于冒险、富于挑战、勇往直前的坚韧品质。

第二，资本主义的生产方式。马克思曾经指出："不是土壤的绝对肥力，而是它的差异性和它的自然产品的多样性，形成社会分工的自然基础，并且通过人所处的自然环境的变化，促使他们自己的需要、能力、劳动资料和劳动方式趋于多样化。"① 美国地理环境的多样性、自然资源的丰富性与气候条件的多样化，促进了资本主义生产方式的发展。自美利坚民族形成之前，北美大陆的生产方式主要是印第安人原始的狩猎和采集经济。欧洲移民带来了新的生产工具与技术，也几乎未受多大阻碍就移植了欧洲大陆的资本主义生产方式与经济体制。南北战争使南方的奴隶制种植园经济让位于资本主义生产方式，确立了资本主义在全美的主导地位。资本主义生产方式的突出特征是自由贸易和平等竞争，鼓励新技术和新发明，在经济生活中保护私有财产的合法性。在资本主义生产方式的决定作用下，相应地形成和培育了美利坚民族自由、平等、民主、开放的社会意识和民族文化心理，这些价值理念深受资本主义生产方式影响并内化于其国民性格之中。

第三，多元整合的移民文化。美国是世界上最典型的移民国家。最早的移民是数万年前从亚洲跨过白令海峡而到达美洲大陆的印第安部落，17 世纪来自英国、荷兰、法国、德国等一些国

---

① 《马克思恩格斯全集》第 23 卷，人民出版社 1973 年版，第 562 页。

家的移民成规模地进入，随着贩奴贸易的展开，非洲大批黑奴拥入美洲，18 世纪有大批的亚洲人来到北美大陆。来自各地的移民在生产实践中加强协作，在文化的交往中寻求同质性，直到 18 世纪中叶形成了“合众为一”的美利坚民族。此后，又有来自世界各地的人不断移入这个能够成就梦想的国家。移民带来的直接影响就是使美利坚民族的文化多元化。正如美国著名历史学家查尔斯·比尔德在《美国文明的兴起》中所说的，“美国文明……是欧洲文明与美洲荒原的新的历史结合”。文化的多元并不意味着分散，美利坚民族文化最显著的特征就是在融合多元文化的基础上形成统一的价值观和自由、民主、开放的美国精神。

美利坚民族文化也并非是多重文化的杂烩。事实上，从一开始，盎格鲁—撒克逊的白人文化就在美利坚民族文化的形成中占据支配地位和发挥着主导作用。美利坚民族的政治、法律、风俗习惯、伦理道德观念以及宗教文化各个方面都深受英国的影响。正如康马杰在《美国精神》中指出的：

> 美国性格是继承和环境交互作用的结果，而两者都是错综复杂的。以继承而论，美国不仅继承了英国的传统，也继承了 17、18 世纪的传统，也继承了两千年来的传统。美国是英国的产物，这一点谁都承认。美国的文化和制度的渊源可以追溯到希腊、罗马和巴勒斯坦，这一点却被遗忘了；美国人所保持的国家、教会和家庭的基本制度以及他们所珍惜的基本价值观念都表明了这种悠久的来源和关联。①

---

① ［美］康马杰：《美国精神》，南木等译，光明日报出版社 1988 年版，第 4 页。

现代美国文明建立在过去多元文化遗产的基础之上，并在民族发展过程中不断加以整合与创造，新的民族文化精神又远远地超越了原有的传统，这种文化精神赋予了美利坚民族以蓬勃发展的动力，他们在一个文化的大熔炉里建立起统一的、稳固的精神家园。

第四，重大历史事件的影响。在美利坚民族两百多年的历史中，有不少对美利坚民族的发展产生重大影响的历史事件，它们对塑造美利坚民族精神、推进民族发展与繁荣起到了重要的作用。这里仅以西进运动、南北战争为例来说明。

西进运动是美国历史上拓展领土的重要事件。美利坚民族向西部扩张的历史由来已久，民族独立之后变得更加积极和有计划。在长达一个多世纪的时间里，西进运动经历了以农业为主的初步开发时期、以工业为主的综合开发时期和以高新技术为主的深度开发时期，使东自阿巴拉契亚山，西至太平洋的广大地区（约相当于美国3/4的国土）得到了开发和利用。西进运动完成了美国东西政治经济一体化，促成了美国近代农业革命、工业革命和知识革命，极大地推进了美利坚民族现代化的进程。不仅如此，西进运动更是塑造了美利坚民族的价值观念和精神风貌。特纳指出，西进运动生成了美国思想独有的边疆特性，“粗暴、强健，加上精明、好奇这种特性；头脑既切合实际又能别出心裁，想的办法快这种特性；掌握物质一类的东西，手脚灵巧，不过艺术性差，但做出来的东西使人产生伟大有力的感觉这种特性；精力充沛，生气勃勃的特性；个人主义突出，为善为恶全力以赴这种特性；同时热爱自由，华而不实这种特性”。[①] 在开发边疆的实践中所培育出来的不畏艰苦、不怕牺牲、勇于开拓的拓荒精神

① 杨生茂：《美国历史学家特纳及其学派》，商务印书馆1983年版，第178页。

和牛仔精神，以及胸怀理想、豪迈乐观、意气风发的精神面貌为美利坚民族的精神注入了强劲的动力和价值。没有西进运动，也就没有今天的美国。

1861 年到 1865 年的南北战争堪称美国历史上第二次资产阶级革命，在美国历史发展中具有划时代的进步意义。南北战争的根本原因是北方的资本主义工商业与南方种植园奴隶经济制度之间的矛盾与对抗，也有说法认为是由于不同的意识形态所导致的文化价值观的差异。战争的直接原因是代表北方资产阶级利益的共和党领袖林肯就任总统，南方为此挑起内战，一时间新成立不久的联邦陷入民族分裂的危机之中。双方争论的焦点最后集中到黑人奴隶制的存废问题上。四年内战以北方的胜利告终，结束了“一国两制”的局面，挽救了即将分裂的民族，也进一步确立了资产阶级的统治地位。奴隶制的废除意义深远，虽然黑人仍会受到一些观念上的歧视，但在身体和政治上取得了解放和自由，为美利坚民族实现民主、平等和自由开辟了道路。假如没有南北战争，美利坚民族的经济、社会和文化的发展将不会呈现今天的景象。

二　主要表现

作为一个由移民构成的民族，美利坚民族的文化是多元的，同时在两百多年的生产生活中，具有各种特性的文化又不断融合成统一的民族精神和价值观念，多元中蕴含着统一。美利坚民族共有的精神家园主要包含以下内容：

第一，基督新教伦理。基督教的价值伦理在美利坚民族的精神家园中占有举足轻重的地位。基督教对美利坚民族的塑造和影响是伴随着早期的欧洲移民开始的。来自欧洲的清教徒们将自己原先的宗教思想融入建设新大陆的具体实践中。他们一致的梦想就是将新大陆建设成为一个没有压迫的、宗教自由的“山巅之城”。按照这样一个宗教理想，以白种盎格鲁—撒克逊人为主导的美利坚民族形成了基督新教文化价值观。这种文化价值观继承了基督新教中的天职观、禁欲主义等伦理思想，规范着人们的言行。在美元上印有“我们信仰上帝”（In God We Trust）的字样；美国总统在参加仪式时，每当国歌响起都会用手轻按自己的心脏以表示对上帝和民族的忠诚；在最高法院大厅中悬挂着“摩西传十戒”的宗教油画……随着科技的发展，尽管基督教中的一些教义和理论显然已经被证实并不可靠，但是美国人仍然笃信不移地坚持着新教的伦理，仿佛这些伦理价值观已经内化在其精神生命之中。从这一点可见，新教伦理对今天的美利坚民族来说，仍然具有十分重要的精神家园意义。

清教徒们坚信他们是作为上帝的选民而来到新大陆的，因此，他们肩负着上帝赋予的神圣使命。当他们面对着新大陆的光明前景时，坚信自己是与旧世界不同的新人。北美人的这种民族自豪感就是文化自觉的最鲜明的表现。这种民族的优越感与宗教思想结合，发展成一种“天定命运”的思想。美利坚民族作为上帝的选民不仅要将美国建设成为美好的人间天堂，还要帮助其他落后的民族建设新世界。于是宗教思想与政治结合在一起，指导着美国的对外战略。塞缪尔·亨廷顿指出：“宗教一直是而且至今仍然是美国特性和国民身份的主要因素之一，也许还是最主要的因素。美国在很大程度上就是由于宗教的原因而创建的，宗教运动影响了它的演变历程将近四个世纪之久。”① 但也就是这

① ［美］塞缪尔·亨廷顿：《我们是谁？——美国国家特性面临的挑战》，程克雄译，新华出版社2005年版，第19页。

种民族优越感和使命感，使美利坚民族自认为是“救世主”，在世界范围内加快推进“民主普及”和“道德讨伐”的进程。

第二，美国梦的社会理想。美国梦是一个带有宗教色彩的社会政治理想，旨在基督新教的引导下建立一个自由、民主的国家。1620 年，在承载美国梦的“五月花号”上，41 名成年男子共同签署了一份《五月花号公约》，上面赫然写着他们这样的建国理想：为了上帝的荣耀和基督教的进步，我们这些在此签名的人扬帆出海，并即将在新大陆开拓我们的家园。我们在上帝面前庄严签约，自愿结为一民众自治团体，为了使上述目的得以顺利进行、维持和发展，亦为将来能随时制定和实施有益于本殖民地的总体利益的一应公正法律、法规、条令、宪章和公职等，吾等全体保证遵守与服从。在欧洲移民的努力下，现代文明的全新建构开始了，美国梦从一个宗教的梦想变成了一个政治的现实。由于新大陆的历史一清二白，既没有贵族制的统治经历，也没有不彻底的资产阶级革命残留，因此，当这些理想者们将从欧洲带来的资产阶级思想的种子在新大陆播种后，很快就开花结果，建立起一个三权分立的政治体制，也让民主、平等、自由等价值理念深入人心。1776 年的《独立宣言》明确规定“人人生而平等”，享有“生命权、自由权和追求幸福的权利”等内容。对此马克思也称赞其为人类历史上“第一个人权宣言”。为了维护资产阶级的利益，制约和防止滥用权力，美国在尊重人权的基础上又进一步确立了“三权分立”的政治体制以及两党轮流执政的政党制度。美国两百多年以来，以权力的分散和制衡来实现民主、自由、平等的思想，一直指导着美国的政治生活，保持了政治的长期稳定。

第三，个人主义价值观。个人主义是美利坚民族文化价值观的核心内容。一方面，个人主义不完全等同于“利己主义”，而是执着于对自由和个性的追求，因此有着特殊的美利坚民族特色。美国学者萨姆瓦将个人主义作为一种学说来看待，指出个人主义“认为个人利益是，或者应该是至高无上的；一切价值，权利和义务都来源于个人。它强调个人的能动性，独立行动和利益”。[①] 美国文化中的个人主义的价值观念，是一个以人为中心和最终目的的价值体系，包括生存自由、自主自立、尊重隐私等许多方面的内容。生存自由的价值诉求是在早期反抗殖民统治的束缚和压迫中建立起来的，在后来发展成不受束缚的生存和自由地享受权利，包括享有表达思想的自由、接受教育的自由和参与政治的自由。自主自立的价值诉求是在开辟新大陆，特别是西进运动中形成的自力更生和个人奋斗的主张。它包括自己抉择和确定目标，不依靠父母，充分发挥自己的能力，怀有梦想不懈努力等内容。尊重隐私的价值诉求是指每个人都有自己应该受到保护的隐私，这是对人的尊重和理解，没有了隐私也就不存在自由和尊严。另一方面，个人主义与集体主义也并不矛盾。相反，个人主义在主张个性自由和自我实现的同时，也更注重集体意识和集体责任感的提升。因为个人的自我实现总是离不开集体，在充分发挥个人能力的同时更应该注重集体的合力；同时，集体利益的实现最终也是为了组成集体的个人的利益和价值的实现。

第四，实用主义哲学思想。实用主义是美利坚民族的本土哲学，因而最能够体现美利坚民族的价值观念。实用主义包含追求实效、注重行动和积极进取的精神，它是在美国独特的地理环境的塑造下，在资本主义经济生活和政治制度的影响下，在新教伦理价值观的引导下，在英国经验主义和近代德国哲学思想的基础

---

① ［美］萨姆瓦等：《跨文化传统》，陈南等译，生活·读书·新知三联书店1988年版，第88—89页。

上共同作用而形成的。实用主义哲学一改以往哲学主客体二分的论调，更多的是将哲学和真理视为帮助人们解决现实问题的理论工具。实用主义强调哲学要立足于社会现实，以行动求生存，以效果论优劣，以进取谋发展。从哲学的实践性特征来看，实用主义与马克思所主张的实践哲学在目的上有相通之处。马克思曾经说过，“哲学不是世界之外的遐想”，“那种曾用工人的双手建筑起铁路的精神，现在在哲学家的头脑中树立哲学体系。”① 实用主义正是以改造世界为目的而为人们所接受。在皮尔士、詹姆斯和杜威等哲学家的阐释下，讲求效用、求真务实的实用主义与美利坚民族的发展紧密结合起来，融入民族精神文化之中。实用主义价值观已经成为美国人生活实践的指导原则。在政治领域，制度和政策灵活多变，倾向合法改革而不主张暴力革命，追求切实的福利目标以改善生活；在经济领域，重视技术发明对提高经济效益的重要作用；在科教领域，重视科学实验，实行教育改革和创新，增强教育的灵活性和实用性。

第二节　法兰西民族的精神家园

法兰西民族拥有悠久的历史和灿烂的文化，在世界上最早举起自由、民主和博爱的旗帜；同时法兰西民族也是一个有着极强时代感和超越精神的民族，他们积极进取，不断创新，屹立于世界民族之林。法兰西民族在历史的积淀与时代的创新中形成了民族的精神家园，这一精神家园既有追求自由民主的革命激情又有浪漫自然的艺术气质，展现了法兰西民族独特的民族性格和价值

① 《马克思恩格斯全集》第1卷，人民出版社1957年版，第120页。

理念。

一　历史生成

法兰西民族历史悠久，向前可以追溯到公元前1世纪高卢人与罗马入侵者的对抗，可以追溯到公元481年法兰克王国的建立，也可以追溯到1337年为争取独立和自由的英法百年战争。但是作为一种现代指向的民族概念，法兰西民族却是在1789年爆发的法国大革命中形成的。优越的自然条件、古希腊文明的影响、多元的文化、大革命精神共同作用在一起，历史地生成了法兰西民族的精神家园。

第一，优越的自然地理条件。

法国位于欧洲大陆的西部，地理位置十分优越，交通便利。不仅在内陆毗邻欧洲多国，如东北紧邻比利时、卢森堡和德国，东与瑞士相依，东南与意大利相连，南与西班牙接壤；而且拥有得天独厚的海运条件，如西临大西洋，西北面对英吉利海峡和北海，南临地中海。法国的国土大体呈等边六角形，东西南北之间的距离大都在1000公里，布局匀称。由于边界上无特殊的天然屏障，因此，易于向四面八方开放。法国地形总体上以平原和丘陵为主，海拔较低。整个地势东南高、西北低，中部是中央平原。北部与西部都有辽阔的平原，南部与西班牙的边界上有比利牛斯山脉，靠近东南部是森林茂密的汝拉高原，北部为巴黎盆地。水资源分布广泛，美丽的塞纳河与莱茵河镶嵌于国土之中。

气候温和，适宜农业生产。法国位于北纬42°—51°之间，由于地处欧洲大陆西岸，面向大西洋且无高山拦阻，深受温暖湿润的西风影响，大部分地区具有海洋性气候特征，冬暖夏凉，常年有雨。西部大西洋沿岸地区属海洋性温带阔叶林气候，冬暖夏凉，温和湿润。向东属大陆性气候，季节温差增大，雨量随之减少。中央高原气候恶劣，夏季多暴雨，冬季多大风雪天气。最东部冬季较寒冷干燥，夏季较热。南部是被誉为“蓝色海岸”的地中海沿岸，属亚热带地中海式气候，夏季炎热干燥，冬季温和多雨。法国大部分地区的自然条件和气候都很适宜农业生产。森林覆盖面积在国土面积的1/4以上，农业耕地面积占国土面积的1/3以上，且土地肥沃，因而适宜农业生产，使法国成为世界农业大国。

法国天然便利的交通，有利于贸易的开展，同时也给予法国人以宽阔的视野和开朗的个性。同时，多样的地形结构以及宜人的气候也孕育出法兰西民族浪漫、感性的性格特征。正如“多样的色调、鲜明的层次、富于变化的奇异风采，无疑有助于形成一种健全的、富于思维的弹性和想象力的心态”。①

第二，多元的文化和优秀的文明传统。

同欧洲现代大部分民族一样，法兰西民族是由所有共同建立这个国家的不同民族所组成的，并在自己历史发展的过程中形成了统一的文化。法兰西民族历史悠久，从远古时代起就有人类在这片土地上繁衍、生息，留下了许多遗迹和文物。在长期形成的过程中，法兰西民族几乎囊括了欧罗巴种族的一切组成部分——伊比利亚人、希腊人、高卢人（凯尔特人）、罗马人、日耳曼人中的法兰克人和勃艮第人以及北欧的诺曼人等。法兰西民族的族源中既包括拥有高度古代文明的罗马人，也吸收了被称为蛮族的日耳曼人。法兰西民族的文化融合了古希腊、古罗马的优秀文明传统，既有古希腊文化悠扬恬静的自然和谐之美同时又继承了古

① 许苏民：《文化哲学》，上海人民出版社1990年版，第93页。

罗马气势雄浑的英雄主义品格；不仅有浪漫的诗歌、传说，还有崇高的国家理想和个人荣誉。法兰西民族在继承这些优秀的文明遗产的同时，在民族融合与发展中又不断创造出多元、灿烂的法兰西文化，成为民族认同的基础。

第三，加尔文改革与启蒙运动的洗礼。

16 世纪西欧的宗教改革向基督教专制统治发起了挑战。与德国路德新教和英国安利甘教自上而下的改革方式不同，法国的加尔文教具有深厚的民众基础。加尔文的改革除了要求以长老制替代天主教的主教制以及简化宗教仪式外，还提出了有益的新教价值观。加尔文把信仰与人的“善功”结合起来，指出信仰是灵魂获救的内在确证，善功则是灵魂获救的外在确证。因此，人不仅要在内心树立信仰，而且要在日常生活和职业劳动中积累善行和美德。加尔文新教的职业观和禁欲主义鼓励人们朴素节俭和勤劳致富，因为这是为上帝增添荣耀和获得纯正信仰的重要美德。加尔文的新教“美德”成为资产阶级的经济伦理，对法兰西民族亦即西欧其他民族早期资本主义的发展起到了非常重要的推动作用，这些伦理价值也深入到法兰西民族精神文化的内核中，成为精神家园的重要内容。同时，加尔文对天主教的改革也弘扬了人性的解放和自由的价值理念，在一定程度上促进了近代民族国家的崛起，也为启蒙运动以及理性时代的到来做了前提准备。“凡是宗教改革深入的地方，产生过重大作用的地方，不论其成败如何，都留下了一个总的、显要的、恒久的结果，即思想的活动和自由迈出了大步，向着人类心灵的解放前进。”①

与蒙昧迷信思想对应的理性精神在 17 世纪就已经萌发出来，

---

① ［法］基佐：《欧洲文明史——自罗马帝国败落到法国革命》，程洪奎、沅芷译，商务印书馆 1998 年版，第 197 页。

在18世纪的法国启蒙运动中得到弘扬。法兰西民族是人类思想史上燃起理性火炬的第一个民族，启蒙思想产生于法兰西保守、落后的社会制度之中。天主教会和君主专制成为科学理性的首要批判对象。以伏尔泰、孟德斯鸠、狄德罗等为代表的启蒙思想家批判了天主教会的腐朽落后，更深入剖析了造成宗教愚昧的思想根源和宗教专制的社会政治基础。因此，启蒙运动一方面通过批判天主教会的伪善和弘扬科学理性使上帝失去了作为外在自然界的主宰地位而转移到人们内心的道德世界中，使宗教信仰不再成为束缚人们思想和意志的枷锁而成为人内心的体验；另一方面，通过对社会政治基础的批判，纷纷提出了具有科学理性精神的政治主张和资产阶级的价值理念，如天赋人权、三权分立、君主立宪、社会契约理论等。

16世纪加尔文的宗教改革和18世纪的启蒙运动，使天主教及其赖以生存的封建政治基础都受到了动摇，相应地，也使法兰西民族的精神文化内容发生了变革，融入了科学理性的精神。宗教退出了自然界和政治领域，只在人们的精神世界发挥作用。自由、民主和平等的观念深入人心。

第四，民族革命运动的塑造。

历史上的法兰西民族经历过许多内忧外患的威胁。无论是抵御罗马人的外族入侵还是后来的英法百年战争和普法战争都曾让民族陷入分裂危机之中。然而也正是这些民族危机唤起了民族的觉醒，铸造了法兰西民族保家卫国的爱国热情和骁勇顽强的抗争精神。法兰西民族经过艰苦卓绝的民族战争，完成了法兰西民族的统一，促成了法兰西中央集权民族国家的最终建立。在法兰西民族历史上诸多的革命运动中法国大革命的意义最为深远，对法兰西民族精神文化的影响最为深刻。法国大革命是一次广泛而深刻的政治革命和社会革命，它摧毁了法国的封建专制制度，动摇了欧洲大陆的封建阶级统治，建立起资产阶级的政治统治，促进了资本主义经济的发展，传播了资本主义自由民主的进步思想。在启蒙民主思想的鼓舞下，法国大革命废除了封建制度，发布了《人权宣言》。《人权宣言》的发表，打碎了君权神授的神话，否定了封建等级制，激发了人民的巨大热情。人权、自由、平等成为新制度的象征，意味着封建贵族王权的废除。同时法兰西民族语言进一步统一，民族共同的心理素质进一步形成。

大革命也引起了欧洲邻国封建统治者的不安和敌视。1791年开始，奥地利、普鲁士等国对法国进行武装干涉，这激起了法兰西人强烈的民族意识和高度的爱国热情。面对邻国的武装干涉，法兰西人民为民族而战，奋勇抵抗，保卫了大革命的成果。《马赛曲》洋溢着对自由的向往和对革命英雄主义的弘扬，团结和激励法国人民群众进行反封建斗争，成为法国大革命的精神象征。革命中涌现出来的爱国主义和为了真理和自由而奋勇抗争的精神也深深地融入法兰西的民族血液中。

二　主要表现

首先，自由、平等与博爱的价值理念是法兰西民族精神家园的最突出内容。从法兰西词语的内涵上看，拉丁文“Francia”原本就意为“勇敢的、自由的国家”。自由、平等与博爱的价值理念在启蒙运动中得以孕育，又在法国大革命中充分弘扬并传遍了全世界，使建立保障人权、限制权力的法治社会成为人类社会的普遍价值理念和政治文明诉求。自由、平等、博爱这三个神圣的词语因此而成为法兰西民族的代名词，不仅写在纪念性建筑物、钱币和旗帜上，而且铭刻在民族的精神理想之中，甚至被视为神的意旨。戴高乐将军曾经说过，“在法国的伟大与他的自由之间有着绵延两千多年的公约”。这表明自由已经成为法兰西民族的文化特性，不仅如此，法国人对自由、平等与博爱的认识已经内化到精神生命和人生体验之中。法国哲学家皮埃尔·勒鲁（Pierre Leroux）就曾从人性的三个方面论述了自由、平等与博爱。他指出，人在他一生的全部行动中都是合三而一的，这就是说知觉、感情、认识同时并存，因而在政治上依次对应着自由、平等和博爱。人作为表现状态的生命体，拥有表达行动和思想的权利，这种自我表现和行动的动机对应着政治上的自由；人作为社会中的人，总会带有感情，引导人们正确行动的道德准则对应着博爱；而平等用以阐明自由的权利和博爱的义务，是每个公民所具有的信条。

其次，唯美、时尚、浪漫的精神气质。法兰西民族的精神家园不仅包含善治（自由、平等和博爱）的理念，还富有美的灵性与浪漫的气质。这也许有传承了古希腊文明传统的因素，但更在于法兰西民族在发展过程中的文化生成与精神创造。15、16世纪，与文艺复兴时期的意大利相比，危机四伏的法兰西民族犹如蛮族，缺乏艺术与美的性情；但在路易十四时期的古典主义使法兰西文化在欧洲文化中大放异彩。17 世纪的法国宫廷重视礼节、品性高贵、珍视荣誉，在举止言行中处处流露着修养。甚至不自觉地充当着“欧洲的教师”，成为社交礼仪的典范。这种崇尚优雅的社会风尚深深地影响了文学和艺术的发展，兴起了文化的古典主义。古典主义崇尚理性精神和理想主义，讲求和谐、对称、雄浑的美，这充分发展了古希腊、古罗马时期的古典风格。这一时期的文学艺术（特别是古典悲剧）体现了以理性驾驭情感、以责任驾驭欲望的旨趣，表达了对理性和尊严的珍视和追求。古典主义不仅弘扬了理性与文明，更孕育和培养了法兰西民族唯美、浪漫的精神气质。

今天的法兰西民族不仅保存了古典主义时期的优雅、唯美和浪漫，更增添了时尚的元素。如同 17 世纪法兰西民族教会了欧洲人文明的行为方式，今天法兰西民族仍然站在世界文化艺术的前沿，引领时尚和浪漫的潮流。法国人把对美的感悟体现在艺术设计和文化创造中，游刃于精神世界与现实生活之中。在法国的艺术阶层，各种创新和设想都坚持以人为本的理念，坚持用艺术感动生命和改变生活。当艺术与人的生活追求相融合，体现在设计领域，就是陶冶人的心灵和拓展人的情怀。

最后，勇于创新的开放性思维。法兰西是一块孕育开放性思维的沃土，在其张扬个性的社会氛围中，也处处弥漫着创新的空气。尊重创新是法兰西民族的优良传统，法国诗人勒内·夏尔（Rene Char）曾言："生到这世界上来而什么都没有拨动一下的人，不值得尊重也不值得别人的耐心。"在法国人眼里，一个大艺术家、一个有成就的设计者比一个政要人物更有历史地位，艺术的创造以及设计的创新比政要的功绩更有价值。开放性思维主张个性的张扬。法国人不趋同、爱求异，力图表现自己的特色。法国仅奶酪就有四百多个品种，一年 365 天，每天尝一种都尝不过来。如果一个法国人上街，发现自己穿的衣服和别人一个样，会认为这是非常倒霉的事情。这种特点同样体现在语言上。法语比英语难学，它的语法很复杂，但法语表达很精确，所以国际法要以法语为蓝本，因为法语语言的特点是一句话一个词，就是一种独立的意思，绝对不重复也没有歧义。世界经济一体化，法国人肯定很赞成，但文化要趋同，法国人根本就做不到。

第三节　俄罗斯民族的精神家园

俄罗斯民族在与自然环境和外来民族的抗争中，在与东、西方文明的交往和融合中，获得了独特的宗教认知和文化体验，形成了与众不同的性格特征，也初步建构起民族共有的精神家园。透过历史的棱镜，可以看到俄罗斯民族精神家园是在俄罗斯民族不断抗争、不断发展的历史中生成的，其基本构成既含有宗教的弥赛亚精神又有集体主义和爱国主义情怀；既有唯美主义的艺术气质也有科学探索的进取精神，表现出一种非欧非亚的两面性和摇摆不定的性格特征。

一 历史生成

第一，东正教：俄罗斯精神文化的起点。

俄罗斯文化深受宗教影响，俄罗斯文明的开端就是以宗教的传入作为基本标志的。早在公元6世纪以前，东斯拉夫人在东欧平原上过着游牧的生活，但是俄罗斯民族有记载的历史开始于公元9世纪的基辅罗斯时期。在此之前，斯拉夫人一直信仰多神教，认为所有令人惊愕或恐惧的东西都可能变成神，成为崇拜的对象。基辅罗斯建立以后，为了加强封建统治和满足新兴领主阶级的发展要求，基辅大公弗拉基米尔在公元988年与拜占庭帝国联姻并皈依基督教，随后宣布基督教为国教，同时下令基辅市民到第涅伯河集体受洗，史称“罗斯洗礼”。原始多神教信仰的简单粗陋以及俄罗斯人发达的神秘主义直感，使多神教向基督教信仰的转变较为容易。“罗斯受洗”被视为是俄罗斯文明的起点，它使欧洲最东边缘的俄罗斯民族从此告别了与世隔绝的蛮族生活，开始成为西方基督文明世界中的一员。但是罗斯所接受的基督教是来自拜占庭帝国的基督教即东正教，因而带有明显的东方色彩。东正教的教义和精神信仰渗透于俄罗斯民族文化的内核之中，成为其民族精神、民族性格的主体成分。俄罗斯从拜占庭帝国接受的东正教，不仅是一种宗教信仰，而且是一种世界观。即使是在 13 世纪受蒙古征服和统治的 240 年里，罗斯人的东正教信仰丝毫没有因受到影响而发生改变。

后来，罗马和君士坦丁堡两个基督教中心分别受到天主教和伊斯兰教的攻击而崩溃，基督教的宗教中心转移至莫斯科。到 16 世纪初，普斯科夫城的一个修道院长提出了“莫斯科是第三罗马”的学说，宣称人类的历史就是体现基督教思想的三个国家的历史。前两个基督教国家已经背叛了基督正教，唯有东正教才是正确的和正统的宗教。莫斯科是继罗马、君士坦丁堡之后的“第三罗马”，是新的基督教信仰的保护者。这一学说的提出，进一步确立了俄罗斯民族在基督教文明中的重要地位，有利于加强其民族团结和巩固封建统治，也促进了俄罗斯民族文化的发展和繁荣。长期以来，东正教与专制主义和人民性结合在一起，成为“三位一体”的政教合一政体，直至十月革命之前都作为国家意识形态存在。十月革命后，宗教信仰受到了淡化，但在苏联解体前的十几年，由于西方“休克疗法”使俄罗斯经济几近瘫痪，通货膨胀、社会倒退的现实反差促使人们重新皈依上帝，到宗教那里去寻找精神慰藉。宗教再次走进了俄罗斯人的精神世界。

第二，自然地理条件。

俄罗斯位于东欧平原的北方靠近北冰洋，横跨欧亚大陆，国土广袤，资源丰富。由于属于中高纬度地带，拥有寒带、亚寒带和温带三个气候带。俄罗斯气候复杂多样且差异大，东部太平洋沿岸是季风性气候，西北部是海洋气候，其他大部分地区是大陆性气候。除极北地区以外，大部分区域属于温带，冰雪和严冬是其气候的典型特征。俄罗斯的冬天是严酷而漫长的，不说西伯利亚令人生畏的零下 60 摄氏度超低气温，就是位于俄罗斯欧洲地区中部的莫斯科，每年冬季也长达五个月之久。这样的自然地理环境对俄罗斯民族的心理性格、生活方式、宗教信仰以及精神文化诸多方面都产生了较大的影响。恰达耶夫在《俄罗斯思想文集·箴言集》中说道："有一个事实，它凌驾在我们的历史运动之上，它像一根红线贯穿着我们全部的历史……它是我们政治伟大之重要的因素和我们精神软弱之真正的原因，这一事实就是地理的事实。"

首先，辽阔的地域、寒冷的气候和恶劣的环境赋予俄罗斯人宽广的胸怀和坚韧的性格。土地的广袤需要强而有力的中央集权，也激发出俄罗斯人强烈的民族自信心和自豪感，造就了俄罗斯民族豪放的性格和大国气魄，这在一定程度上弘扬了俄罗斯民族的集体主义、民族主义和爱国主义精神。同时，辽阔的国土不仅蕴藏着丰富的资源，为民族发展提供物质基础，也使俄罗斯人具备了慷慨大方并富于想象力和创造力的性格。有一支歌曲唱道："俄罗斯国土辽阔、广大，这是俄罗斯民族强大的自然力量。"肥沃的土地和丰富的资源同时养成了俄罗斯人懒散的习性，而寒冷的气候和恶劣的环境则给人们带来了生活的重负与精神的压抑，磨炼了俄罗斯人的意志，培养出忧郁但又吃苦耐劳的品格。除了干燥的草原和广阔的西伯利亚地区，俄罗斯其他地方皆贫瘠、多沙，或者泥泞、干旱，或者是沼泽地，这样的土壤地质，这样的自然条件本身就是对生存的考验，只有坚忍顽强的民族才能生存下来。俄罗斯思想家、历史学家伊里因说过："谁哪怕有一次机会体会俄国的闷热，体会从东南方向吹来的灼热的风，谁要是经历过有时候连着刮几天的俄罗斯的暴风雪，谁要是赶上过俄罗斯雨雪交加的寒冷天，他就会清楚地知道俄罗斯人的如此坚忍不拔来自何方。"[①]

① 张建华：《红色风暴之谜：破解从俄国到苏联的神话》，中国城市出版社2003年版，第30页。

其次，俄罗斯独特的地理位置在某种程度上创造了俄罗斯文化的民族性，同时也在某种程度上塑造了俄罗斯精神的双重性。俄罗斯横跨欧亚大陆——欧洲东部和亚洲北部，一侧朝着东方，一侧朝着西方，特殊的地理位置使俄罗斯民族既不属于亚洲，也不属于欧洲，但是又都与两边有着天然的联系。说它是欧洲国家，它的版图却占亚洲的1/3；说它是亚洲国家，但无论是它的发源地，还是政治文化中心都在欧洲。地跨欧亚两大洲的地理因素使俄罗斯置身于东西方文化之中，成为连接东西方文明的桥梁，使其民族性格不仅具有西方想象的特征，同时也具有东方理性的气质。俄罗斯人非常强调自己的西方特征，但是西欧从来没有把他们当成是真正的欧洲人。面对西方，俄罗斯是东方；而面对东方，俄罗斯又成了西方。同时俄罗斯文化行走在东西方两种文化之间，甚至充满了矛盾和对立，如同世界文明的综合体。作家奥加廖夫曾认为："斯拉夫人是一个伟大的民族……在斯拉夫人身上，你永远不会看到德国人的市侩气、法国人的浅薄、英国人的自私、意大利人的浮躁，但是斯拉夫人拥有一切：德国人的思辨理性、法国人的人道主义、英国人的务实精神和意大利人的机智。"①

再次，在与自然抗争的过程中，俄罗斯民族形成了原始的宗教信仰和非理性的特质。冬季里阴郁的天空、蛮荒的草地和厚重的冰雪使古罗斯人长期不能安居乐业，人们在与自然的抗争中维系生活。面对冷酷无情的生存环境，面对日月更替、生老病死等自然现象，人们充满了恐惧和惊奇，于是将太阳、火、雷、风等自然物想象成神，并乞求这些自然之神的庇护，从与自然神的交

① 宋瑞芝、宋佳红：《论地理环境对俄罗斯民族性格的影响》，《湖北大学学报》（哲学社会科学版）2001年第1期。

往中获得精神的慰藉。他们聚群而生，性格勇猛强悍，灵魂躁动不安。俄罗斯人渴望离开这些荒原和冻土，不断地四处扩张并为此连年征战。他们骑在马背上游荡着，希望通过武力为自己争取一个理想的家园。著名俄罗斯历史学家 C. M. 索洛维约夫把古罗斯形容为“犹如风滚草似的流动的罗斯”，这种过于原生态的粗陋生活，使俄罗斯民族一开始就缺少理性的根基，受制于自然力，神圣和罪孽对他们是同样永恒的诱惑。

最后，自然地理环境的独特性和多样性也孕育了俄罗斯民族丰富的艺术灵感。俄罗斯广袤的森林、漫长的冬季和皑皑的白雪给人们带来神秘的想象空间和艺术氛围。在这样的环境下，俄罗斯民族比较爱幻想，形成了俄罗斯民族独特的唯美主义艺术气质。无论是俄罗斯民族的文学还是艺术，都充满了雄浑、壮丽的感觉，流溢着淡淡的忧郁之美。俄罗斯民族的舞蹈奔放粗犷，合唱震天动地。这种文化艺术根源于辽阔的自然境地之中，是与俄罗斯之广博相适应的。

第三，社会经济结构。

俄罗斯人的祖先是东斯拉夫人的一支。而东斯拉夫人最早是游牧民族，社会发展的起点很低，而且极其缓慢，6 世纪之前他们还处在氏族公社阶段，生产方式十分落后。后来随着民族的统一以及发展，生活逐渐安定下来，俄罗斯民族绝大多数人都居住和耕种在以大平原、黑土地为地缘的基础村社之中。农业成为俄罗斯人的经济命脉，因此产生了相应的生产和生活方式，孕育了土壤村社精神。人们的生产方式、生活习惯甚至价值观念都深深地打上了村社生活的烙印。一直以来，俄罗斯社会的基本经济结构是封建的庄园和农村公社，农奴制度成为长期束缚俄罗斯人的枷锁。长期的农奴制使俄罗斯的道德理念和文化教育都带有奴隶制的标记，而村社生活的封闭性养成了农民因循守旧、不思变革的保守心理，但另一方面也培育了俄罗斯民族朴素、直率、真诚的性格特征，尤其培育出俄罗斯人勇于奉献的宗教集体主义精神和追求平等、团结、互助的价值理念。这在一定时期固然发挥了很大的作用，但是对集体主义的过度仰视也会造成人们对个人价值严重的认识不足。

农奴制度持续了相当长一段时期，直到 1861 年才正式废除。农奴制阻碍了俄罗斯社会的发展和变革，以致在西欧已经进入工业时代的时候，俄国依旧在传统的农业社会里漫步。广大农奴被束缚在土地之上，难以有个性的自由和发展。“彼得改革”之后在压迫、盘剥广大农奴的基础上，俄国出现了一个受到良好教育、非常富裕的贵族阶层。社会分层使得文明发展的不平衡趋势加强，社会差异明显加大。直到今天，俄罗斯以农业为主体的重农轻商思想依旧存在，俄罗斯农民依然保留着计划经济、短缺经济时代形成的观念。

第四，社会政治制度和意识形态的变化。

俄罗斯民族的颠沛流离和在东西方之间摇摆不定的特性决定了其在不同的历史时期形成了不同的统治制度和相应的社会意识形态，这些上层建筑深深地影响和左右了民族精神家园的构成。在俄罗斯民族的发展历程中，“罗斯受洗”是俄罗斯文明融入西方文明的开始和标志，东正教的传入使俄罗斯民族接受了欧洲的基督教文明，虽然东正教与基督教还有一些区别，但是在本质上属于基督教的一个派别。东正教遵循东罗马帝国（拜占庭帝国）的宗教传统，而拜占庭文化本身具有融合东西方文化的特征。后来由于蒙古人的西征，统治俄罗斯长达 250 年之久。蒙古人的统治使俄罗斯民族的文化中融入了东方元素。东方文化与基督教文明一起构成了俄罗斯民族文化的重要内容。17 世纪末，彼得大帝对俄罗斯的政治、经济、军事、文化、教育、宗教等各个方面进行了全面有效的“欧化”改革。这是俄罗斯民族全面学习欧洲、向欧洲迈进的重要举措。受历史的影响，俄罗斯民族客观地接受抑或主观地引入了东西方的文化，但又不完全是东西方文化的拼凑，而是在这种融合中保留了自己的特色。在俄罗斯的历史发展中，东方和西方成为互相角力的两边，在角力中逐渐形成了西方派和斯拉夫派两种对立的社会思潮。

十月革命胜利确立了苏维埃的领导，也建立起世界上第一个且是跨越卡夫丁峡谷的社会主义国家，马克思主义成为俄罗斯民族全新的社会意识形态。在这种意识形态下，俄罗斯民族固有的集体主义和平等的意识得到了进一步发扬。但苏联后期和俄罗斯独立初期，在“自由和民主”的口号下，对苏联时期评价各异、褒贬不一，一时间思想混乱，很多人崇尚并接受西方文化。从20世纪末开始，俄罗斯文化逐渐复兴，俄罗斯民族强烈的爱国意识被激发出来。

二　主要表现

第一，浓重的宗教情结与弥赛亚精神。

俄罗斯民族是一个宗教民族。俄罗斯民族的文化发端于宗教，并在发展过程中深受宗教意识的影响，使得民族共有的精神家园中具有浓重的宗教情结和弥赛亚精神。东正教思想逐渐渗透到俄罗斯的政治、经济、文化乃至家庭、个人生活之中，与俄罗斯民族及其精神融为一体。首先，东正教主张博爱、宽恕和忍耐，使俄罗斯民族坚忍顽强而又温顺善良，但因缺乏理性，经常陷入病态的献身狂热之中，或表现出英勇豪迈，或表现出凶狠、残酷。其次，东正教宣扬主张苦行主义的自我牺牲和人人得救的群体意识，因而俄罗斯人具有自我牺牲精神和集体主义精神，表现为国家至上，为了国家可以牺牲个人利益，乃至生命。再次，东正教还主张普济众生和“救世”精神，因此俄罗斯人便产生一种弥赛亚精神。“弥赛亚”源自古犹太语，为“膏油”之意，后来就指“受膏者”，头上被涂上“膏油”意味着被选中并负有某种使命。弥赛亚精神就是一种具有某种责任感、某种使命感的意思。俄罗斯民族的宗教情结和弥赛亚精神源于对拜占庭宗教和文化的继承，特别是“第三罗马”学说的提出。这种情结使俄罗斯人在表现出民族自豪与自信的同时，还持有一种神赋的责任感和使命感，无论是否为教徒都表现出救世主的态度。

东正教至今对俄国百姓精神生活产生重要的影响，俄罗斯百姓对宗教的重视程度要远超过欧美国家。今天，大部分年轻人结婚都会去教堂。国家领导人会定期去教堂，在军队里有神父，一座建筑完工不忘要请神父来洒圣水赐福。很多虔诚的教徒严格持斋，49 天的大斋期坚持不吃任何动物食品。他们对其他宗教如伊斯兰教、佛教、犹太教等也不排斥。但俄罗斯是个现代文明国家，是世俗国家，教会不参与国家管理。哲学家别尔嘉耶夫认为：

> 俄罗斯人民，从自己的类型和心灵结构上讲，是信仰宗教的人民，即使是不信教的人也有宗教性的烦扰，俄罗斯的天神论、虚无主义、唯物主义，都有宗教色彩。劳动阶层中的俄罗斯人，即使他离开了东正教，也在寻找神和神的真理，寻找生命的意义。①

① 刘建荣、韩静池：《宗教信仰引导下的俄罗斯文学》，《长城》2009 年第 6 期。

第二，爱国主义与强国主义精神。

多灾多难的历史和较为恶劣的自然生存条件塑造了俄罗斯民族坚忍顽强、善于开拓的品格，进而形成了浓厚的爱国主义和强国主义精神。俄罗斯平原广阔无屏，因而历史上经常遭遇外敌的入侵。斯拉夫时期草原蛮族可以长驱直入，基辅罗斯时期外敌频繁，12世纪为蒙古鞑靼人征服和统治，后来遭遇拿破仑军队的入侵、十月革命后帝国主义的武装干涉以及“二战”中德国法西斯军队的侵略等。这些来自外族的威胁与俄罗斯较为恶劣的生存环境在一起成为摆在俄罗斯民族面前的生存危机。不管遇到怎样的强敌，不管面对多么残酷的战争，俄罗斯民族都能为了民族的生存而骁勇应战，战争不但没有使俄罗斯民族屈服，反而使刚烈、坚韧的民族性格得到了更好的升华。

生存的危机感也使俄罗斯民族形成不断开拓的精神。俄国历史学家有一种看法，认为大自然对于西欧是“亲娘”，对于俄罗斯则是“后母”，以此来说明俄罗斯民族所面对的艰难的自然环境。自然条件的恶劣，使俄罗斯民族“像风滚草一样”从一个地方搬到另一个地方，不断开垦新的适宜生存的土地。但过度的开拓也就意味着扩张。为了抵御外敌入侵和增强实力，俄罗斯人开展了征服和移民活动，并在新土地上传播俄罗斯民族的文化。俄罗斯统一国家形成后，开始有意识地进行开拓移民，充满了进攻性和扩张性。拓张的直接结果是国家版图的急剧扩大，俄罗斯人越来越深入到亚洲腹地，俄罗斯国家越来越逼近东方。历经几个世纪，俄罗斯这个内陆国家终于成为拥有多个出海口、横跨欧亚大陆的帝国，从小小的基辅罗斯和莫斯科公国，扩展到领土一千七百多万平方公里的世界幅员第一大国，占据了1/2欧洲和1/3亚洲的面积。

无论是领土的扩张还是抵御外族的入侵无不需要军事力量的

增强。保家卫国的战斗弘扬了俄罗斯民族的爱国主义和强国主义精神。俄罗斯民族是非常尊敬和崇尚他们的民族英雄的。在俄罗斯，有关历史和文化的古迹、纪念碑随处可见。城市广场、花园、街道、影剧院、博物馆、体育馆、地铁站等，均以英雄、烈士的名字命名。在英雄的家乡和战斗过的地方，可以看到他们那栩栩如生的雕像。俄国人还注重通过节日弘扬英勇善战的民族精神。每一对身着婚服的新人都不忘记到克里姆林宫旁的无名烈士墓前献上鲜花，以表达对死去的英雄的缅怀。每年 5 月 9 日卫国战争胜利日，是俄罗斯神圣而隆重的节日。这一天白发苍苍的老军人胸前佩戴军功章，充满着自豪感，走上街头，参加老战士协会举办的旅行和纪念活动。为继承优良传统，牢记先辈们的功绩，俄罗斯人经常带孩子去瞻仰革命英雄纪念碑，去参观历史博物馆，注重用英雄的形象和业绩教育后代。

第三，集体主义精神与民族主义倾向。

俄罗斯的集体主义精神来源于土壤村社思想。村社是一种典型的宗法社会组织，村社里的农民共同占有耕地，进行劳动组合，简单协作，自给自足。因此村社思想里天然地蕴含着重农轻商的传统，集体主义和平均主义成为维持村社秩序的准则。他们在价值观上强调集体共同利益的重要性，集体利益要优先于个人的利益。不仅广大农民生活在集体精神的支配之下，在 20 世纪以前的社会上层如贵族、官僚，同样没有个性自由可言，为集体所吞没。个人对社会的态度大致表现在下列具体特征中：追求社会的公正，社会公正被理解为，因为为国家和社会做出贡献而得到国家的报酬；对待劳动像对待国家和社会的义务，对待私有财产就像对待为国家和社会服务的职务财产，否认私有财产的神圣性。

集体主义重感情、轻理性，容易形成虔诚的个人崇拜。强调共同性，忽视个性又是俄罗斯人走向专制主义和民族主义的基础。对国家和集体利益的过度推崇使人们对个人价值的认识不足，人的个性自由也难以得到发展，往往是为了国家和民族的利益可以牺牲个人的一切。因此，当民族遭遇危机或向外进行扩张，俄罗斯民族能够展现出异常的团结和坚强，捍卫民族和国家的利益。

第四，唯美主义的气质与悲情情结。

俄罗斯民族有尚武、刚健的一面，同时也有柔美、坚韧的一面。思想家索罗维约夫称俄罗斯历史具有“永恒的女性气质”。恰似矗立在寒冬暴雪中美丽的圆屋顶教堂，在“润物细无声”的女性气质中还蕴藏着一种悲情的情结。凝重的俄罗斯文化孕育出了像果戈理、普希金、托尔斯泰、契诃夫、高尔基和肖洛霍夫这样的文学巨匠，产生了柴可夫斯基这位举世无双的音乐天才；创造出了举世瞩目的俄罗斯芭蕾艺术和独特的建筑艺术。

俄罗斯民族的唯美主义气质表现为一种审美乌托邦的精神。俄罗斯人喜欢把生活艺术化，但俄罗斯的艺术家和文学家们却极力把艺术生活化，认为艺术就是面对现实的一种审美，文学和艺术的终极使命，就是再造一个更合理、更美的生活。因此，俄罗斯民族的文学和艺术是入世的，是贴近生活和指导生活的。无论是车尔尼雪夫斯基提出的“美就是生活”，还是诗人别雷提出的“创造生活”的理念，抑或苏维埃时期的“作家是人类灵魂的工程师”“文学是生活的教科书”都表现了文学艺术入世的特点和与生活紧密结合的倾向。文学作品充满理想和道德感，也体现了审美乌托邦的思想。人们心中的理想世界与现实的世界之间需要通过艺术来连通。同时，俄罗斯民族犹如一个在忧郁圆舞曲中起舞的舞者，在其性格里蕴含着一种悲情情结，充满了忧郁的情调。俄罗斯的舞蹈、文学作品中总是隐含着淡淡的忧伤，似乎表达了这个民族充满悲情的精神性格。这种悲情情结也体现在俄罗斯人的世界观和价值观中。

第四节　日本民族的精神家园

在自然地理方面，日本民族并未如美利坚民族、法兰西民族、中华民族等拥有优越和适宜发展的自然条件，但也正是这种“逆境”磨砺了日本民族的意志，使其形成了团结奋进、崇尚荣誉、珍惜现世的精神追求。立于世界先进民族之林的日本民族的精神家园既有樱花唯美浪漫的天性，也有武士勇敢忠诚的精神，展现着“菊与刀”的两面性。

一　历史生成

第一，自然地理条件。

日本宗教学者山折哲雄曾经说过，“流淌在我们最深层意识里的，乃是从三千米的高空中俯瞰到的日本的风土，还有那种风土所孕育的感性和文化。或许那可以说是从绳文人那儿继承下来的信仰，是万叶人的宗教世界，抑或并不仅限于宗教的万叶人的思考方式、感受方式”。[①] 在这里，山折哲雄所说的三千米高空俯瞰到的日本的风土是被茂密的森林和山脉所覆盖、被蔚蓝的大海所环绕的日本列岛。气象、气候、地质、景观等要素的共同作用和影响形成了日本民族独特的岛国文化心理、与自然共生的自然观、勤劳坚韧的性格和集体主义精神，从而对日本民族的文化

---

① 杨伟：《日本文化论》，重庆出版社 2008 年版，第 2 页。

及其精神家园产生了深远的影响。

日本位于亚洲大陆以东，太平洋西侧，是一个由数千个弧形分布的岛屿构成的岛国。偏居一隅的地理位置使日本民族在历史上较少受到其他民族的入侵，但是同时也将日本民族限制在一个固定的空间里缺少流动性和开放性。由于远离其他的大陆文明，一方面，有益于创造出独特的岛国文化，另一方面，人们重视内部群体的团结和共同利益，逐渐形成了同舟共济、患难与共的集团意识和强烈的民族主义精神。

四面环海的地理位置使日本深受海洋季风的影响，大部分地区属于温带海洋性季风气候。适宜的纬度和温和的气候使日本雨量充沛，河流众多，树种繁多，森林茂盛。同时，日本岛屿狭长并呈东北向西南延伸分布，南北跨越将近 20 个纬度，因此南北地区的气候差异较明显，南部的岛屿属亚热带季风气候，北部的岛屿则具有亚寒带的特征，夏季短暂，冬季漫长、寒冷多雪。分明的四季里更有独特的景观，茂密的森林、清澈的河水、烂漫的樱花、闪亮的雪景使日本民族对自然充满了眷恋和亲近，引发了人们对大自然之美的感受和思考。如樱花的飘落暗含着物哀的伤感情绪，激发人们对佛教“无常”“轮回”思想的感悟；再如水质的纯美也促使日本民族崇尚心灵的纯净和历练，古代的“清明之心”、中世纪的“正直”以及近世“诚”的道德思想无不是受此影响。而自然的变幻莫测、喜怒无常也催生了人们顺应自然规律、与自然共生的自然观念以及原始的泛神论的宗教意识。

但是相对于世界上大多数民族来说，自然地理环境和气候条件并没有给日本民族带来非常多的便利性和优越感，反而由于国土的狭小，资源的匮乏以及自然灾害的频繁使日本民族的生存和发展处于危机之中。日本国土狭小，面积不到 38 万平方公里，狭小的土地里能源和矿产资源短缺，远远不能够满足本国发展工业的需要。有限的国土又多山地和丘陵，可供耕种的土地面积不足国土面积的15%，远远低于世界的平均水平。耕地面积的不足严重影响了日本农业生产的发展，粮食等农产品需要依赖进口才能满足供给。面对着这样的劣势和不足，日本大力开展填海造陆工程，造陆面积多达1600平方公里，成为世界上填海造陆最多的国家。同时，日本自然灾害频繁。由于位于环太平洋火山地震带上，日本经常遭遇地震的威胁，加上季风气候的磨蚀和夏秋两季台风的侵袭，更是加深了日本民族对自然环境的认识和体验。“对自然的神秘与威力所知越深，人们就对自然越发顺从，不再抗拒自然，而是以自然为师，利用自古以来与自然打交道的经验，努力去适应自然环境。”① 热带和寒带的双重气候，暑热与湿气相结合的闷热的夏季风，寒冷干燥的冬季风，再加上突发的台风和地震的影响，迫使日本民族具备了极强的环境适应能力，形成了一种在反抗自然的同时又不得不认命的“台风地震式”忍从性心理和擅长应对和管理危机的思想，表现出“静穆的激情与战斗的恬淡并存”的独特性格。危机意识和面对自然灾难的忍从心理成为日本民族性格的重要组成部分。日本国旗上的红心即“丸”，就体现了一种危机心理，象征着日本民族如同漂泊在汪洋大海中的一叶扁舟，时刻都有面临危机的危险。

第二，社会经济基础。

日本民族精神文化受到了其经济基础的影响和制约，特别是水稻生产更是培养和塑造了日本民族的集团观念并成为集体本位主义精神的前提。日本民族早期以采集和渔猎经济为主，直到距

---

① ［日］小宫丰隆编，寺田寅彦著：《寺田寅彦随笔集》第5卷，《岩波文库》1963年，第57页。

今大约5000—6000年前的绳文时代前期，出现了原始农业的萌芽。到了绳文时代的末期和弥生时代初期，随着大陆文明的引入，水稻及其栽培技术从中国、朝鲜引入日本。由于日本西南部地区气候温暖湿润、降水丰沛，水稻种植得到了广泛的传播，并引发了日本民族经济生产的发展和变革，日本从此进入了农耕文明时期。

既不同于以狩猎为主的畜牧文化，也不同于以大面积土地为耕作对象的农场文化，水稻的种植属于典型的农耕生产，需要使用简单的劳动工具，更需要人们之间的密切配合、团结协作。这样，在农村的村社组织里形成了一种互助互利的集体意识，不仅仅是水稻的生产，村社里的婚葬嫁娶、房屋修葺都需要成员的集体参与。水稻农业培养了日本人勤劳的性格和集体主义精神。在日本民族看来，水稻种植中的团结协作所发挥出来的能力和作用要远远超过个人有限的能力和自作主张的个性。同时，水稻种植也塑造了“精农主义”精神。“精农主义”将劳动视为光荣的美德，鼓励人们勤恳努力地参加劳动生产，主张以研究的态度专心栽培和种植水稻，这也成为日本工业现代化进程中重视科技和创新的思想源泉。

第三，社会政治形态与民族的构成。

日本的社会政治形态和民族构成对精神文化的影响也是非常巨大的。较为单一稳定的民族构成也有利于民族精神文化的传承。孤立和较为封闭的地理环境使日本民族在历史上与其他民族的融合并不多，他们在共同劳动中逐渐融合形成了较为单一和稳定的大和民族，这为民族语言的统一、政治形态的稳定以及民族认同感的形成都提供了有利的条件，同时也为集体主义精神的形成奠定了天然的民族基础。

另外，以“家的联合”为基础的日本民族的政治组织等级森严并且结构稳定，这种政治结构影响到日本民族精神家园的形成。在大和民族古代的政治结构中，皇族位于顶端，依次的等级是武士、农民、工人、商人和贱民。森严的等级在日本民族的价值观中形成了下级服从上级、晚辈尊重长者的“忠”“孝”思想。不过日本民族的“忠”“孝”思想并不同于中国的儒家思想。因为它有一个前提是人生来负有“恩情债”，而要通过尽“忠”“孝”的方式来偿还欠下的债。同时，日本民族从未更换过朝代，始终以皇室作为最高的中心延续至今，因此其政治结构是很稳固的。其中天皇制及其思想在日本根深蒂固。古代天皇的形成来自神话传说，直到“应神天皇”开始才有了现实的依据，顺利实现从神代向人代的过渡。日本皇室的祖神“天照大神”被推崇为日本民族最高的神，日本民族发生的历史与天照之神的历史联系在一起，逐渐地确立了对天照之神后代天皇的崇拜，天皇成为人们精神上的骨肉亲人，是君临天下的神的化身，是日本民族的精神信仰和寄托。日本民族对天皇的信仰和尊崇确保了政治制度的持续性，维系了民族的团结统一，同时也进一步发展演变成对天皇或上级效忠的牺牲精神。

幕府时代，忠的理念成为武家政治存在和发展的需要。在幕府政治制度下，将军、大名、武士之间存在着垂直的统领关系，这种政治制度需要通过下级对上级的忠诚来维系。武士道的“忠”意味着自我牺牲，代表着一种感恩图报的心态。在杀伐征战的战乱年代，武士的忠诚成为夺取战争胜利的精神支撑和思想武器；在和平时期，武士的忠诚也成为社会广泛认同的人生观和价值导向。明治以后，资产阶级继续秉承了忠的价值理念，并将其与天皇论、神国论一起发展成为日本精神的内核。武士道的忠演变成了社会使命感和责任感，成为勤劳、敬业的奉献精神，成为集体本位主义价值观的基础，也成为了日本民族精神家园的重要组成部分。但是，对天皇的过度愚忠也导致了日本民族精神的现代畸变，给日本民族以及其他民族带来了极其严重的负面影响。

第四，学习并融合其他民族的优秀文化。

日本民族素有善于摄取外来文化的民族传统。这一方面得益于岛国便利的海上交通条件，另一方面也根源于日本民族深深的文化自卑感。日本学者上山春平提出了“日本深层文化论”，将日本文化由浅入深地分为三个层次。他认为明治以来以欧洲近代科学思维方式为基础的近代文化是日本文化的表层，弥生时代至江户末期以引入中国文化为前提的中世文明为日本文化的中层，而绳文时代以狩猎和采集为主要内容的古文化为日本文化的深层。①

早在公元 7 世纪到公元 9 世纪，日本引进了当时世界上最先进的中国隋唐文化，并汲取中国儒、法、墨、佛之精华，为己所用。这一时期对中华文化的引进是全方位的，涵盖了土地、政治、法典、文学、艺术、宗教、哲学、习俗等多方面的内容。在政治上效仿唐朝的中央集权制度，不仅制定出了“十二阶冠位制”，颁布了“十七条宪法”，还在公元645 年发动了“大化革新”运动，从此确立了天皇的统治地位。日本仿照唐的法典制定出《大宝律令》和《养老律令》，模仿长安城建立自己的首都，甚至在社会生活领域，如琴棋书画、衣着时尚等方面无不受到唐文化的影响。但同时对中华文化的汲取也是有选择性的，并结合日本社会的实际而进行了大胆的改造和再创造，努力实现中国文化的日本化。例如以“忠”取代了中国儒

---

① 卞崇道：《跳跃与沉重——20 世纪日本文化》，东方出版社 1994 年版，第 56 页。

学中“仁”“孝”的核心地位，突出强调的是集体主义和民族主义的价值取向；再如用“义利一体”取代了中国儒学中“重义轻利”的价值取向，成为有利于资本主义发展的日本儒教伦理的重要内容。

16世纪中叶，随着西方各国商人和传教士的到来和传播，日本文化接触了基督教文明。面对强大的西方文明，日本民族于1716—1735年间进行了“享保改革”，开始向荷兰学习自然科学技术。“兰学”使日本人了解并吸收了世界科学技术发展的新成果，对日本传统封建意识和思想产生了巨大的冲击。19世纪中叶，面对西方武力的入侵，为了摆脱危机和落后，日本开始了求知于西方的历程。1868年明治维新废除了封建幕藩体制，摆脱了殖民地危机，建立了近代民族国家，走上了资本主义道路。1882年，伊藤博文首相赴德国和奥地利考察，积极学习西方的思想、文化和科技。在政治体制上效仿西方的内阁制，确立以天皇为中心的政治制度。在科学技术方面，加强人才交流，大力派遣留学生，学习各个领域的知识。在文学方面，西方写实主义、批判现实主义、浪漫主义、自然主义等文学思潮也大量涌入日本。通过效仿西方，日本民族的文化融入了近代西方的民主、理性精神，推进了日本资本主义的发展和现代化的进程。“二战”后在美国的强制下，日本开始了去封建军国主义的民主化改革。在政治上以美国式的政治民主取代传统的天皇制，在经济上大力引进以美国为核心的西方先进技术和管理模式。这些理论对日本企业的经营管理产生了较大的影响，形成了日本特有的“儒家资本主义”的管理方式。在思想文化方面，美国的个人主义、实用主义、民主主义、自由主义等文化思潮甚至消费、娱乐文化和生活方式都随之引入日本。

二 主要表现

第一，中西融合而成的宗教观。

日本民族与其他民族一样，在早期与自然的交往中，产生了对自然和祖先的神灵崇拜，并形成了泛灵论的宗教观，后来发展成为日本的本土宗教——神道教。在生产力水平低下的时期，面对自然给民族生存所带来的危机和考验，面对着死亡给人们带来的恐惧，人们想象着万物有灵，且这些神灵对人具有支配和恩赐的作用。日月山川、花鸟草木无不被打上了神灵的烙印，对山岳、动植物以及图腾等各种物质的崇拜成为神道教的滥觞。由于最初的神道教并没有形成正规的教义，因此人们主要通过原始的祭祀来祈求神灵的庇护，在这种朴素的信仰中实现精神的寄托。公元 5—8 世纪，中国的儒家学说与佛教传入日本，为了与外来的佛教相区别，日本将本土宗教正式命名为神道教。天皇既信神道，又信佛法，在明治维新前神道教从属于佛教，但是明治维新后，为了巩固统治的需要，神道教成为日本国教，履行了其精神教化的功能。“二战”后，在美国的民主化高压下，国家神道教被废止，实行政教分离，神道教由官方转向民间，至今在日本民间仍普遍受到欢迎，成为日本人最崇信的宗教。

日本神道的主体是神社神道，这是一种以族缘或地缘为基础、以神社为中心的崇敬祖先神、氏神、地域神的信仰。日本神社众多，神灵也众多。日本素有“八百万神”的说法，祖先、地域神、还有一些专门的神祇，如稻荷神、生子神等都可以作为供奉的对象，传说天照大神即天皇的祖神只是这八百万神中的一尊。伊势神宫，供奉天皇的祖先，属于古神社。每个神社都祭祀着其中的一尊或两尊神。参拜神社已经成为日本人生活中不可缺少的精神活动，人生的重要时期，如出生、出嫁、过年甚至考试之前都会参拜神社，因而几乎每个人都被视作某一神社的“氏子”。神社在宗教信仰的层面使日本民族的精神实现了统一。

除了本土的宗教信仰，日本民族在学习和引进其他民族文化的同时，也接受了中国的佛教和西方的基督教。这些外来的宗教与本民族土生的神道教混杂在一起，使日本成为一个多宗教信仰的民族。各类宗教信徒的人数加起来要远远高于日本的人口总数，这说明了日本民族的宗教信仰自由的特征，每个人可以同时信仰多种宗教。与世界上其他地区宗教之间互相冲突和对抗不同，日本民族的多重宗教却可以和谐共生，人们选择各个宗教的有益成分来自由地加以信仰和利用。以佛教和神道教的关系来说，二者是在此消彼长中实现融合的，其关系的变化深受国家政策的影响。神道教教义简单，重实用性和对现世的追求；佛教教义系统高深，重精神境界的提升和对来世的修行。佛教在东汉从古印度传入中国，又从中国和朝鲜传入日本。在镰仓时期佛教开始了日本民族化和本土化的过程，在这一过程中，日本化了的佛教发生了许多改造，特别是日式佛教不再是指向来世，而是将今生放在第一位，祈愿佛对人的现世的指引和帮助，这甚至比佛教教义和理念本身更加重要。中国的佛教宣扬“出世”的超度思想，信守严格的戒律，而在日本，佛教则坚持入世的思想，僧侣是一种职业，而且可以结婚。在长期的历史发展过程中，既有两种宗教的各自得势，也有二者的互相混合，但主要还是表现为互相融合的发展趋势。如佛教的无常观念与日本神道崇尚自然的观念很好地融为一体，成为日本民族朴素世界观的重要基础。不仅是佛教，西方的基督教也是如此，日本民族很好地处理了外来宗教与本土宗教之间的关系，从而形成了一种实用主义的多元信仰模式，并且能够在多元的信仰中依然保留着本土的特色。日本人在生活中总是会与各种宗教打交道，比如既会到神社去祈福，同时也会到教堂去举行婚礼，生活价值观深受儒教文化的影响，等等。可见，多元的宗教信仰已然成为大和民族精神家园的鲜明特征。

第二，实用主义价值观。

日本民族擅长模仿和学习的个性奠定了实用主义价值观的基础。一位日本近代著名思想家说："日本从古代到现在，一直没有哲学。"这样的说法或许过于绝对化，但是在一定程度上反映出日本民族缺乏抽象、思辨的哲学思维，而坚持实用主义的思维方式。无论是积极借鉴学习外来文化的拿来主义，还是宗教信仰中的现世主义，价值取向中的集体本位主义，以及面对自然环境的隐忍精神，都体现了大和民族实用主义至上的价值观。虽然没有形成系统的哲学理论，但大和民族并不缺少理性的精神，实用主义正是建立在理性主义和现实主义基础之上的。日本的实用主义价值观是将"生活"视为真实的客观实在，并认为任何的理论、知识、技能都是创造、美化生活的实用性的工具。当理论、知识、技能能够与人们的生活之意结合起来，才能有用。

日本民族实用主义的价值观深受美国实用主义哲学的影响。早在1896年，日本的留美学生元良勇次郎就将杜威的实用主义思想带到了日本。后经其他学者的翻译介绍，使得美国的实用主义在日本广泛传播起来。"二战"后随着思想自由化趋势的加强以及美国对日本的占领和文化输入，实用主义价值观在日本再度展开兴盛之势。但是日本民族对于美国的实用主义价值观并不是不加更改的拿来主义，也不是囫囵吞枣地接受，而是结合日本战后的国情现状，努力使实用主义日本民族化和本土化。日本民族开展了实用主义的思想运动，如"生活作文"运动、"思想的科学"运动等，虽然实用主义哲学在日本学术界昙花一现，但是实用主义思想对于日本民族的影响确是根深蒂固的，已经成为日本民族人际交往以及企业行为中基本的思维方式和价值取向。

第三，集体本位主义。

除了实用主义，日本民族精神家园中另一个重要的构成是集体本位主义（集团主义）。集体本位主义作为日本民族重要的精神支柱和民族精神而表现出来，是日本民族精神家园中的显著内容。日本社会评论家鹤见和子曾指出，“《新教伦理与资本主义精神》作为适用于任何社会的真理而加以引用，这里面勤劳和节约的原理的确也适用于日本，但那种个人主义原则却不是适用于日本的，日本的特征是集体主义”。①

集体本位主义的形成与日本民族的危机意识以及“忠”的理念是密不可分的，面对资源短缺、国土狭小、灾害频繁等民族生存和发展的危机，日本民族必须运用集体团结的力量才能战胜困难，获得民族的发展。日本人给世人的一个最深刻的印象，也就是他们能够自觉地采取集体一致的原则去行动。如果有人为了满足个人的利益而损害集体的利益将会受到良心的严厉谴责。集体本位主义价值观能够形成个体对集体、公司乃至民族、国家的强烈责任感。日本民族能够正确地认识并处理集体与个人之间的关系，并达成普遍的共识：为集体最终也是使个人受益，没有集体就没有个体。集体本位主义中所蕴含的归属意识和集团观念在客观上加强了日本民族内部的团结，增强了民族的凝聚力和向心力。一位著名的日本企业家通俗地说到这一点，“我们一亿人都是兄弟姐妹”。集体本位主义建立在强烈的民族心理认同感基础之上，表现为集体荣誉感和责任感，并成为日本民族快速发展的

① ［日］鹤见和子：《好奇心与日本人》，詹天兴、吴赤天、黄洪等译，西安交通大学出版社1994年版，第134页。

强劲动力。

第四，禁欲修行，勤奋自强。

日本民族的精神修养深受武士道精神的影响，在日本民族的精神世界中表现为禁欲修行和勤奋自强的价值观念。武士在历史上能够成为日本民族最高贵的、同时也是最受尊重的职业，就在于武士所表现出来的崇高精神境界和修业的品行。武士道的品行和境界并不是与生俱来，而是经过了艰苦的修行（苦行）才得以形成的。武士的一生即是修行的一生，修行重在精神境界的提升与内心欲望的克制，这一点与清教徒的禁欲主义有些类似。贪图安逸、懒惰浪费在武士的眼中是精神堕落的表现，只有通过禁欲修行的行为实现人的清心寡欲，人的精神世界才能变得纯粹和高尚，人内心的贪婪与懒惰才能被克服掉。为了达到精神的纯净与崇高，武士们甚至苛求自己，不仅要在年少时离家远行，忍受与家人别离，而且在修炼的过程中更要忍受许多常人难以想象的克制。苦难在他们眼中成为了一种考验，忍受苦难的过程就是精神收获的过程，直到能够克服所有的浮躁，达到淡定自如。这种淡定与自如甚至在面对生死的考验时都不会改变。“武道每晨习死，对彼对此皆以死视之”，因此在面对死亡时，武士才能毫不犹豫地为了表达对集体和君主的忠诚而牺牲性命。随着时代的变迁，武士早已不是日本人生活的重心，但武士们注重精神追求的苦行精神和勤奋自强的品格仍然被大和民族奉为圭臬，成为日本人精神家园的重要组成部分。

武士精神在今天更多地被继承为勤奋自强的职业观和人生态度。武士的忠诚似乎显得有些顽固，但其真正的内涵是对人生的负责态度。日本诗人本居宣长的和歌中有这样一句：“欲问大和魂，朝阳底下看山樱。”这句话深刻表达了人生是如此短暂，因此，人若是活在世上，就应该如同樱花一样，灿烂地绽放光彩。

若是死亡，也要像樱花一样干脆果断地离开。这种人生责任感表现在对工作的认真负责，对集体利益的重视，对民族荣誉的崇尚，对生活的珍视和对生命的尊重。正是这种态度成就了日本民族逆境下的辉煌发展，特别是一丝不苟的科学研发精神，使日本的现代化产业能够跻身于世界前列。

第五节　犹太民族的精神家园

犹太民族是一个别具特色的民族。他们因宗教而生成和存在，是人类历史上第一个也是唯一一个与上帝立约的“书的民族”；他们能够在几千年颠沛流离甚至被连根拔起的历史命运中，保持文明本色，坚守精神家园，是一个“流而不散的民族”；他们充满智慧，涌现出一大批为世界文明的发展做出重大贡献的杰出人物，是一个“诞生优秀的民族”；他们不甘沉沦，在与其他文化的交往中凝聚民族认同，吸收他者长处，创造性地发展了自己的文明，又是一个“开放进取的民族”。综观犹太民族的历史，对流散苦难的承受与对精神信仰的追寻构成了洋溢其中的主旋律，宗教不仅创造了犹太民族，也进一步孕育出犹太的精神文化、民族意识和商业伦理思想，而这些构成了犹太人心中充满宗教情怀的精神家园。

一　历史生成

第一，自然地理环境。

如前所述，民族精神文化的产生以及精神家园的建构都离不开自然地理条件，犹太民族也不例外。虽然犹太民族在历史上的大多数时间都是散居流动的状态，仅在迦南有短暂的定居时期，但是迦南地作为犹太民族诞生的摇篮，对于犹太民族原初文化的形成具有十分重要的意义。在某种程度上，迦南地区的自然地理要素以及建立起来的人—地关系，是犹太民族的思维方式、心理特征以及宗教观念形成的物质基础。

首先，迦南地区多样的自然景观和气候条件孕育出了博大精深、自由开放的犹太文化。迦南位于地中海东岸、阿拉伯半岛西部的新月形狭长地带的西端。西部临海，南接埃及，东邻约旦，北部有底格里斯河和幼发拉底河，向南伸展至尼罗河沿岸。与世界上其他文明发源地的地理环境相比，迦南地区并不十分优越，显得狭小而贫瘠，看似与希伯来经典中所喻的“上帝应许之地”和“流着奶与蜜之地”的称谓不相符合。但迦南地区的自然地理要素十分丰富，沙漠、低地、河谷、平原、丘陵、山地等无所不有，如同一个“地球的模型”。自然地理环境的这种天然的差异性对于社会分工的产生、人的精神文化的创造和想象力的发挥具有十分有利的促进作用。种种自然物象很自然地成为犹太人丰富而合理的“思想资源”。各种文化要素、社会关系以及思想观念在此萌芽和生长，迦南因此在文化的层面和意义上成为“流着奶与蜜之地”，这里产生的文化成果一方面养育了犹太民族本身，让这个民族能够在流散的历史命运中延续下去，即便散居异乡，也仍然不会遗忘自己的文化，并能够以一种开放的心态悦纳他者的文化；另一方面，这种自由开放的特性也使得犹太文明在散居的过程中受到欢迎并得以广泛传播，丰富了自身也润泽了其他的文明。“影响深远的犹太教、基督教、伊斯兰教都将此地奉为圣地，甚至一些影响不大的教派也是如此；一些著名的语种，如腓尼基语、希伯来语、希腊语等也都与迦南地区的上古语言有着直接或间接的各种联系。”①

其次，沙漠的地理因素对犹太民族思维方式以及宗教意识的形成具有非常重要的影响。从地理位置来看，在迦南所处的近东地区，沙漠是这里最具特色的景观。迦南以东是阿拉伯大沙漠，迦南往南是对犹太宗教文化产生重要影响的西奈沙漠。经典中记载的摩西率领族人出埃及就是途经西奈沙漠返回迦南的。沙漠在古犹太人的生活中留下了不可磨灭的记忆，摩西及其族人途径西奈沙漠的这段生活经历对犹太教的兴起起到了关键的作用。一如埃及文化史家艾哈迈德·爱敏（Ahmad Amin）所指出的：

> 沙漠地方的人，面对大自然，目无所障；烈日当空，则脑髓如焚；明月悠悠，则心花怒放；星光灿烂，则心旷神怡；狂飙袭来，则所当立摧。这或许可以解释世界上大多数人信仰的三大宗教都产生于沙漠地区的秘密：犹太教产生于西奈沙漠，基督教产生于巴勒斯坦沙漠，伊斯兰教产生于阿拉伯沙漠。

干旱少雨的气候、悬殊的昼夜温差以及复杂多变的天气现象让生活在这里的古犹太人对自然充满了敬畏，激发了其内心丰富的想象力与创造力。他们一方面把这种对自然的体验融入了自己的生命体验之中，并从这些复杂的生活体验中抽象出超验的思想；另一方面又借助自然界中的物象来验证这些超验的观念，渲染神秘的气氛。这使犹太文化实现了具体与抽象、人性与神性的结合。

---

① 姜焕文：《迦南地——犹太文化的物质源头》，《甘肃联合大学学报》（社会科学版）2008 年第 6 期。

第二，颠沛流离的历史境遇。

犹太民族的历史一直是在颠沛流离中发展和延续至今的。在古希伯来时代，他们的先民生活在阿拉伯半岛的幼发拉底河流域，逐水草而居，过着聚群的游牧生活，这使得犹太民族的生活从一开始就带有流动性的特征。到公元前两千年左右，他们在上帝的旨意下，迁移到“流着奶与蜜之地”的迦南地区，开始过上了一段安定的生活。但是没过多久又在一场遍及全国的饥荒威胁下，以色列12个部落的祖先移居埃及，在那里他们的后代却沦为奴隶。苦难的经历造就了民族的英雄——摩西，他带领犹太民族在公元前1280年左右离开了埃及。出埃及后，以色列人在西奈半岛上建立了居住地。公元前1200年左右，约书亚带领以色列人平定了迦南。此后，在大卫、所罗门时期，犹太民族创造了短暂的辉煌。然而所罗门死后，内战发生，王国分裂成北方的以色列国和南方的犹太国。国家力量的削弱，引来了外敌的入侵。公元前723年，北方王国被亚述消灭，公元前587年，南方王国被巴比伦消灭。人口大半流离到巴比伦周边地区，成为囚犯和劳役。公元前538年，南方王国人民被允许返回故土，开始在废墟上重建家园，但北方王国的人民没有再重建自己的国家。即使在重建家园的过程中，犹太人仍处在波斯帝国的管辖之下，国家主权未得到承认。后又遭遇亚历山大、埃及和叙利亚的管辖统治。公元前164年，祭司家族出身的玛喀比率军打败了安条克的军队，犹太人实现了一个世纪的独立自治。公元70年，罗马大军攻陷耶路撒冷，至此，犹太人再次遭受了祖国灭亡的命运。他们被驱逐出自己的家园，开始了长达近两千年的漂泊、流浪生涯，散居世界各地。

回顾犹太民族的历史，虽然有过短暂的辉煌和统一，但大多数时间都是在动荡不安和辗转漂泊中度过的。几千年来一直遭受着被驱赶、被歧视、被掠夺和被屠杀的苦难。犹太民族的境遇表面上看起来充满了矛盾：他们一方面是“上帝拣选的子民”，而另一方面却经受着命运的磨难。漂泊与受难似乎成为犹太民族发展的最简短的写照，他们是寄居在他人篱下的“客民”，既与命运抗争，也与神角力。苦难的境遇让犹太文明被连根拔起，但是他们仍然能够在长期离散的状态中维持、延续着自己的信仰和认同，这在文明发展史上是比较少见又非常令人敬佩的。在遭遇侵略和流亡异乡的经历中，无论是巴比伦之囚还是罗马民族的屠杀，犹太民族不但没有消沉，反而能够在异族的压制下，坚强地生存下来，并很好地保存和延续了民族的传统和文化。这种忠实信仰、坚强不屈的品格在犹太民族那里表现得尤为突出和令人敬佩。

二　主要表现

多灾多难的生存境遇影响并塑造了犹太民族的特性，独特的犹太气质和犹太心理能够超越地域和时间的限制，在整个民族中形成一种固然的、不可剥夺的精神感觉，成为一种积淀在民族成员心底的文化情结。这种感觉和情结突出地表现在犹太民族虔诚的精神信仰、强烈的民族认同感和浓厚的伦理思想上，它们构成了犹太民族精神家园的重要内容，在犹太民族长期的流散经历中凝聚着力量、传播着认同、坚守着信仰，从而使其在颠沛流离中实现了“流而不散”，在物质家园缺失的状况下，依然拥有着强大的希伯来精神家园。

第一，宗教信仰是犹太民族的精神寄托。

从某种角度上来看，犹太文化即是一种宗教文化，宗教信仰在犹太民族的精神生活中扮演了十分重要的角色，在犹太民族的精神家园中占据着突出的地位。宗教之于犹太民族而言，已然超越了教规或信仰本身，包含着社会心理、道德准则、精神理想等内容，并深深地融入了犹太文化的精神内核之中，成为一种生活方式、一种思维模式、一种民族心理。

犹太民族的历史是从希伯来《圣经》开始的，“传说已经成为关于以色列祖先时代的一个重要部分，好像是真正存在过的事情一样”。① 因此犹太人经常被称作“《圣经》的子民”。《圣经》里有“律法书”“先知书”和“诗文集”。先知是希伯来历史独有的特征，人们对先知的预言笃信不疑，将领悟并遵从上帝的意志视为最高价值，并力图在信仰中来探究人生的终极意义。预言既是一种宗教文学，又是挽救民族危难的指导思想。例如，根据《圣经·创世记》第 14 章的记载，阿拉伯半岛乌尔帝国附近住着一支闪米特人，其首领亚伯拉罕曾被上帝召见，并被告知“你要离开本地、本族、父家，往我所指示你的地方去，我必叫你成为大国……”按照上帝的指示，公元前 2000 年前后，亚伯拉罕带领部落离开哈兰城，越过幼发拉底河和约旦河，向上帝应允之地“迦南”迁移。亚伯拉罕是犹太民族的精神领袖，同时也是宗教信仰的传道者。在他的积极努力下，确立了一神教在犹太民族的统治地位，人们对上帝这唯一的神及其一切言论确信无疑。犹太民族从此之后的行动和发展无不是遵循着上帝的旨意，使这个民族的历史命运和精神文化打上了深深的宗教印记。如果说早期犹太人对上帝的信仰是模糊和混沌的，那么到了《旧约·出埃及记》所描述的时期，犹太人真正地将“凌驾于自然界之上，不受人类好恶和自然变化的制约”② 的上帝作为了唯一

---

① ［以色列］阿巴·埃班：《犹太史》，阎瑞松译，中国社会科学出版社 1986 年版，第 3 页。

② 同上书，第 13 页。

的、至高无上的精神信仰。在《旧约·出埃及记》中，上帝的存在给了犹太人战胜困难、克服软弱的无限的力量源泉。正是坚持着这样的精神信仰，才使得犹太民族能够在颠沛流离中仍然怀有坚定的精神支柱。《旧约》即《托拉》被确立为犹太文化的精神源泉与价值核心。“尽管《托拉》的作者是人而不是神，人们却可以凭此听到上帝的声音”。[①] 巴比伦之囚后，宗教更是成为一种大众化的精神信仰，为了更广泛地传播《圣经》思想，出现了许多布道的拉比，也建立了许多宗教场所。对宗教的信仰和追寻几乎已经成为犹太人精神世界的全部寄托。

第二，宗教信仰为犹太民族提供了价值规约。

犹太民族被称为是“书的民族”，命运多舛的历史境遇激发了人们的信仰和创作灵感，集体的智慧在此积淀成丰富的希伯来经卷，它们正是犹太民族视若珍宝的精神财富。通过这些经卷，人们在精神上与上帝沟通，在具体的生活中获得上帝的启示和指引。因而这种信仰不仅能够给人的心灵提供精神的寄托和皈依的感觉，还在现世的生活中引领人们走出苦难并走近崇高，在很大程度上起到了价值规约的作用。《十诫》和《塔木德》以宗教立法的形式实现了犹太民族与上帝之间的立约，通过立约来确立并规范人的言行，提升人的精神境界。公元前 1250 年左右，摩西带领以色列人逃出埃及，在西奈山顶获得了上帝传授的十条告诫，它用极精练的语言表述了上帝与人建立的成文法律。这是犹太民族对神的承诺，更是一种价值的规约，是“上帝选民”之身份的证明。《十诫》前四条是最基本的教义，要将上帝作为唯一的神来信仰，不可制作和崇拜其他的偶像，不可妄称和利用上帝的名字，

---

① ［英］塞西尔·罗斯：《简明犹太民族史》，黄福武译，山东大学出版社 2004 年版，第 20 页。

也不可在宗教规定的安息日工作。后六条是生活律法，包括孝敬父母、不杀人、不奸淫、不偷盗、不做假证陷害他人等。

《塔木德》是继《十诫》之后又一个指导犹太人日常生活的价值准则。公元70年，罗马帝国入侵，犹太人被驱逐出耶路撒冷，从此流散世界各地。面对着流散的生存状态和复杂多变的境遇，犹太人需要一种全新的律法来引导和规范生活。生活在巴勒斯坦和巴比伦的拉比编纂了对犹太人生活的权威注释《塔木德》。《塔木德》延续了《十诫》通俗、简洁的风格，而且包含了许多实用的方法和策略。它集中反映了犹太先祖们的智慧和文化，给生活在隔离区的犹太人提供了抵御基督教冲击的精神信仰和规范日常行为的明镜。《塔木德》主要由《密西拿》和《革马拉》组成。不同于《十诫》作为成文的律法，《密西拿》只是“口传法”。《革马拉》是巴比伦拉比对《密西拿》的阐释、评介和补充。在《塔木德》中包含着许多生动形象的宗教故事，善于运用想象和比喻来解释律法，尽管显得不是那么富于思辨和理性，但仍然是以《圣经》作为根据来论证口传法的权威性。《塔木德》是犹太人生活中关于《圣经》的一本通俗读物，在其后一千多年的流散生涯中，它一直指导和规范着散居世界各地的犹太人的生活，像一条纽带，维系着犹太民族的整体性和统一性。

第三，宗教信仰影响并塑造了犹太民族的心理特征。

宗教对于犹太人来说，不仅是信仰，更是凝结在犹太民族生活方式和思维模式中的一种民族意识。它涵盖了历史、文学、哲学、审美、理想、民族精神、社会价值观等内容，它们正是影响、生成人的心理特征的重要的文化要素。

首先，宗教的信仰使犹太民族形成了面对灾难百折不挠的坚强意志和乐观向上的精神。在犹太民族的历史上，安定祥和的时期要远远少于背井离乡、四处漂流的时期。他们被奴役、被驱逐、被歧视、被屠杀，不论现实的生活境遇何等窘迫和苦难，他们都没有就此消沉、颓废，也毫无怨恨，而是选择了带着乐观向上的热情，心怀希望地去与现实抗争。而这种强大的隐忍精神正是源自于宗教的影响。在他们看来，现实生活中的所有磨难，无不是上帝对他们曾经犯下的错误的惩治，同时也是对“特选子民”的考验与确证。现实的苦难是暂时的，只有经历了这些苦难才能获得心灵上的救赎，最终他们将在上帝的指引和护佑下重新回到圣城耶路撒冷。既然一切都是上帝安排好的，是犹太人用以救赎自己罪行的方式，那么就没有必要去抱怨，更不能自暴自弃。这些观念在犹太教的教义中都有所暗示，它们深深植根于犹太人的精神世界中，内化成一种思维模式和心理状态。他们善于接受任何可能发生的现实，并尽全力地去改变现实。以至于在现实生活中，犹太人很少对别人说不，“Zeyma yesh”（本来就是这样）和“ye-heye besedr”（一切都会好起来的）这两个短语经常出现在犹太人的语言中。精神的强大与坚韧，足以使犹太民族去接纳并克服现实生活中的一切苦难，永远保持乐观向上的激情。

其次，宗教信仰也培育了犹太民族注重伦理道德诚实守信的品质。与东方的佛教教义不同，犹太教并不主张离世苦修，而是将社会伦理道德的修养作为主旨。犹太人普遍认为，犹太失落物质家园并遭受种种苦难是因为他们的祖先曾经违反了与上帝签订的契约，这种原罪需要犹太人的后代去承担，只有忍受苦难并注重修身才有可能获得上帝的救赎。而修身最紧要的是严格遵守与上帝所立的律法和契约。这种心灵的契约比成文的法律条文更要受到犹太人的重视。《塔木德》里关于契约有这样的论述：“契约与合同一旦签订，就没有协商的余地了。”在犹太人心中，契约神圣不可侵犯。一经签约，不论发生什么情况绝不毁约，同时他们要求对方严守契约。因此，犹太人对人与上帝的立约笃信不疑，同时扩展到对人与人之间所立契约的严格遵守。在他们看来，人的所作所为都是可以被神所知的。这种立约守信的精神成为犹太人商业伦理思想的核心。犹太人善于经商，他们重信守约的品格更加促进了他们经商的成功。

第四，宗教信仰如同纽带，增强了犹太民族的凝聚力和认同感。

对于不断遭受失去物质家园的犹太民族来说，保持精神上的统一和一致尤为重要，这种凝聚力和认同感是维系这个民族生存和发展的精神动力。事实上，早在犹太民族诞生之际，犹太的民族性就已经镌刻在民族个体的意识之中了，只是后来颠沛流离的苦难经历以及人们的宗教信仰更加加深了民族的认同感和作为犹太人的民族意识。在长达两千多年的大流散生涯中，使犹太民族的文化得以传承的，使犹太民族的凝聚力和认同感得以增强的，不是土地所代表的物质的家园，而是由信仰所构成的精神的家园。犹太教新正统派领袖赫西曾指出："对于以色列人来说，由于其民族性的唯一来源就是与《托拉》的关系，拥有一片土地和一个政府只不过是小事一桩，尽管任何一个群体若没有土地和政府根本就不能称之为一个民族。"① 宗教的信仰孕育了犹太民族的特性，并能够让这种特性超越地域和时间的限制，得以传承和发展下去。在这一点上犹太民族正符合本尼迪克特·安德森对民族所做的比喻，即民族在更广泛的意义上是作为想象的共同体而存在的，尽管犹太人一直在失去属于他们的、有利于这个民族生存发展的、赖以生存的土地，但在精神的层面上，它所获得的认同度足以让这个民族永远地延续下去。

① 杨淑琴：《犹太人》，东方出版社2008年版，第21页。

第八章

当代中华民族共有精神家园的建构

中华文明源远流长，以民族文化和民族精神为主要内容的民族精神家园也具有悠久的历史。早在先秦时期即已形成以孔孟儒学为中心的、以传统的儒释道的封建伦理价值为主要内容的“原生态”的民族精神家园。尽管在文明发展的过程中也曾出现过孔墨显学的对立，出现过诸子百家的争鸣，但最后还是通过“罢黜百家、独尊儒术”确立了儒学思想的核心地位。它一方面维护了封建专制的集权统治，另一方面通过塑造和确立民族的伦理价值观念，维系了中华民族思想意识体系的长期稳定，对中华民族的繁衍生息、发展壮大起到了非常重要的作用。

近代中国在西方列强的坚船利炮下被迫打开国门，中国社会面临着“亡国”“亡天下”的民族危机、经济结构和政治制度解体的社会危机以及传统精神家园瓦解的文化危机。而且，“从广义文化的视角来看，中国近代的民族危机根本上就是一种文化危机”。[①] 在剧烈的社会变迁与动荡之下，儒家文化的核心地位受到动摇，传统的民族精神家园开始面临文化生态的剧变和离析。

① 张岱年、方克立：《中国文化概论》，北京师范大学出版社 2004 年版，第 328 页。

在挽救民族危亡和文化危机的运动中，马克思主义社会理论被中国人所接受，它的传入“契合了人们急需重建时代精神的内在价值取向与深层文化心态，就在人们内心激起了巨大的波澜，并迅即成为中国思想界的主潮”。[①] 在新民主主义革命和社会主义建设时期，马克思主义理论作为革命和社会发展的指导思想融入了中华民族的精神家园之中。它将中华民族传统的价值观念与时代主题和社会发展目标结合起来，形成了“新文化”“新民主主义文化”和“中国特色社会主义先进文化”。

随着中国社会现代化和工业化进程的加快，特别是近些年来面对全球化、市场化和价值多元化的挑战，原有的精神家园中的马克思主义、传统文化、价值观等要素再次受到了冲击。传统文化需要现代转型，民族文化需要在文化交往和碰撞中丰富和强大自身，核心价值观需要在多元价值中引领方向，马克思主义需要进一步实现中国化、时代化、大众化……改革开放三十多年来，中国的经济发展取得了令世界瞩目的成就，中国社会实现了跨越式的前进。在经济快速发展的同时，精神文化尤其是民族共有的精神家园如何摆脱现有的挑战与危机、与经济发展相适应成为当下应该思考和着力解决的重要问题。

回顾历史，是为了更好地研究现状和展望未来。本章在前些章对精神家园理论体系的解析及其历时、共时样态考察的基础上，从实践层面探讨了当代中华民族共有精神家园的建构。在对家园历史的反思与现状的分析的基础上，遵循科学合理的建构原则，探索积极有效的路径和方法来实现建构的目标。这既是精神家园研究的出发点，也是研究的落脚点和归宿。

---

① 胡军良：《朝向马克思主义中国化事实本身》，《思想理论教育》2008 年第 1 期。

第一节　中华民族共有精神家园的当代境遇

每个时代都有自己的主题，也都存在着关于社会发展的矛盾和问题。而致力于引领精神文化发展方向、解决人生存和发展深层次问题的精神家园就不可避免地打上了时代的印记。只有根植于实践的土壤不断地进行自我反思和超越，才能在环境中汲取养分丰富和完善自身。因此，当代中华民族共有精神家园的建构离不开对当代发展境遇的考察。当今时代，在全球化、现代化、市场化、信息化的作用和影响下，人们原有的价值体系不断地遭受冲击，价值观呈现出多元化的趋势，这对精神家园提出了很大的挑战。在这样的境遇之下，唯有积极的应对，尤其要处理好自我与他者、传统与现代、物质与精神、核心与多元这四对矛盾之间的关系。只有直面现实境遇、关注时代主题、提升问题意识，才能使精神家园建构的研究具有针对性和目的性，并在实践层面增强时效性和可行性。

一　全球化的挑战

早在19世纪马克思在《共产党宣言》中就已经指出人类历史向世界历史转变的趋势。

> 资产阶级，由于开拓了世界市场，使一切国家的生产和消费都成为世界性的了。……过去的那种地方的和民族的自给自足和闭关自守状态，被各民族的各方面的互相往来和各方面的互相依赖所替代了。物质的生产如此，精神的生产也

> 是如此。各民族的精神产品变成了公共财产。民族的片面性和局限性日益成为不可能，……①

如果说在马克思生活的年代，世界历史已经成为一种趋势，那么今天全球化就是对世界历史的继续和深化，并且已经成为当今时代最主要的特征之一。全球化意味着打破国家和民族的界限而实现资源在全球范围内的共享与配置，它不仅将范围延伸到世界的各个角落，将世界各个民族国家卷入其中，还广泛覆盖了经济、政治、文化等人类生活的诸多领域和方面。

文化全球化的提法至今在学界仍有争论，但全球化的趋势已经既成事实，而且在一定程度上影响了各国的文化发展战略和决策。文化全球化通过不同的文化在全球范围内的流动、交往实践来实现文化要素的整合和资源的更新，意在建构普遍认同并合理选择的全球化的文化关系与文化模式。因此与其说文化全球化是一个文化交往的必然结果，不如将其描述成一个动态的文化构建的过程，它表现为世界历史发展的趋势和一个个不断发生变化的处于建构过程中的状态累积。对于文化的这种全球范围的流动和整合，不同的文化给予不同的态度，相应地表现为文化的交往融合和文化的冲突对峙。如何在文化的国际交往中处理好自我与他者的关系，在保持民族性的同时又能通过学习借鉴完善自身，这是当代中华民族共有精神家园的建构所面临的一个挑战和必须谨慎思考的问题。

在文化全球化的过程中，强势文化总是表现出比弱势文化更高的优越感和生命活力，因此文化之间会发生碰撞与冲突，虽然这并不是文化全球化的本意。塞缪尔·亨廷顿（Samuel

① 《马克思恩格斯选集》第1卷，人民出版社1995年版，第276页。

P. Huntington）等人指出，冷战结束后，“未来的冲突将由文化因素而不是经济或意识形态所引起。而最危险的文化冲突是沿着文明的断层线发生的那些冲突”。[①] 虽然亨廷顿的言论带有明显的意识形态论调，对文明之间冲突的观点也略显悲观，但是这种关于文明冲突的担忧的确值得引起注意。文化的碰撞与竞争所引发的对自身的保护和对他者的防范的反应加剧了文化之间的对峙和矛盾。东西方的理论家们甚至还将文化研究与全球化和世界格局、国际形势的变化结合起来，展开了一场文化的论战。除了塞缪尔·亨廷顿的“文明冲突论”，还有弗朗西斯·福山的“历史终结论”、约瑟夫·奈的“软权力论”、丹尼尔·贝尔和布热津斯基的“文化矛盾论”、希拉克的“文化欧洲论”、萨义德的“东方学”、俄罗斯的“欧亚主义”、伊斯兰世界的“复兴运动”、东亚的“亚洲价值观”等。这些关于文化的论点或学说，是对文化全球化现状的思考，也可以理解为在这一背景下为了影响和维护本国或者本地区政治主权和经济利益而提出的文化发展战略。

自从有了文明的交往，就存在着文明的冲突。不断地强调自身的特性和极力避免被他者同化是文明本身具有的内在特性，只是在文化全球化趋势不断加强的今天，各种文化群体在与他者融合的过程中为了维持这种个性和自我认同而使这种忧患意识和抵抗意识前所未有地增强了。对峙与冲突固然存在，甚至在文化交往中还会有来自“文化霸权主义”和“文化殖民主义”的不平等思想，但世界上各种文化的常态是多元共生的，而且文化的多元共生与文化的全球化在本质上也是并行不悖的。文化全球化的主体是多元的文化，全球化的结果就不可能是单一文化在全球范

① ［美］塞缪尔·亨廷顿：《文明的冲突与世界秩序的重建》，周琪等译，新华出版社 2002 年版，第 7 页。

围内的无限扩张和垄断，任何一种文化都不具备同化世界上其他所有文化的能力。因此，文化全球化的结果不会是“西方化”，也不会是“美国化”。

面对文化全球化，过于悲观或者过于乐观的态度都是不可取的，正如我们应该辩证地看待经济全球化，我们同样也应一分为二地看待文化全球化的现象。一方面，我们应该理性地看待文化之间的冲突和对立，特别是要警惕不合理的文化思想的侵害和以文化输出为主要形式的意识形态的渗透，保持民族性。另一方面，要积极地参与文化交往，文化交往是减少文化的隔阂和冲突的前提。同时，通过向世界展示本民族的文化和学习其他民族文化中的精华和优秀的成分，可以扬长避短，获得对本民族文化发展的有利条件和资源。

文化的交往由来已久，只是在全球化的今天更加突出地彰显了出来。文化交往是由文化本身的开放性决定的，更深层地源自人类实践活动的自由自觉性。任何一个民族或者国家的经济都不可能在封闭的状态下发展，同样，文明也不可能孤立地生成与发展。正是由于文化的多元性才使人们的生活丰富多彩和充满意义。世界文明和文化的多样性说明，民族文化的差异性是客观存在的，需要通过文化的交往来加深了解，只有交往才能减少误会和争端；只有交往才能尊重差异，求同存异，促进社会的发展和世界文化的和谐共生。历史与现实都证明了文化的交往对促进文化发展的重要作用。无论是作为西方文明源头活水的古希腊文明，还是具有几千年悠久历史的中华文明，无不是通过跨文化交往与学习才获得了自身的发展。如古希腊哲学与宗教的起源与发展就受到了古埃及和古巴比伦在天文、数学方面的突出成就以及神话思想的影响，古希腊后期的文明又受到了东方的科学、哲学和宗教的影响，从而使希腊文明具有东西贯通的特色，辉煌至今。汉代的中印文化交往使中国文化汲取了印度佛教与佛学，造就了多彩的盛唐文化。佛教与中国传统的儒、道结合，也给中国哲学和传统文化带来了深刻的影响。因此，同其他民族精神家园的比较和借鉴的过程也是对世界优秀文化与价值进行认识理解、选择融合的过程，体现了人类精神文化的交流与共享。

二　现代化的挑战

与全球化一样，现代化也是用来描述一个世界性的历史过程，而不是表示一个结果。根据罗荣渠对现代化的定义和解释，现代化有广义和狭义之分。广义的现代化理论是指人类社会自18世纪以来，由传统的农业社会向现代工业社会演进的历史过程。狭义范围的现代化则专指落后的国家以实现发达工业社会作为目标，向发达国家学习和迈进的过程。因此，狭义的现代化似乎与西方化的说法有些类似。近些年来，随着社会的发展变革，世界历史又开启了第二次现代化进程，表现为由工业社会向知识社会和信息社会、由工具理性向人本价值和生态文明的转型。纵观三百年来人类现代化的历史进程可以看出，现代化以工业进步和科技革新作为发展动力，但又不仅仅是单纯追逐经济增长，它包含着经济、政治、文化、社会等各个方面的现代转型；现代化以西方化为主要标准，但由于国情和民族发展进程的不同，现代化在世界范围内又表现为多样化的发展模式和样态。作为人类社会发展不可逆转的大趋势，现代化深刻影响了中国近代以来社会的发展进程。今天，现代化的广度已经扩展至全球范围，工业生产水平和科学技术水平都获得了前所未有的提高，这对中华民族传统文化的现代转型和中华民族共有精神家园的建构提供了优越的条件，同时也提出了新的要求，可以说是机遇和挑战并存。

工业发展成果为文化的发展和创新提供了充足的经济条件和物质基础。现代化与科学技术形如一对孪生兄弟，自现代化发端伊始就伴随着科技的革新和进步。在英国，18 世纪 80 年代，瓦特蒸汽机问世，它以蒸汽动力解放了生物动力，成为英国工业革命和人类现代化历史的先声。美国、日本、西欧等国家无不是以工业和科技的发展作为推动力实现现代化的。现代化虽然涵盖经济、政治、文化、社会发展的各个方面，但是仍然是以工业的现代化作为其他现代化实现的条件和基础。与一些较早实现现代化的“内源型”资本主义国家不同，中国现代化的萌生属于外源型，而且发展相对落后。从 1840 年的鸦片战争到 1949 年中华人民共和国成立之前中国现代化都是在世界资本主义和西方殖民主义的影响下被动展开的。新中国成立后到改革开放前，中国的现代化属于经典的社会主义现代化模式，里面有很多效仿苏联的成分。改革开放以来，中国开启了中国特色的社会主义现代化建设的新阶段。虽然在发展序列上相对滞后，但是中国的现代化却有着得天独厚的“后发优势”。“后发优势”提供了这样一种可能，即后发国家可以通过吸收和借鉴发达国家已经取得的成果和经验，来大大缩短自己实现现代化的发展路程，尽可能少走一些弯路。改革开放三十多年的历史证明，中国利用现代化发展的“后发优势”逐步缩小了与发达国家的经济差距，实现了跨越式的发展。中国现代化的发展成就为文化建设和发展奠定了坚实的基础，提供了有利的条件。

然而，现代化也对文化的创新和发展提出了新要求和挑战。现代化不专指经济指标，而是涉及人类社会发展的各个方面，从本质上讲，它是人类文明不断更新、选择、发展的进程。人类社会的每一次进步和变革都会相应地带来思维方式和价值观的转变。随着社会生产力的发展、生产方式的革新，社会的精神文化就会自觉地发生转变，与社会经济的发展相适应。现代化是人类历史上最重要的社会变革，因此在现代化的过程中就客观要求实现文化的现代转型，主要表现为去魅化和世俗化。人类社会第一次现代化（即从农业社会向工业社会转化）使一些在传统社会中被奉为准则的封建伦理观念被工业社会代表市场经济发展的"公平""效率""诚信""契约"等价值观念所取代。以中华民族的传统文化为例，儒家思想中那些"三纲五常"的封建等级制度及保守的思想已然不能适应现代社会的发展要求，传统文化唯有创新、实现现代化的转型才能继续保持生机和活力。在现代化面前，中国人自觉地接受了市场经济的价值准则，将它们与中国传统文化中的"仁、义、礼、智、信"思想结合起来，让古老的文化又焕发了新鲜的生命活力与时代气息。时至今日，人类社会的第二次现代化已经开始，信息社会和知识社会对文化的要求与工业社会又有较大的差异，社会需要的价值准则又由工具理性和效率至上转变为以人为本和科学、可持续发展的价值理念。这需要挖掘传统文化中体现这些思想的有益成分，同时清除与时代价值相悖的内容。今天的中国现代化几乎是以"传统文化"的断裂为代价的，完全地割断、否定传统或者简单地回归传统，都是不可取的。只有在充分融入并了解现代化时代特征的同时，去粗取精、去伪存真，积极与现代化思想相结合，才能实现文化的现代转型和与时俱进。

三　市场化的挑战

市场化是市场经济下出现的一种普遍的状态和趋势，它以供需为导向，以优胜劣汰作为竞争的机制，以市场的价值准则作为运作的依据，以效率的最大化作为实现目标。14 世纪、15 世纪的西欧航海革命开辟了新大陆，也使市场从国内逐步拓展到了全球，市场经济在这个时候开始了萌芽。后来又经过各国的资产阶级革命和工业革命的洗礼，市场经济在资本主义国家确立了起来。经过数百年的发展，市场经济已经在全球范围内展开，推动了人类现代化、工业化和全球化的实现。今天，市场经济无论在广度还是深度上都获得了前所未有的发展，通过实行市场经济体制，很多国家加快了现代化的进程，并在全球化的格局下实现了与世界的接轨。中国自 1978 年实行改革开放政策以来，逐步进行经济体制改革，1992 年中共十四大确立了社会主义市场经济的改革目标，三十多年来，中国的市场经济建设取得了举世瞩目的成就，中国特色的社会主义市场经济体制初步建立。发展社会主义市场经济是中国在社会主义建设新时代提出的重要举措，是对现代化发展道路和模式的全新探索，事实证明这样一种模式是符合时代要求和中国国情的。但是在经济增长的同时，市场经济也滋生了消费主义、利己主义、拜金主义等负面的价值理念。其带来的后果是，GDP 增长了，生活水平提高了，而人们的幸福感和精神归属感却在下降。这样一些不良的思想给人们的精神家园带来了挑战和冲击。

（一）消费主义

消费主义是资本主义市场经济下滋生的一种以追求无节制消费和物质享受为乐趣的生活价值观。消费主义产生于西方发达资本主义国家，有一定的社会经济背景。“二战”结束后，各国都集中精力恢复和发展经济，在国家垄断资本主义和新科技革命的推动下，资本主义经济在西方国家获得了短暂的辉煌，出现了经济繁荣稳定的“黄金时期”。加之在凯恩斯主义的指导下，一些积极鼓励居民消费政策的实施也为消费主义的萌生创造了条件。近年来随着全球市场经济的发展，消费主义文化观逐步向全球蔓延开来。它不分制度、不分种族，只要有经济增长和开放市场的环境，都有消费主义的侵袭。

马克思曾经在《〈政治经济学批判〉导言》中论述了社会生产的四个环节——生产、交换、分配、消费，以及它们之间的关系。在马克思看来生产与消费之间存在着辩证的关系。二者的同一性表现在：①生产和消费具有直接的同一性，即每一方又直接是它的对方。生产也是直接消费，表现在生产劳动过程中存在着劳动力和生产资料的消费（消耗）。消费也直接是生产。一方面，人通过享用和消耗消费品（劳动产品）而补充体力，继续“生产了自己的身体”；另一方面，人在消费生产资料的同时，生产出新的产品。②生产和消费互为中介和手段。生产是消费的中介，表现在生产创造出消费的材料和对象；消费是生产的中介，表现在消费为生产创造主体，消费是生产过程的终点。③生产和消费相互生产和创造着对方。一方面，生产为消费提供了外在的对象，消费为生产提供了想象的对象。另一方面，“生产生产出消费，是由于生产创造出消费的一定方式，其次是生产把消费的动力、消费能力本身当做需要创造出来。”[①] 同样，生产与消费也不可混为一谈。因为“无论我们把生产和消费看作一个主体的活动或者许多个人的活动，它们总是表现为一个过程的两个要素，在这个过程中，生产是实际的起点因而也是起支配作用的要素”。[②]

按照马克思的观点，生产与消费作为社会生产的起点和终点，二者是互相促进的。没有生产，消费就没有了对象；没有消费，生产就没有了目的。但是在消费主义那里，生产与消费的扩

---

① 《马克思恩格斯选集》第2卷，人民出版社1995年版，第10页。

② 同上书，第12页。

大已经不再是以作为实践主体的人的实际需要为前提了。消费主义以消费的扩张来促进生产，进而实现社会经济发展的观点，貌似具有一定的合理性，但是过度的、无节制的“需求”最终导致的是经济泡沫的增长和生活态度的改变。不顾消费能力的过度生产只能诱发经济危机，不顾消费能力的过度消费只能导致债务累累。而消费主义的目的不在于满足对消费品的实际需要，而在于满足不断被刺激出来的消费欲望。从本质上讲，消费主义是一种畸形和非理性的消费理念，同时也是一种不健康的生活方式。这种错误的消费观或价值观，足以扰乱人的健康生活，诱发文化危机，危害和谐、稳定的社会秩序。

（二）利己主义

利己主义的主要表现是以自我为中心，以自我利益的满足和实现作为思考问题、做事情和道德评价的标准。在人类历史上，关于利己主义、个人主义和集体主义的争论一直是伦理学和哲学研究的重点问题。利己主义不完全等同于个人主义，但是又与个人主义有着内在的联系。个人主义强调个人的自由、独立和主体性的实现，坚信“人是万物的尺度”，个人的权利和价值应该得到尊重和满足。而利己主义除了强调个人至上和个人本位之外，还更加注重个人私利的满足，甚至会为了个人利益的满足而不惜损害他人的利益。集体主义则将集体的利益作为评判品行的标准。集体主义并非否定个人利益，更不是个人利益的简单相加，它强调的是一种建立在个人利益基础上的共同利益。

利己主义思想古来有之，一般认为是私有制社会下的产物。“人不为己，天诛地灭”“宁可我负天下人，不可天下人负我”等体现利己主义思想的观点在古代封建制度下即已形成。新民主主义革命以来，特别是在挽救民族危亡的抗战时期，体现民族共同利益和意志的集体主义成为时代的主流价值取向，在这一时期利己主义少有发展的空间。但是随着社会主义市场经济的发展，特别是在全球化的时代背景下，西方价值观以多种形式传入国内，一些人的价值观开始动摇，追逐经济利益成为价值取向，在这样的情况下，利己主义再次呈现抬头之势。

利己主义的出现，对个人和社会的发展带来了严重的破坏和阻碍。当人们心中只有小我而无大我的时候，个人都在算计着自己心里的小算盘，无视集体利益和共同价值，使集体力量无法发挥出来，最终个人利益和价值也无法实现。利己主义最大的误区就是割断了个人利益与集体利益的联系。集体主义的存在并非是要放弃个人利益，反而是为了个人利益的更好实现。因为集体利益的基础是集体成员的共同利益，而这种共同的利益则与每个人的个人利益息息相关。因此，在处理集体利益和个人利益关系的时候，正确的做法是顾全大局，做到二者的统筹兼顾。利己主义只顾及个人私欲的满足，为了达到目的而侵犯他人和集体的利益，极易滋生腐化堕落的思想。只顾自己不顾他人的利己主义思想是个人价值观扭曲和精神家园失落的表现。在改革开放的新时期只有维护好精神的家园，并且加强制度和法律保障，才能有效惩治贪污腐败的不良风气，使改革开放的成果真正实现全体人民共享而不是给某些利己主义者中饱私囊。

（三）拜金主义

拜金主义与利己主义有着天然的联系，可以说拜金主义是利己主义在金钱观上的表现，同时拜金主义能够加剧利己主义的发展。拜金主义并不是近期才有的现象，中国古代两千多年的封建思想中就蕴含了一些拜金主义的萌芽。“有钱能使鬼推磨”“人为财死，鸟为食亡”等思想在民间广泛流传。创造价值和实现价值是人的精神追求，而且对于处在不够发达的社会里的民众来说，提高物质生活水平属于正常的心理诉求，但是拜金主义却让这种朴素的思想走向了反面和极端。如果说封建文化容易滋生拜金思想，那么拜金主义在西方资本主义社会获得了比中国封建社会更加广泛的认同。在资本主义社会里，财富的积累、利润的扩大是资本存在的意义所在，是资本的本性。资产阶级的拜金主义思想在西方文学中受到了批判和讽刺。守财奴葛朗台以及《项链》中爱慕虚荣的主人公玛蒂尔德等都是拜金主义的典型代表。在拜金主义的思想世界里，什么都可以用钱来买，包括人与人之间的感情。随着中国改革开放的深入，西方的拜金主义思潮也乘虚而入，迷惑了一些人的思想，形成了一种充满铜臭味的社会不正之风。

拜金主义简而言之就是对金钱的痴迷和崇拜。拜金主义者往往会依据金钱占有的多少来判断一个人的地位和价值的高低。在这种不良思想的影响下，人与人之间的真情少了，物质利益多了；知己少了，酒肉朋友多了；爱情少了，暧昧多了；相濡以沫少了，非诚勿扰多了……然而，拜金主义者们追逐了许久最后得到的却多数都是梦一场。一切朝“钱”看，只能让人生的视野越来越狭小，成为金钱的奴隶。明星争先恐后地嫁入豪门，到头来却发现其实蜗居的爱情也幸福；一些腐化的领导干部利用职权贪赃枉法，被查处的时候才醒悟原来人生光彩的出场和光荣的退场同样重要。时下流行一段批判金钱万能论的话语说得比较有道理：“金钱买得来药品，却买不来健康；金钱买得来玫瑰，却买不来爱情；金钱买得来书籍，却买不来文化；金钱买得来房子，却买不来家庭。”拜金主义，是价值观扭曲和变形的表现。面对迅速发展的经济大潮、卖场里铺天盖地的消费广告、周围互相攀比的不良风气，人们原有的价值体系不断地遭遇冲击和挑战。当人们把对社会资源占有的程度作为成功的标准和个人价值实现的标志的时候，价值观就已经在悄悄地发生变化。这也许是社会转型时期在文化价值观领域所面临的一个突出困境。但消费主义、个人主义、拜金主义、享乐主义……毕竟不会永久地居存于人的精神领地之中。因为，人本身具有追求崇高的超越性，这是人的内在属性。只要人通过建构精神家园来确立健康、正确的价值观和人生信念，通过民族共有精神家园来扬正气、树新风、葆先进，这些腐化的思想就会像垃圾一样被彻底清场。

四　信息化的挑战

信息化的出现源于“二战”后第三次科技革命的推动。20世纪四五十年代的新科技革命以原子能、航天技术和电子计算机的应用为代表。1946年世界上第一台电子计算机ENIAC诞生，此后计算机不断更新换代，不仅改善了硬件设备，而且还借助于网络实现远途通信、文件传输和资源共享。20世纪60年代，在互联网的创始之初，它是美、苏军备竞赛的产物，当时仅供少数计算机进行联网实验。随着计算机网络研究的发展，到了70年代，实现了局域网互联，即今天的互联网。时至今天，互联网技术已经获得了飞速的发展，一个成熟、稳定的覆盖全球的互联网络已经让全世界十几亿网民受益，信息化趋势逐渐加强。

互联网与电子计算机的结合，为信息化的发展创造了良好的条件。信息以十分便捷的方式实现即时传播，极大地方便了人们的沟通，但是在互联网技术的支持下，信息化的发展也对精神家园提出了挑战。信息化的重要特征是资源的共享，利用互联网技术很容易实现。但是，网络仅仅是一个上传或下载信息的平台，它本身并不具有对信息的筛选和过滤的功能。国家已经采取各种措施加强对不良信息的治理，但仍有一些不利于青少年健康成长的信息散布其中。一些不法分子利用网络作为传播工具散布意识形态谣言以蛊惑民心；一些西方资本主义国家时刻利用网络进行意识形态的渗透以瓦解民族意志；一些低俗的、错误的价值观在兴风作浪以扰乱社会风气；还有一些犯罪分子潜伏在虚拟世界中寻找被骗目标以牟取非法暴利。这些网络化、信息化的弊端一旦被利用起来，就会造成大范围的舆论影响，给社会秩序和个人的生活带来危害。这给精神家园的建构和坚守也带来了前所未有的冲击和挑战。

五 价值多元化的挑战

如果考察人类文明演进的历程，我们就会发现，人类文明史经历了一个从多元价值追求到一元价值追求再从一元价值追求正在走向行为规范一元化与价值追求多元化并存的过程。① 世界上有许多种文明，不同的文明有各自的价值体系，这些文明作为民族存在和延续的标志而呈现出一种多元共生的自然常态。价值的多元化，就是建立在人类文明的多样化、社会认识主体思维的差异性和社会利益的多样性的基础上的，是对人在社会生活中多种存在意义的肯定和尊重。

当前，在经济全球化和政治多极化的时代背景下，在中国社会普遍存在着利益的多元化和利益差距拉大的情况下，不同民族、不同地域、不同价值取向的各种思想文化在此相遇，有积极的思想也有消极的内容，有融合也有碰撞。积极的价值观表现在与社会主义价值体系相一致，与社会主义现代化建设相适应的价

---

① 江畅：《价值追求的多元化与行为规范的一元化——论世界和谐的基本格局》，《哲学动态》2007 年第 1 期。

值取向。比如爱国主义、集体主义、真善美的思想等。消极的价值观表现在利己主义、消费主义、拜金主义、封建迷信思想等。

社会上存在着多种多样的思想观念与价值取向，需要用一种正确的价值导向来引领和规范。就整体而言，中国社会主体的利益关系是建立在以公有制为主体的所有制关系之上的，也就相应地决定了应该以社会主义核心价值体系来引导社会思潮。社会主义核心价值体系是在多样化的价值取向中，选择并概括出来的有利于全体社会成员的共同利益和社会主义现代化建设的行为准则。中国应通过社会主义核心价值体系作为主流价值取向来引导多样化的个体价值，并营造出健康向上的文化氛围，进而凝聚民族的力量，激发社会的活力。

第二节　中华民族共有精神家园的建构原则

当今时代的全球化、现代化、市场化、信息化和价值多元化的趋势，给人们既有的文化价值观念带来了冲击，也向当代中华民族共有精神家园的建设提出了挑战。面对着新的时代特征，面对着新的发展任务，中华民族共有精神家园的建构理应具有新的目标和新的内涵，并依据合理的建构原则理性应对挑战，积极地开展建构实践。

一　民族性与普适性的统一

张岱年曾经指出：

> 任何一个国家、一个民族的文化，在其发展旅途中，都

经常出现这样一种矛盾运动：一方面，它要维护自己的民族传统，保持自身文化的特色；另一方面它又需要吸收外来文化以发展壮大自己。这种矛盾运动，文化史上称之为“认同”与“适应”。①

当今时代，文化全球化趋势逐渐加强，文化之间的交往已经成为一个不容回避的现实。面对着文化全球化带来的机遇和挑战，民族文化“认同”与“适应”的矛盾再次凸显出来，中华民族共有精神家园的建构要坚持民族性与普适性相统一的原则。

中华民族共有精神家园的民族性，指构成精神家园重要内容和基础资源的民族文化及其价值观的特色和个性。文化的民族性证明了民族的独特身份，也凝聚了民族的文化认同。一个民族用以区别其他民族而不被同化的重要标志即是体现民族性的民族文化。民族文化及其价值观深深地陶冶和影响着民族成员的思维方式和心理特征，塑造了人的精神世界。人无论身处何方，始终挥之不去的就是民族的文化情结。因此，在某种程度上讲，文化界定了民族，也维系着民族血脉的延续发展。现时期，我们建设中华民族共有的精神家园，就要以弘扬中华传统文化作为起点和前提。如果丢弃了传统，就是丢弃了民族文化的根基，也就失落了内心最深处的家园感。

各民族在保持民族性的同时，也应放眼关注文化发展的全球化趋势，注重学习和汲取有益的成分充实和发展自身。从人类文明的发展历史来看，文化的交流与融合也是文化实现自我更新的重要方式。因为，“对于任何一个民族而言，拥有文化输出与文

---

① 张岱年、方克立：《中国文化概论》，北京师范大学出版社 2004 年版，第 360 页。

化接受的健全机制，方能获得文化补偿，赢得空间上的拓展和时间上的延展”。[①] 从中华文化发展的历程来看，文化的交流与文化的民族性并不矛盾。中华文化从起源至今，经历了数次民族文化的融合。无论是北方的草原游牧文化、南方的山地农耕文化，还是中原的定居农业文化；无论是汉族文化还是少数民族文化，都融合、统一在中华文化之中。同时，中华文化具有海纳百川的秉性和有容乃大的气派，通过不断学习和汲取中亚、波斯、印度、阿拉伯、欧洲等地区的优秀文化，获得了有益的补充。此外，中华文化也擅长进行文化的扩展和传播，它将科技发明、文学艺术、农业特产、律令制度、古代哲学等优秀的文化火光传递到世界各地，对世界文明也做出了突出的贡献。今天，中国制造、中国的功夫、文学艺术等优秀的文化仍然为世界各族人民所喜爱。当代中华民族共有精神家园要求利用新的精神文化资源来重构，新的精神文化资源不仅包括优秀的传统文化、体现时代精神的现代文化，还包括其他民族的优秀文化。中华民族共有的精神家园绝不是一个封闭的体系，在它丰富多彩的内涵中，既有传统文化价值的积淀，还有为人类普遍认同的价值。“源于西方的自由、平等、民主、法制、市场、科技、享乐、公正、环保等人类公认价值理念……从根本上和总体上规定了当代人类的价值取向和价值追求，是当代人类处理自身如何生存的基本原则，构成了当代人类价值体系的核心内容。”[②] 如果说个体精神家园是依托在民族共有精神家园之中，那么中华民族共有精神家园同样也离不开人类共有的精神家园的滋养和呵护，也需要民族文化与普

---

① 张岱年、方克立：《中国文化概论》，北京师范大学出版社 2004 年版，第 87 页。

② 江畅：《论人类公认的价值理念》，《天津社会科学》2001 年第 1 期。

适价值的双重关照。

二 传统性与时代性的统一

在现代化的时代背景下，传统文化面临着现代转型；同样，中华民族共有精神家园的建构也应体现历史传承性与时代性的统一。在这里，历史传承性体现了对历史和传统的尊重与珍视。我们无法仅凭想象和技术在现代化的大厦顶端建立起一个空中的精神家园，因为精神家园一定是要以民族的历史和民族的文化传统作为根基的。如果割断了历史和传统，中华民族共有的精神家园也就失去了生长的土壤，成为无源之水、无本之木，最终将丧失继续发展的生命力而枯竭消逝。几千年的中华传统文化蕴含着丰富的人生哲学和生存智慧，尽管经历了数次冲击和破坏，但却以其旺盛的生命力和理论魅力实现了薪火相传。春秋战国时期的百家争鸣使中华文化精神的各个方面都得到了完整的展现。以孔孟为代表创立的儒家学说至今还影响着中国人的思维方式和价值取向。今天当人们遇到一些思想困境的时候，仍然习惯返回到“轴心时代”去寻找人生的大智大慧。它们已经构成中华民族精神家园中重要的价值组成部分。

同时，中华民族的精神家园还应体现与时俱进、不断创新的时代性。如文化的发展一样，精神家园也是一个动态的发展过程。民族的精神家园民族文化是一个民族在认识和改造世界的实践过程中所创造出来的精神成果，它充分地体现了一个民族的心理性格、思维方式、审美情趣、价值理想及道德情操等精神世界的状态。建立在民族文化深厚土壤之上的民族精神家园在更抽象、更崇高的境界上阐释了对民族生存、发展意义的价值追寻。无论是民族文化还是民族的精神家园，都离不开现实的生产生活实践，它们是民族成员在生产实践和现实生活中，不断积累文化体验和价值认知的结果。随着时代发展主题的变化，随着人们认识和改造世界能力的提高，人们对价值观念的建构也会逐渐趋于理性和深刻。中华传统文化根植于小农自然经济和家国一体的宗法社会政治结构之上，但是在几千年的历史演进中，不断激浊扬清、批判扬弃那些腐朽的和不适应时代发展需要的内容，获得了创造性的发展。因此，密切关注和回应时代主题，不断在自我批判中吐故纳新，是体现时代性的重要方式。传统性与时代性是精神文化的内在特性，这两个特性本不矛盾，它们统一在精神文化发展演变的过程之中。建构精神家园应该从这两个内在特性出发，既体现历史的传承性又体现时代发展的创新性。

三　先进性与大众性的统一

中华民族共有的精神家园是建立在民族文化的基础上的，以民族精神和民族的价值体系为内核，被民族成员广泛认同的精神文化系统。它是民族全体共同的精神寄托和归宿，是民族成员共同利益和共同价值取向的反映。相比较个体的精神家园而言，中华民族共有精神家园的建构要复杂得多，反映在既要体现先进性又要体现大众性。

（一）中华民族共有精神家园需要马克思主义的基本理论和先进文化作为导向来体现先进性

从马克思主义理论本身来看，它是具有先进性的科学理论。马克思主义作为人类文化高度发展的结晶，是科学的世界观、价值观、人生观的总概括，而且马克思主义理论本身具有的实践性、开放性和世界性的理论品格，使其不仅具有永恒的历史性价值又能够自觉面向世界与引领未来。从马克思主义理论的价值取向来看，具有先进性、前瞻性和科学性。民族共有的精神家园重在强调民族成员的“共有”，而“共有”的实现要求精神家园以民族成员共同利益和共同的文化认同为基础和前提。马克思主义始终将人作为社会发展的主体和目的，它从全世界无产阶级的共同利益出发，对资本主义的私有制展开了激烈的批判。它认为只有到了“建立在个人全面发展和他们共同的社会生产能力成为他们的社会财富这一基础上的自由个性”的阶段，人才能成为真正自由和自觉的主体。马克思把实现人的全面而自由的发展确立为社会发展的最高价值取向。马克思的人学理论及其所坚持的价值取向，不仅符合中华民族成员的共同利益，而且能够在更加宏观的视野上引导人们的价值取向。它不仅能够成功指导中国革命和建设实践，而且也能为中华民族共有精神家园的建构指引方向，成为中华民族共有精神家园的指导思想和重要元素。

马克思主义中国化过程中形成的社会主义先进文化同样体现了与时俱进的先进性。马克思主义在中国化的过程中，从革命文化到改革文化再到和谐文化，逐渐形成了以马克思主义的基本理论为指导、符合时代精神的先进文化。其中，社会主义核心价值体系是中华民族共有精神家园的价值核心。它在坚持马克思主义指导地位的同时，强调民族的共同理想，弘扬以爱国主义为核心的民族精神和勇于改革、敢于创新的时代精神，有利于增强文化的民族吸引力和凝聚力，具有实现和谐文化的利益调节和精神激励的功能。它是先进的思想理论、高尚的理想信念、良好的精神风尚、基本的道德准则的凝结，是社会主义先进文化的价值核心，因而能够成为中华民族共有精神家园的核心价值，起到引领方向的先进性作用。

（二）中华民族共有精神家园建设还应体现大众性，这也是与民族精神家园“共有”和“文化认同”的要求决定的

精神家园具有超越现实和指导现实的属性，但是作为象征人们精神归属的“心内之物”，精神家园还应该是通俗的、亲切的、能够解决人生的现实问题的。现阶段，中华民族正处于现代化建设的关键时期，虽然改革开放取得了巨大的成就，极大地提高了人们的物质生活水平，但是仍然有许多与人民群众现实利益密切相关的问题尚待解决。今后的现代化建设应该继续着力于不断满足人民群众日益增长的物质和文化需要，切实保障人民群众的经济、政治和文化权益，同时要努力让改革开放的成果惠及全体人民。因此以科学发展观为指导，立足实践，关注人类的命运，反映时代的诉求，回答时代提出的重大现实问题，是马克思主义大众化的历史使命所在。马克思主义只有更加贴近生活，关注民生，突出其对生命归宿的文化认同或终极价值的理想认知作用，才能在社会精神文化领域增强其理论的作用力与吸引力。中华民族共有精神家园中的“共有”意在区别于个别和部分，要具有广泛性和大众化，不仅能够被广大社会成员所知晓，还要被广泛理解、接受与认同。亲切的、大众化的马克思主义正是要通过融入中华民族共有精神家园来让宏大的理论走近日常的生活，让哲学关照人们的生活。

四　多样性与整合性的统一

在全球化、市场化、现代化和信息化的时代背景下，文化之间的交往日益频繁，价值观的碰撞和思想的激荡在所难免，再加上个人认知程度、教育水平的差异性，社会生活中出现了价值取向多元化的现象。多元化的现状看起来似乎与共有精神家园的共

同价值取向有些矛盾，面对这样一组矛盾，如果采取一刀切的方式去严格地统一全民族的思想，否认一切差异，是不符合实际的，有点类似文化民族主义的极端行为。无论是好的部分，还是坏的部分，价值的多元化已经成为普遍存在的现实状态，它们不会像粉笔字一样很容易就被清除掉。正确的做法是承认价值多元化的存在，用正确、高尚的价值取向去引领主流思想，使民族共有的价值取向为人们所认同，让腐朽的价值观从人们的精神领地退场。

用核心价值观去引导多元化的价值，即体现了多样性与整合性的统一。多样性要求我们在精神家园的建设中，采取灵活多样、生动活泼的多种方式来适应人们价值认知的差异性和价值取向的多样性。整合性要求通过树立核心价值取向来引导多样的价值观，让社会主义核心价值体系所倡导的价值理念深入人心，并积极吸收多样化价值中那些优秀的合理的成分，清除和否定那些错误的价值观念。

第三节　中华民族共有精神家园建构的路径探寻

民族共有精神家园的建构通常有两个阶段。首先是自下而上的积累。人们在日常的生活和长期的社会实践中所普遍达成共识的价值观不断接受实践的检验，成为民族广大成员认同的精神理念和行为规范。其次是自上而下的传播。民族文化价值体系作为民族共有精神家园的价值核心，它来源于民族成员所普遍认同的价值准则，但是作为集体的价值体系，民族共有的精神家园又需要对大众的价值观进行概括、提炼和升华，使其具有科学性、导向性；需要对大众价值观进行传播和教育普及，使其具有亲和力和感召力。当代中华民族共有精神家园的建构并不是要割断、否定历史和传统，而是在既有精神家园的基础上，融合时代精神、普世价值和先进思想，进行充实和完善的重构。因此，选择科学、合理的建构路径来加强文化认同尤为关键。

一 理论创新

创新就是人运用特有的主观能动性和创造能力，通过积极的生产实践作用于客观世界，从而促进事物的发展。对一个民族来讲，创新的意义十分重大。江泽民同志曾经在总结20世纪各国政党，特别是中国共产党执政经验和历史教训时指出："创新是一个民族的灵魂，是一个国家兴旺发达的不竭动力，也是一个政党永葆生机的源泉。"① 20世纪90年代以来，中国共产党领导中国社会主义现代化建设的实践证明了创新是中国社会发展的必由之路和本质要求，创新精神是当今中国社会的时代精神。中华民族的伟大复兴、中国社会的蓬勃发展离不开创新的思维和理论创新的成果。作为民族价值导向、文化认同、精神寄托和心灵归宿的精神家园，同样需要理论的创新，才能起到引领时代、统领思想的作用。精神家园的理论创新重点在于推进马克思主义理论的创新。②

（一）推进马克思主义的中国化

从一百多年前作为救亡的思想传入中国到今天，马克思主义

---

① 江泽民：《论"三个代表"》，中央文献出版社2001年版，第46页。

② 此处观点已由笔者发表在《河南师范大学学报》（哲学社会科学版）2010年第3期的《试论马克思主义与中华民族共有精神家园的互动关系》一文中。

不断与中国的国情相契合，与中国革命和建设相结合，与中国传统文化相融合，从而被赋予了中国式的创造性阐释，开辟了全新的境界。江泽民同志曾指出："马克思主义的生命力，就是在于它在实践中能够不断创新，马克思主义理论的每一次重大突破，社会主义实践的每一次历史性飞跃，都是马克思主义基本原理与具体实践相结合进行理论创新的结果。"① 尽管马克思主义理论的种子早已在中国生根发芽、开花结果，但客观地讲，马克思主义至今还没有能够完全融入中华民族的文化心理之中。因此可以说，马克思主义在中国的未来发展，马克思主义在中国生命的延续将取决于马克思主义中国化的程度，取决于马克思主义与中华民族共有精神家园的融合程度。

（二）推进马克思主义的时代化

从精神家园的角度来看，能成为人们精神家园的一定是那些能够符合时代发展要求、引领文化发展方向的东西，比如传承下来的传统文化中的精华以及能够顺应时代发展要求、体现民族最高价值追求并在实践中不断创新的先进思想文化。马克思主义理论从创世之初就具备全球视野和世界胸怀，它广泛吸收和借鉴人类思想文化发展中的一切优秀成果，密切关注时代发展的主题和解决人所面临的生存和发展困境。在中华民族共有精神家园的建构过程中，马克思主义应该继续发挥科学理论的作用去诠释现实、审视现实，回答时代提出的重大现实问题。只有这样，马克思主义的解释力与说服力才能体现出来，马克思主义的当代价值才能得以实现。

（三）推进马克思主义的大众化

当前，马克思主义理论被广泛理解与认同主要还是在政治层

---

① 江泽民：《论"三个代表"》，中央文献出版社 2001 年版，第 75 页。

面，作为社会的意识形态和主流思想存在，其认同度还有待进一步加强。马克思主义自身的发展要求它必须走进中国人民的内心世界，但是中华民族文化多元一体、各民族文化风俗各异的现实又使得马克思主义由政治认同上升为文化认同是一个如此复杂的难题。问题是哲学的生长点，不断地创造性地回答时代问题是哲学发展的动力所在，马克思也曾经指出，判断一个时代的意识，“必须从物质生活的矛盾中，从社会生产力和生产关系之间的现存冲突中去解释”。① 推进马克思主义的大众化，应以中国国情为背景，以中国问题为依据，以融入并引领中华民族的精神文化为目标。

二　经验借鉴

历史上，每个民族在各自的发展过程中都创造了自己独特的精神文化，并且为了维系民族的认同、引导价值取向又建构起本民族共有的精神家园。在本书的第七章，重点论述了几个具有典型特征的民族精神家园。这些民族与中华民族在社会制度、自然条件、现代化程度、信仰方式、价值观念等方面存在较大的差异，但是这些民族精神家园建构的历史经验，特别是处理文化问题的方法，对于今天中华民族共有精神家园的建构仍然具有重要的借鉴意义和有益的启示。

（一）用开放的心态来面对多元文化

作为由移民构成的国家，美利坚民族最显著的特征就是以熔炉般的包容性与开放性来实现民族的统一与多元共存。在纽约哈德逊河口的自由女神像上镌刻着女诗人埃玛·娜莎罗其（Emma

---

① 《马克思恩格斯选集》第2卷，人民出版社1995年版，第83页。

Lazarus）的十四行诗《新巨人》，“……欢迎你，那些疲乏了的和贫困的，挤在一起渴望自由呼吸的大众，那熙熙攘攘的被遗弃了的，可怜的人们。把这些无家可归的饱受颠沛的人们一起交给我。我站在金门口，高举起自由的灯火!”可谓是对美利坚民族的开放和自由的民族特性的宣言。正是这种开放与自由，才使得移民纷至沓来，也才使得美利坚民族文化呈现出多元共生的景象。

与美利坚民族类似，法兰西民族也是由多个民族的移民共同组成的，因而必然面临着文化的整合与民族的认同问题。内忧外患的民族危机使法兰西民族十分珍视民族的统一与大同，保家卫国的爱国情感也使法兰西民族极富民族主义意识。大革命中的雅各宾主义强调国家的整体认同，否认族群的多元化存在。因此，在革命中浴火重生的法兰西民族历史性地生成了一种“熔合”多元于一体的理念，即追求民族的统一、语言的统一和精神文化的统一，坚决打击民族的分裂与离心。但是这种近乎强制的“熔合”与“统一”对这个近代民族主义的发源国来说，并没有完全地获得认同。法国曾针对国民身份的认同、民族的价值观以及爱国主义的民族精神进行讨论，移民部部长贝松甚至认为所有法国年轻人每年都应该有一次唱《马赛曲》的机会。可见移民的问题以及族群意识的不断增强已经使法兰西民族充满独特性和整体性的多元文化政策面临认同的危机。面对民族的危机，法兰西民族又进行了灵活、开放的政策调整，鼓励多元主义。在宗教信仰上，施行世俗化的统一原则，将宗教划分在私人领域，不得干涉他人的宗教信仰；在少数民族政策上，对少数民族的文化进行保护，包括政策倾斜、财政补贴和积极开展活动；在移民政策上，变得宽松和自由，在促进移民整合的同时也减弱了对移民的强制归化，为移民融入主流社会创造宽松的环境。多元主义政策在一定程度上缓和了法国的族群矛盾和民族认同危机，促进了少数民族文化的保护和发展。但是，由于历史的原因，雅各宾主义的民族意识一直根深蒂固，法兰西本体民族的傲慢情绪和对民族整体性的强调并没有因多元文化政策的实施而减弱，其民族整合政策游移在雅各宾主义和多元文化主义之间，表现了法兰西民族面对认同危机的矛盾而复杂的心理。

面对移民所带来的多元文化并存的现象，美利坚民族和法兰西民族均采取了开放的态度。中华民族虽然不是由移民构成的民族，文化多元也并不像这两个民族那样复杂，但在多民族、多层次的现状下，仍然面临许多问题。56 个民族的差异、社会分层现象的明显，都给共有精神家园的建构带来了挑战。面对着个性和差异性的问题，正确的途径就是像美利坚民族和法兰西民族那样，尊重差异，采取开放的心态，以主流价值取向积极引导多元的价值。

（二）虚心学习，取人之长补己之短

在世界文明史上，最善于学习和借鉴的民族当属日本民族。日本民族大胆借鉴和学习其他民族优秀文化成果的出发点在于汲取有益的为自己所用，表现为一种实用主义思想和虚心的态度。日本民族对其他民族的文化汲取是有选择性的，能够去粗取精，选择有益的成分使之本土化。美国学者罗伯特·克里斯托弗（Robert C. Christopher）曾经说过："不同于其他亚洲人和非洲人的是，日本人学到一种很了不起的本领，那就是对尚未定型而且往往不合日本国情的西方思想和制度，他们决不全盘照抄，而是根据自身的需要从西方有选择地引进一些东西。"① 同时，日本

① ［美］罗伯特·克里斯托弗：《大和魂》，陈如为译，新华出版社 1987 年版，第 15 页。

民族又能够在不断的学习中保持日本民族固有的特质，如群体意识、竞争意识、危机意识、勤劳个性、进取精神等，从而使日本文化不会轻易被外来文化所同化和吞噬。这些固有的特质凝聚在日本民族的精神深处，成为其精神家园的重要内容。历史证明，文化的兼收并蓄的确充实壮大了日本本土文化、促进了日本民族的发展。

日本民族这种积极汲取他人之长补己之短的做法是值得借鉴的，这种虚心、务实的态度也是值得我们学习的。中华民族在现代化的进程中，利用后发优势，积极地学习和借鉴他国经验取得了经济的迅速发展，那么在文化建设、精神家园建构的实践中仍然可以吸收和引进对我们有益的成分，为我所用。同时，文化之间的这种学习对于世界文明的整体发展来说，是减少隔阂、促进交流的重要方式。只有采取谦逊、平和的心态，“各美其美、美人之美”，才有可能促进文明的“美美与共，天下大同”。

（三）以价值导向来提升民族的认同感

犹太民族自古以来就是一个多灾多难的民族，他们在屡次丧失物质家园和遭遇民族危难的情况下仍能坚守民族的精神家园和民族认同感，做到“流而不散”，是很令人尊重和敬佩的。走进犹太民族充满宗教色彩的精神家园，可以发现，犹太教是犹太民族“流而不散”的秘诀。宗教信仰在培育和提升犹太民族认同感，进而建构稳固的精神家园方面，起到了重要的作用。宗教对犹太民族而言，不仅是一种信仰、一种精神的支柱，还是作为价值的导向来指引人、帮助人的准则。

与犹太民族虔诚的宗教信仰不同，中华民族是一个缺少统一宗教信仰的民族。先秦诸子时代，产生了本土的儒道思想；秦汉时代，独尊儒术，佛教思想传入中原；魏晋隋唐时期，玄学和儒学交汇，儒、释、道思想走向融合；宋元明清时期，理学与实学并用，基督教文明传入中国。历史上各种宗教、学说相互激荡，最终形成了孔孟儒学作为精髓的传统文化流传至今。其中，儒学对中国传统文化的重要贡献在于它建构起了一个完整的伦理道德体系，并逐渐被认同为中华民族的传统美德和民族精神。虽然没有一个统一的宗教信仰，但是我们仍然可以从犹太民族以价值导向来提升民族认同进而建构精神家园的经验中得到启示。引入一种宗教信仰来统一和引导人们的精神世界的做法是不符合中国社会实际的，现时期精神家园的建构需要的是确立正确的、先进的价值导向。中华民族的优秀传统文化、融合时代精神的现代文化，以及人类普遍认同的共同价值，都可以成为价值导向的一部分，关键是怎样将这些文化因素整合起来。

三　制度保障

简要地说，制度就是根据人的需要制定出来的用于规范人们社会生活行为的成文的准则。没有规矩不成方圆，现代社会正是由于制度和法律的存在才确保了社会的正常运转。精神文化的发展也会受到制度的影响和制约。一方面是由于制度体现了制定者的意愿，代表了制定者的利益，因而往往是社会意识形态的反映和体现。另一方面是由于制度具有规范消极文化的效力，也具有保障积极文化的作用。一系列合理而有效的制度，包括政治制度、法律制度、道德伦理体系、社会保障制度等，在它们的共同作用下，不适应时代发展要求和不代表广大人民利益的、消极的、腐朽的文化将会受到抵制；而积极的、健康的文化将会被保护和弘扬。当代中华民族共有精神家园的建构需要以下几个层面的制度保障。

首先，加强道德规范体系建设。建构中华民族共有的精神家园需要有一套能够反映广大人民根本利益和社会发展要求的道德规范体系，以及能够支持和保障道德规范得以实现的伦理环境。道德规范体系通过倡导文明、健康的道德规范，提高社会成员的道德自觉性，从而形成良好的文化氛围和社会风气。人们的道德意识是人内心世界的重要组成部分，表现为一种无形的、自觉的精神力量，它深藏在人们的思维方式和认知模式之中，内化为人的情感、意志和信念。但是由于社会主体的差异性，主体对价值观的理解和接受程度也不一样，这就需要道德规范体系来普及和推广正确的价值取向，引导个体逐步建立对正确道德伦理、价值理想的认同，明德修身，建立起高尚的精神家园。当个体的精神家园及其文化认同得以形成的时候，一种普遍的、共有的民族精神家园的认同才会建立起来。

其次，健全国家的法律制度。虽然精神家园是属于道德文化的范畴，理应通过道德的感化和认同来实现，但是对于社会上存在的严重败坏社会风气和扰乱社会秩序的不良现象，仍然需要法律的制裁。法律制度是道德规范的必要补充和合理保障，二者相互补充、相互促进、相互依存。如果说道德规范是从道德教化的角度出发来影响和塑造人的精神世界，进而起到规范个人言行的作用，那么法律制度就是运用国家政权的强制力来惩治罪恶、弘扬正气。对于一些违反道德但没有造成严重的后果，并具有改善的可能性的行为，可以通过道德制度来规约和教化。但是对于像贪污腐败、散布邪教谣言、出卖国家和人民利益等行为就必须通过法律来制裁。法律制度正是以其特有的威严震慑着社会的不正之风，净化社会的风气，从而为中华民族共有精神家园的建构提供法律保障。

再次，完善文化遗产保护制度。文化遗产是民族文化的历史性产物，它如同一张张缩影，再现和证明了特定历史时期的文化面貌，蕴含着民族特有的精神价值、心理状态和思维方式，体现着民族的智慧和创造力。通过文化遗产可以了解到民族文化的信息，把握民族文化的发展轨迹，对于一个民族文化的传承发展具有重要的意义。同时，文化遗产又十分脆弱，它是不可再生的宝贵资源，如果遭遇遗弃和破坏就无法修复，成为民族文化纽带上的一个断点。正因此，文化遗产需要保护和珍惜。

对于物质文化遗产来说，要完善对历史文化遗产的考证、挖掘和保护制度。具体要做好历史考证研究和典籍管理工作；针对历史文化古迹和已经出土的文物要采取有效的保护措施，定期进行保养和修缮，使其得到完好的保存；针对未出土的文物要采取科学的方法按计划挖掘；而故意盗取、倒卖、破坏文物的犯罪行为应诉诸相应的法律手段来严厉打击并追究其刑事责任。对于非物质文化遗产来说，要加强对它的宣传、记载和传承。非物质文化遗产虽然没有以物质的形态存在，但却以其浓郁的民族气息和独特的艺术价值受到人们的广泛认可和喜爱。随着时代的发展，一些非物质文化遗产渐渐地淡出了人们的生活视野，要么偏居一隅继续在喜爱它的人群中流传，要么就此销声匿迹，失去了传承。面对非物质文化遗产即将失传的现状，应建立非物质文化遗产的名录体系，通过记载和宣传，尽可能地实现文化遗产的传承。

四　教育普及

教育是传授知识、塑造品格和传承文明的重要手段，对于个人和民族的发展都具有深远的意义。学校教育是较为系统和专业的，教师通过“传道”“授业”和“解惑”来实现教书育人的目的。但教育又不仅局限于学校教育，还包括家庭教育和社会教育。对于受教育的个体来说，家庭教育是最为基础的教育，父母在儿童认知的初期阶段通过启蒙和引导，教育孩子辨识善恶美丑，养成正确的生活习惯和思维方式。一个人在成长过程中仍然充满了父母经验式的指导和教诲。社会教育同样重要，它面向纷繁复杂的社会全体，通过显性的主流价值引导或隐性的潜移默化的影响来实现约束和规范个体的目的。对于民族共有精神家园的建构来说，需要在这三种教育配合下，弘扬民族的核心价值理念，培养德才兼备的“文明人”和“道德人”。教育的重点，体现在以下几个方面。

（一）思想政治教育

思想政治教育主要在学校教育和社会教育中展开。学校的思想政治课程系统地讲授正确的思想观念、政治观点和道德规范，教育人形成正确的世界观、人生观和价值观。社会的思想政治教育体现在党的建设和文化建设的开展。教育者利用这些有益的平台，开展丰富多彩的积极向上的活动，用正确的价值取向武装人的头脑，用先进的思想鼓舞人的精神。思想政治教育的实效性是当前亟须解决的重点问题，应注意以下几个方面。

首先，思想政治教育的方法不是灌输式教育，而是积极的价值引导。比如学校教育中，哲学的教育重在对人的思维方式的培养，即通过与现实生活经历相结合，阐述正确的方法论和世界观，使人学会反思和批判的哲学方法，获得哲学的爱与智慧，提升人生境界。政治学的教育重在培养人的政治觉悟、形成正确的政治思想和观点。思想道德的教育重在人格、心理的培养。总之，教育人努力学习知识和技能，成为一个优秀的人；具备良好的道德，成为一个高尚的人；树立崇高的理想，成为一个成功的人。

其次，思想政治教育的方式应该注意多样性和科学性。以学校为例，课外教育是课堂教育的有益补充，应将二者有机地结合起来，积极开展校园文化建设，形成良好的校风、学风，营造健康文明、朝气蓬勃的校园环境。同时，要积极发挥党员的先锋模范作用，党支部通过组织理论研讨和特色党日的开展，保持先进性和良好的作风素质。思想政治教育还应注意实效性的测评与研究，通过在学生中进行调查问卷、访谈的形式了解教育的效果，总结经验，查找不足，以不断提升教育的科学性和实效性。

（二）传统文化教育

教育是使文化得以传承和发展的重要方法。对于中华传统文化，我们应该全面地了解，批判地继承。努力挖掘、提炼传统文化中的精华，选取那些对现代化建设具有重要价值和意义的优秀成分；对于传统文化中的消极成分，应分析它们形成的社会历史背景，抵制并清除封建思想的残余。几千年来传承下来的传统文化中蕴含着深刻的人生哲理和美德。这些都需要通过教育这样一种有效的和直接的方式来了解和领悟。

学校教育除了语文教学，还应通过设置文化课来专门系统地学习传统文化。如认真编纂一系列教材和读物，力求简洁明快、通俗易懂、系统科学；对于不同阶段的教育采用不同深度的教材，使传统文化的教育贯穿在各阶段的学习中。社区、宣传单位还有传媒单位通过开展弘扬和普及传统文化教育的活动来进行传统文化的教育。比如《百家讲坛》节目以一种通俗、大众化的形式很好地开展了对传统文化的传播和教育，在社会上引起了积极的反响，获得了广泛的认可和好评。

（三）历史国情教育

世界上每一个民族都十分重视对历史和国情的教育。只有通过历史教育正确地认识历史和把握国情，吸取民族发展的经验和教训，才能更好地开展今天的国家建设；而忘记了历史就等于背叛，就割裂了民族发展的延续性。一个不懂得反思的民族，一个对自身认识不足的民族，很难实现更好的发展。另一方面，历史国情教育是弘扬爱国主义精神、凝聚民族力量的重要途径。历史国情教育通过追溯和讲述民族的历史来展现民族发展的伟大历程，通过分析民族发展的条件和状况来再现客观的历史境遇。在这段历程里记载了民族先进人物对民族发展之路的探索，记载了民族志士为争取和平和幸福所作的努力与牺牲。历史塑造了民族精神，它如同灯塔，温暖和指引着人们继续奋斗，激发着民族的凝聚力、向心力和战斗力，因此它需要被后人永远铭记和传承下去。

当前加强历史国情教育对于建构中华民族共有精神家园具有重要的意义。历史教育应该注重对中华民族优秀文明的教育，注重对中华儿女的奋斗史、抗争史和探索史的教育，注重对社会主义发展历程的教育。而国情教育应注重从实际出发，运用正确的分析方法进行正面的教育和反思。与对传统文化的教育一样，历史国情的教育方式也应注重多样化，采取课堂教育和课外教育相结合、书本教育和媒体宣传相结合的方法，使历史国情教育普及开来。同时，要推进教材的优化改革，积极加强历史遗迹和博物馆的建设、维护工作，为人们更好地了解历史创造条件。

五　大众传播

当代中华民族共有精神家园的建构离不开大众传播的宣传和普及。大众传播利用电视、广播、报纸、公开杂志、书籍、网络等舆论宣传工具能够方便、快捷地将信息发送出去，并产生一定的社会影响。之前的大众传播只是单向的传播，也就是说，只管发送信息，没有信息的交流和反馈。今天，随着传播手段的丰富和传播技术的改进，随着公民参与能力的加强，公众对大众传播也提出了更高的要求。传播的实效性成为大众传媒工作者追求的目标。对中华民族共有精神家园的建构，大众传播应注意从以下几个方面加强效果。

首先，传播方式的多样化。直接的宣传和教化并不足以提升人们的关注程度，而且对于精神家园本身来讲，单靠教化是无法取得认同的。应该针对不同传媒工具的特点，开展多层次、多角度的传播。比如，对精神家园理论的研究者来说，肩负着理论创新和整合的重任，他们的研究成果和学术争鸣应该通过报纸、著作和公开发行的杂志的渠道发表和宣传。而对于一些体现民族精神、凝聚民族力量、烘托民族气节的优秀文艺作品和活动应该通过电视、广播、网络等方式传播。总之，要把“用先进的文化教育人、用先进的思想鼓舞人、用先进的气氛感召人”作为大众传播的宗旨。

其次，与实际相结合，用事实说话。从实际出发，确保报道的真实性是大众传媒的生命线。对事件不真实报道，只能增加舆论混乱，逐渐失去大众的信任而名誉毁灭。中华民族共有精神家园的建构重在民族大众的认同，媒体应该注重挖掘和选取现实生活中存在的优秀典型来报道和宣传，真正做到有感而发，用真情打动大众。同时要坚持正确的舆论导向，多渠道地建立舆论宣传教育的阵地，引领正确的舆论方向，积极宣传中华民族共有精神家园的核心价值，弘扬社会正气。

再次，重视网络的作用，挖掘网络的价值。近些年来，网络作为一种传媒工具和载体在中国社会迅速普及开来，网络信息传输的快捷和便利得到了人们的广泛认同，越来越多的人选择通过网络获取信息，因此网络可以成为宣传精神家园和社会主义核心价值体系的重要平台。一方面要大力加强红色网站的建设，介绍民族的历史国情、文化遗产、传统美德和政治理念，用积极健康的思想文化占领网络阵地。另一方面通过加强网络的监管和提高网络的过滤技术来净化互联网环境。对于西方的意识形态渗透和不良价值取向，对于反科学反社会的邪教思想，对于色情暴力腐败等精神垃圾，要加强监管和控制，必要的时候采取法律手段予以取缔，还互联网世界一片洁净的天空。

结 语

当代中华民族共有精神家园研究的难点和重点体现在以下三个关键词上。第一个关键词是“共有”。共有即为共同享有，突出的是精神家园在民族群体中所具有的广泛性、大众化和普适意义，理论上说精神家园一旦“共有”就意味着在价值理想层面的高度的统一性。但是由于民族、地域、阶层、文化等很多因素的不同，认识主体的价值取向的具体实现形式又必然是多样化的。因此，“共有”的关键就是要处理好核心与多元的关系。第二个关键词是“当代”。回顾历史可以看到，中华民族共有精神家园的形态伴随着中国社会转型经历了一系列的变化、发展和更新。但是能够使中华民族的精神文化生生不息、传承至今的原因一方面在于文明本身的经典魅力和实用价值，另一方面则在于中华文明与时俱进、不断创新的品格和特性。因此，当代中华民族共有精神家园的建构不应是简单地复兴国学和回归传统，而应该是立足当代问题，并且引领未来文化发展的方向。第三个关键词是“认同”。认同不仅仅是认知的结果，还展现了从了解到接受、体认、内化等一系列认知升华的过程。对民族共有精神家园的认同是一种超越地理疆界和政治意识形态限制的文化认同和民族认同，它一定是价值主体自觉选择的结果。只有在精神家园本身具备足够的吸引力的条件下，只有在民族向心力和凝聚力足够强大的情况下，民族的精神家园才能够被民族成员自觉地接受和选择。

建构一个既符合时代要求又体现传统特色、为中华民族成员自觉选择并广泛认同的精神家园是一个艰巨而复杂的课题，本书对建构路径和方法的研究也是初步的探索，还需要在今后的理论研究中不断去深化，在建设实践中不断地去检验和完善。

参考文献

一　中文著作

《马克思恩格斯选集》第1—4卷，人民出版社1995年版。

《马克思恩格斯全集》第1、3、19、25、42、46卷，人民出版社1973年版。

《牛津当代百科大辞典》，中国人民大学出版社2004年版。

［古希腊］柏拉图：《理想国》，郭文武、张竹明译，商务印书馆2009年版。

［英］汤因比：《历史研究》，曹未风等译，上海人民出版社1986年版。

［美］威尔·杜兰：《世界文明史》，幼狮文化公司译，东方出版社1998年版。

［德］黑格尔：《历史哲学》，王造时译，上海书店出版社2006年版。

［德］黑格尔：《哲学史讲演录》第1卷，贺麟译，商务印书馆1983年版。

[德] 黑格尔：《法哲学原理》，范扬、张企泰译，商务印书馆2009年版。

[德] 康德：《历史理性批判文集》，何兆武译，商务印书馆1991年版。

[德] 恩斯特·卡西尔：《人论》，甘阳译，上海译文出版社2004年版。

[英] 安东尼·吉登斯：《现代性与自我认同》，赵旭东等译，生活·读书·新知三联书店2000年版。

[美] 理查德·罗蒂：《筑就我们的国家》，黄宗英译，生活·读书·新知三联书店2006年版。

[美] 赫伯特·马尔库塞：《单向度的人：发达工业社会意识形态研究》，刘继译，上海译文出版社2008年版。

[美] L. J. 宾克莱：《理想的冲突：西方社会中变化着的价值观念》，马元德等译，商务印书馆1983年版。

[美] 马斯洛：《自我实现的人》，许金声等译，生活·读书·新知三联书店1987年版。

[美] 丹尼尔·贝尔：《资本主义文化矛盾》，赵一凡等译，生活·读书·新知三联书店1986年版。

[德] 马克斯·韦伯：《新教伦理与资本主义精神》，龙婧译，群言出版社2007年版。

[美] 约翰·杜威：《人的问题》，付统先、丘椿译，上海人民出版社1965年版。

[美] 斯塔夫里阿诺斯：《全球通史：从史前史到21世纪》上、下册，吴象婴、梁赤民等译，北京大学出版社2006年版。

[法] 埃米尔·迪尔凯姆：《社会分工论》，渠东译，生活·读书·新知三联书店2000年版。

[法] 孟德斯鸠：《论法的精神》上册，张雁深译，上海人民出

版社 1961 年版。

［德］文德尔班：《哲学史教程》上、下卷，罗达仁译，商务印书馆 1993 年版。

［英］罗素：《西方哲学史》上卷，何兆武等译，商务印书馆 1976 年版。

［美］斯特伦：《人与神》，金泽、何其敏译，上海人民出版社 1991 年版。

［美］露丝·本尼迪克特：《文化模式》，王炜等译，社会科学文献出版社 2009 年版。

［法］保尔·拉法格：《宗教与资本》，生活·读书·新知三联书店 1963 年版。

［日］池田大作、［英］B. 威尔逊：《社会与宗教》，四川人民出版社 1991 年版。

［美］爱德华·麦克诺尔·伯恩斯、菲利普·李·拉尔夫：《世界文明史》第 1 卷，罗经国、陈筠等译，商务印书馆 1987 年版。

［美］塞缪尔·亨廷顿：《文明的冲突与世界秩序的重建》，周琪等译，新华出版社 2002 年版。

［美］塞缪尔·亨廷顿：《我们是谁？——美国国家特性面临的挑战》，程克雄译，新华出版社 2005 年版。

［美］基佐：《欧洲文明史——自罗马帝国败落到法国革命》，程洪奎、沅芷译，商务印书馆 1998 年版。

［瑞士］让·皮亚杰：《发生认识论原理》，王宪钿等译，商务印书馆 1981 年版。

［英］斯蒂文·卢科斯：《西方人看个人主义》，李光远译，红旗出版社 2002 年版。

［美］雅各布·尼德曼：《美国理想》，王聪译，华夏出版社

2004 年版。
张岱年:《文化与哲学》，教育科学出版社 1988 年版。
张岱年、方克立:《中国文化概论》，北京师范大学出版社 2004 年版。
欧阳康:《哲学研究方法论》，武汉大学出版社 1998 年版。
欧阳康:《社会认识论导论》，中国社会科学出版社 1990 年版。
欧阳康主编:《民族精神——精神家园的内核》，黑龙江教育出版社 2010 年版。
李德顺:《价值论》，中国人民大学出版社 2007 年版。
李德顺:《新价值论》，云南人民出版社 2004 年版。
郭湛:《主体性哲学——人的存在及其意义》，云南人民出版社 2002 年版。
张曙光:《生存哲学》，云南人民出版社 2001 年版。
邴正:《当代人与文化——人类自我意识与文化批判》，吉林教育出版社 1998 年版。
庞朴:《文化的民族性与时代性》，中国和平出版社 1988 年版。
韩庆祥、邹诗鹏:《人学:人的问题的当代阐释》，云南人民出版社 2002 年版。
许苏民:《文化哲学》，上海人民出版社 1990 年版。
衣俊卿:《20 世纪的文化批判:西方马克思主义的深层解读》，中央编译出版社 2003 年版。
孙正聿:《哲学通论》(修订版)，复旦大学出版社 2008 年版。
林剑:《人的自由的哲学探索》，中国人民大学出版社 1996 年版。
江畅、周鸿雁:《幸福与优雅》，人民出版社 2006 年版。
高清海:《“人”的哲学悟觉》，黑龙江教育出版社 2004 年版。
司马云杰:《文化价值论——关于文化建构价值意识的学说》，山东人民出版社 1990 年版。

张一兵：《折断的理性翅膀——西方马克思主义哲学批判》，南京出版社 1990 年版。

赵林：《西方文化概论》，高等教育出版社 2008 年版。

赵汀阳：《论可能生活：一种关于幸福和公正的理论》，中国人民大学出版社 2004 年版。

詹小美：《民族精神论》，中山大学出版社 2007 年版。

黄慧珍：《信仰与觉醒——生存论视域下的信仰学研究》，人民出版社 2007 年版。

赵存生：《社会发展与民族精神》，北京大学出版社 2007 年版。

陈佛松：《世界文化史概要》，华中科技大学出版社 2001 年版。

李文阁：《生活价值论》，云南人民出版社 2004 年版。

邹广文：《文化·历史·人》，华中师范大学出版社 1991 年版。

《冯友兰自选集》，首都师范大学出版社 2008 年版。

卞崇道：《跳跃与沉重——20 世纪日本文化》，东方出版社 1994 年版。

［以色列］阿巴·埃班：《犹太史》，阎瑞松译，中国社会科学出版社 1986 年版。

［英］塞西尔·罗斯：《简明犹太民族史》，黄福武译，山东大学出版社 2004 年版。

［美］康马杰：《美国精神》，杨静予等译，光明日报出版社 1988 年版。

二 中文期刊

李萍、宫艳玮：《对建设中华民族共有精神家园的几点认识》，《理论学习》2008 年第 2 期。

薛艳丽：《二重维度勾连与互动中的共有精神家园建设——兼论

传统文化与社会主义核心价值体系的关系》，《理论月刊》2008年第2期。

苏荣才：《共产主义：当代中国青年精神家园的核心内容》，《马克思主义与现实》1991年第2期。

陈胜婷：《构建精神家园——对新时期大学生理想教育的几点思考》，《西南民族学院学报》（哲学社会科学版）2002年第9期。

裘国宏：《关注农民精神家园建设》，《今日浙江》2008年第3期。

卞敏：《论马克思主义哲学的终极关怀功能》，《江苏社会科学》2006年第5期。

郭建宁：《弘扬中华文化共建精神家园》，《政工研究动态》2008年第4期。

崔华前、李为山：《弘扬中华文化，建设中华民族共有精神家园》，《北华大学学报》（社会科学版）2008年第2期。

郭齐家：《弘扬中华文化　建设中华民族共有精神家园》，《北京科技大学学报》（社会科学版）2007年第4期。

纪宝成：《弘扬中华优秀传统文化　建设民族共有精神家园》，《教学与研究》2008年第4期。

魏长领：《建设中华民族共有精神家园应自觉体现四个统一》，《郑州大学学报》（哲学社会科学版）2008年第2期。

李文阁：《精神家园：马克思哲学的当代意义》，《哲学动态》2005年第10期。

侯小丰：《精神家园、情感依恋与马克思主义哲学中国化》，《学术研究》2007年第9期。

陈杰：《论精神家园的建构》，《湖湘论坛》2007年第3期。

张立文：《论历史的和合精神家园》，《杭州师范学院学报》（社会科学版）2002 年第 6 期。

高永久、陈纪：《论中华民族共有精神家园的内涵与价值核心》，《科学社会主义》2008 年第 2 期。

陈路芳：《论转型期精神家园的重构——兼谈青年大学生的人文教育》，《广西民族学院学报》（哲学社会科学版）1998 年第 5 期。

胡维革：《努力建设中华民族共有精神家园》，《领导之友》2008 年第 1 期。

葛晨虹：《守望中华民族精神家园》，《思想政治工作研究》2004 年第 11 期。

叶舟：《文化是民族的精神家园》，《理论参考》2007 年第 11 期。

胡鸣铎、邢洪儒：《在弘扬中华文化中建设中华民族共有精神家园》，《湖北行政学院学报》2008 年第 5 期。

薛艳丽：《哲学视阈中的共有精神家园建设》，《南京政治学院学报》2008 年第 3 期。

史湘洲：《树立科学精神建设共同的精神家园》，《瞭望新闻周刊》2001 年第 12 期。

肖力、刑洪儒：《中华民族共有精神家园建设的理论意蕴与实践要求》，《河北学刊》2008 年第 3 期。

胡海波：《中华民族精神家园的生命精神》，《东北师范大学学报》（哲学社会科学版）2008 年第 3 期。

周伟洲：《中华文化与中华民族共有精神家园的建设》，《民族研究》2008 年第 4 期。

霍秀媚：《重建精神家园——国人的现实选择》，《大连干部学刊》2000 年第 5 期。

郝亚明：《少数民族文化与中华民族共有精神家园建设》，《广西民族研究》2009 年第 1 期。
詹七一、张立新:《重构、守护与拓展精神家园》,《人大复印资料·教育学》2001 年第 6 期。
张魁兴:《一个民族的精神家园》,《百姓》2008 年第 6 期。
赖恭谦:《马克思主义与当代中国文化建设》,《理论学刊》2000 年第 3 期。
王来金:《论马克思主义在中国文化现代化建设中的地位和作用》,《商丘师范学院学报》2001 年第 1 期。
单桦:《马克思主义与当代中国文化建设》,《山东社会科学》2008 年第 1 期。
李德顺:《人生价值与理想信念》(笔谈四篇),《湖湘论坛》2001 年第 1 期。
顾晓鸣:《多维视野中的文化概念》,《社会科学战线》1987 年第 4 期。
刘文英:《精神太极图——精神系统的一个新模型》,《文史哲》1999 年第 1 期。
张曙光:《"生存与发展"问题和生存论哲学》,《哲学研究》2001 年第 12 期。
朱德生:《关于人的几点思考》,《马克思主义与现实》1995 年第 1 期。
孙正聿:《辩证法与精神家园》,《天津社会科学》2008 年第 3 期。
冯平:《哲学的价值论转向》,《哲学动态》2002 年第 10 期。
赖金良:《哲学价值论研究的人学基础》,《哲学研究》2004 年第 5 期。
郑永廷:《论当代精神文化的发展与价值》,《人大复印资料·思想政治教育》2002 年第 7 期。

周毅之：《近代以来西方民族国家合理性论证的范式流变》，《江海学刊》2004 年第 7 期。

姜焕文：《迦南地——犹太文化的物质源头》，《甘肃联合大学学报》（社会科学版）2008 年第 6 期。

陈冬蕾：《浅谈精神的外化》，《扬州日报》2007 年 6 月 14 日 C3 版。

向玉乔：《中华民族共有精神家园的构成》，《光明日报》（理论版）2008 年 4 月 1 日。

衣俊卿、欧阳康、李德顺：《精神家园三人谈》，《光明日报》（理论版）2011 年 4 月 18 日第 15 版。

三 外文文献

Christopher Lasch：*The Culture of Narcissism*：*American Life in an Age of Diminishing Expectation* [M] . New York：Norton，1979.

Studs Terkel：*The Great Dividc*：*Second Thoughts on the American Dream* [M] . New York：Pantheon Books，1988.

Edward N. Kearng，Mary Anne Kearny and Jo Ann Crandall：*The American Way*：*An Introduction to American Culture* [M] . Beijing：World Publishing Corp，1984.

Ethel Tiersky，Martin Tiersky：*The U. S. A.* ：*Customs and Institutions* [M] . Taipei：Prentice Hall Regents，1990.

Pauline Maier：*The Declaration of Independence and the Constitution of the United States* [M] . New York：Random House，1998.

Si Zhikong：*An Outline of Backgrounds of American Literature* [M] . Shanghai：Shanghai Foreign Language Education Press，1998.

Thomas E. Patterson：*The American Democracy* [M] . New York：

McGraw – Hill Inc, 2010.

Larry A. Samovar and Richard E. Porter: *Communication between Cultures* [M]. Belmont: Wadsworth Publishing Company, 1995.

George Bancroft: *History of the United States: From the Discovery of the American Continent* [M]. Boston: Little, Brown and Company, 1875.

Warren I. Susman: Culture as History: *The Transformation of American Society in the Twentieth Century* [M]. New York: Pantheon Books, 1984.

Robert N. Bellah et al.: *Habits of the Heart: Individualism and Commitment in American Life* [M]. New York: Harper & Row Publishers, 1986.

Amy C. Singleton: *No place Like Home: the Literary Artist and Russia's Search for Cultural Identity* [M]. New York: State University of New York Press, 1997.

Richard Rorty: *Achieving Our Country: Leftist Thought in Twentieth-Century America* [M]. Cambridge, Mass: Harvard University Press, 1998.

Hart, E.: *Psychological, Political, and Cultural Meanings of Home* [M]. New York: Haworth Press, 2005.

Elizabeth Houston Jones: *Spaces of Belonging: Home, Culture and Identity in 20th Century French Autobiography* [M]. Amsterdam: Rodopi, 2007.

Charles D. Cashdollar: *A spiritual Home: Life in British and American Reformed Congregations 1830 – 1915* [M]. University Park: Penn State University Press, 2000.

David Yoo: *New Spiritual Homes: Religion and Asian Americans*

[M] . Hawaii: University of Hawaii Press, 1999.

Miller, J. and Susant: Toward a spiritual curriculum: A review of The Universal Schoolhouse [J] . Spiritual Awakening through Education, 1994.

Brown, E. : *Things of the Spirit: Spiritual, Moral, Social and Cultural Development* [J] . Support for Learning, Vol. 13. No. 4, 1998.

Davis, R. A. : *Music Education and Cultural Identity* [J] . Educational Philosophy and Theory, Vol. 37, No. 1, 2005.

Merry, M. S. : *Cultural Coherence and the Schooling for Identity Maintenance* [J] . Journal of Philosophy of Education, Vol. 39, No. 3, 2005.

Prideaux, D. : *Cultural Identity and Representing Culture in Medical Education. Who does it?* [J] . Medical Education, 35, 2001.

Tempelman, S. : *Constructions of Cultural Identity: Multiculturalism and Exclusion* [J] . Political Studies, XLVII, 1999.

O'Hagan, K. : *Culture, Cultural Identity, and Cultural Sensitivity in Child and Family Social Work* [J] . Child and Family Social Work 1999.

Bradd Shore: *Culture in Mind: Cognition, Culture and the Problem of Meaning* [M] . Oxford: Oxford University Press Inc, 1996.

Dan Sperber: *Explaining Culture: A Naturalistic Approach* [M] . Oxford: Blackwell Publishers, 1996.

Preet S. Aulakh and Michael G. Schechter: *Rethinking Globalization: From Corporate Transnationalism to Local Intervention* [M] . London: Palgrave Macmillan USA, 2002.

Arjun Appadurai: *The Social Life of Things: Commodities in Cultural*

Perspective [M] . Cambridge: Cambridge University Press, 1986.

Laura Jones: *What Does Spirituality in Education Mean? Stumbling toward Wholeness* [J] . Journal of College & Character. Volume, No. 7, October 2005.

Jennifer Barnes: *The Lived Experience of Meditation* [J] . Indo – Pacific Journal of Phenomenology, Vol. 1, Edition 2 September 2001.

致　谢

这本著作是以我的博士论文为基础几经修改而成的。2006年春天，一个北方女孩从哈尔滨来到武汉参加硕士研究生面试，当时的我一脸稚嫩，对专业也不够熟悉，是一个正宗的“out door man”，仅有的是那一份对未来的理想和热情。2007年我转为硕博连读生，正式开始了读书生涯一段新的里程。回顾五年的硕博学习生活，有过欢笑，有过泪水，有过跌倒，也有过超越，充满了酸甜苦辣咸的各种滋味。这些难以忘怀的人生记忆，如今慢慢地积淀成两个字——珍惜！面对眼前这本即将出版的专著，我的心中充满了无限的感慨和感激。

感谢恩师欧阳康教授多年来对我的鼓励、关怀和指导。欧阳老师渊博的学识，严谨、求实的治学态度和乐观、豁达的品行令我深深为之敬佩。在老师的指导下，通过专业课程学习、参与课题以及发表学术论文的实践，我受益匪浅，慢慢地走进了丰富多彩的哲学世界。从论文的开题、写作到修改、定稿，也得到了老师很多的指导和支持。在论文确定选题的阶段，在我最彷徨焦虑的时期，是老师给了关键性的指点和鼓励，令我豁然开朗并坚定了继续努力的决心。初稿完成后，老师又对论文中存在的问题从宏观到微观、从内容到结构提出了很多具有针对性的宝贵意见，让我的论文充实和完善了很多。无论工作多么繁忙，老师总是把学生的事情优先考虑，每一封电子邮件都是那么及时。在老师身上，我学习到了学人对待学问的孜孜不倦、老师对待工作的热忱认真和父辈对待人生的淡泊从容。我想，这是老师给予我们最大的精神财富。

感谢我的硕士导师及博士阶段的副导师黄长义教授一直以来对我的严格要求、耐心指导和帮助。课堂内外向黄老师请教学术问题的时候，他的敏锐的思维和富有洞见的观点总能让我获得很多启发。对于我学习中存在的问题，黄老师也总是及时地予以纠正和指导，提出很多建设性的意见，使我免走了很多弯路，在此表示深深的感谢！同时还要感谢华中科技大学马克思主义学院的洪明教授、刘家俊教授、张传平副教授、栗志刚副教授、梁红副教授、董慧副教授和杜志章副教授，感谢他们五年来对我的关心和帮助。洪明教授治学严谨，在论文的开题、写作、答辩过程中给予了很多建议和指导。刘家俊教授轻松幽默的授课风格、对经典独到的阐释以及提出的一些学习方法和思维方法对我的学习产生了很大的影响。董慧师姐的真诚、乐观和努力一直感染和鼓励着我，她是我学习的榜样。栗志刚师兄和杜志章老师在课题写作中给予我很多的支持和帮助，和蔼可亲的梁红老师、卢涛老师对我的学习给予了很多鼓励，在此一并表示感谢！

感谢在百忙之中抽出时间为我的论文进行评审的李德顺教授、郭湛教授和张曙光教授，他们肯定了精神家园是一个值得研究的社会问题，并对我的论文给予了很多具有很强针对性和积极建设性的意见和建议。这些宝贵的建议是我今后进一步坚定决心从事该项研究的动力。

感谢我的同门、同窗。难忘和你们在一起度过的美好时光，正是有了你们，我的生活变得如此丰富多彩。同门师姐吴兰丽、董慧的智慧、努力，师兄栗志刚、谢俊的宽厚、乐观，都给我树立了优秀的榜样，留下了深刻的印象。我的博士同学张冉、李建国、王景华、陈祖召、王卉各有所长，难忘我们在一起上课、讨论课题和写论文的日子，如今都已变成了学生时代最美好的记忆。

感谢一直以来对我倾注了无限的关爱和支持的家人、朋友，他们是我坚实的后方保障。感谢我的父亲宫秀波、母亲陆亚芝对我的培养和教育，没有他们多年来全心全力的付出，我很难取得今天的成绩。感谢先生付乐对我的爱和分担、妹妹宫冰给我的加油点赞、儿子付楚航带给我的无尽快乐，正是有他们，烦恼才少了一半，快乐才多了一倍……我的好邻居夏淑萍女士、苏忠潮先生及女儿苏晶给予了我们亲人般的帮助和关爱。愿好人一生平安！

要感谢的还有很多很多，就让我带着这些来自老师、朋友、家人的鼓励和支持，带着这份感恩的心情，带着这些温暖的记忆，继续我的研究之路。

宫丽

2014 年 5 月于武汉

中南民族大学一号楼 506 室